ÉCONOMIE

SOCIALE & POLITIQUE

ou

SCIENCE DE LA VIE

PAR

L'Abbé CAMILLE RAMBAUD

COURONNÉ PAR L'ACADÉMIE
DES SCIENCES MORALES ET POLITIQUES

LYON

VITTE & PERRUSSEL
3 et 5, Place Bellecour

PARIS

VICTOR LECOFFRE
90, Rue Bonaparte

1887

ÉCONOMIE

SOCIALE ET POLITIQUE

ou

SCIENCE DE LA VIE

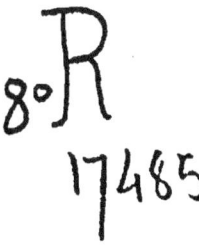

IMPRIMATUR

Lyon, 29 mars 1887.

J. DÉCHELETTE, *Vic. cap.*

Lyon. — Imp. VITTE et PERRUSSEL, rue Condé, 30.

ÉCONOMIE

SOCIALE & POLITIQUE

ou

SCIENCE DE LA VIE

PAR

L'Abbé CAMILLE RAMBAUD

LYON

VITTE & PERRUSSEL

3 et 5, Place Bellecour

PARIS

VICTOR LECOFFRE

90, Rue Bonaparte

1887

PRÉFACE

Il y a déjà de longues années, nous osâmes publier, sous le titre de *Méthode d'Enseignement raisonné*, une petite philosophie qui n'était autre chose que le résumé des leçons faites à de jeunes enfants du peuple. Depuis cette époque, notre idée, qui semblait téméraire, a fait son chemin, et les résultats ainsi que les événements eux-mêmes sont venus nous confirmer de plus en plus dans la conviction que, de nos jours, il importe par-dessus tout d'élever le niveau intellectuel de notre Enseignement primaire, et que l'introduction dans nos écoles de leçons de philosophie

claire et pratique, était un des meilleurs moyens à employer.

Le livre que nous publions aujourd'hui, n'est encore lui-
même qu'une série de leçons faites assidûment sur une
science qui nous semble le complément indispensable de
toute bonne éducation, et que nous appelons peut-être avec
assez de justesse, *Économie sociale*, et nous pouvons affirmer que, grâce aux petites études philosophiques de nos
enfants, à l'ouverture d'esprit et à la facilité de rédaction
qu'elles leur donnent, il a été excessivement facile de
les pénétrer des vérités essentielles de cette science trop
négligée, et même presque inconnue, on peut le dire.

Mais l'Économie sociale ou politique ayant toujours été
considérée jusqu'à présent comme une science profane,
reservée aux hommes qui s'occupent du commerce, de
l'industrie et des choses de gouvernement, il semble
qu'avant tout, nous avons, nous prêtre, à nous justifier de
lui avoir consacré nos études et nos soins, et peut-être
même d'avoir osé en faire l'objet de leçons à de jeunes enfants qui, dans la pensée de beaucoup, doivent rester étrangers à de telles questions.

Nous serions coupable, en effet, si nous nous étions ren-
fermé dans les limites que se tracent ordinairement les
traités d'Économie politique, dont nous avons au reste laissé
de côté jusqu'au nom ; mais nourri de la lecture de F. Ozanam, éclairé par le Spiritualisme en Économie politique

d'A. Rondelet, par les réflexions de M. Blanc de Saint-Bonnet, et par notre propre expérience, *l'Economie sociale* nous' est apparue sous un jour complètement nouveau. Nous n'avons plus consenti à voir seulement en elle une simple étude des questions concernant la production et la consommation, le régime des Douanes et des Monnaies, les institutions de crédit, les intérêts de telle ou telle industrie, nous l'avons considérée, bien au contraire, comme une science de premier ordre, chargée de nous révéler les lois de la vie elle-même, dans ce qu'elle a de plus élevé, en nous faisant connaître les conditions d'existence de cette société civile, qui s'impose à nous, qui nous prend à notre naissance, nous suit pas à pas dans la vie, et ne nous abandonne qu'au delà du tombeau, de cette société qui est notre vie, comme nous sommes la sienne, par laquelle et au milieu de laquelle nous vivons, et que les peuples nomment la *Patrie*.

Entendue ainsi, l'Economie sociale non seulement prime toute autre science humaine, puisqu'elle est la science de la vie, mais bien plus, elle nous semble presque faire partie de la science religieuse elle-même. En effet, faute de savoir la *raison d'être* de ces innombrables institutions qui constituent mon pays, et faute de pouvoir juger en connaissance de cause les événements qui l'agitent et le troublent, il m'arrive souvent qu'après avoir, dès le matin, remercié Dieu de la nouvelle journée qu'il me donne, je ne fais ensuite que murmurer, pendant toute cette même journée, contre les moindres accidents de la vie, contre les moindres charges imposées par cette société civile à laquelle j'appartiens et à laquelle je dois tant. Je fais profession de croire que Dieu veille sur le petit oiseau qui voltige de branche en branche, sur l'insecte qui se cache sous une fleur, et par ma conduite je ne semble pas croire qu'il veille sur ce monde industriel, commercial et administratif qui m'entoure... Avec l'Écriture, j'invite les orages, les frimas, la chaleur et les abîmes de la mer à louer leur Créateur, et je refuse de reconnaître la main de ce même Créateur dans les orages et les troubles sociaux !...

Nous avons donc voulu écrire tout simplement un livre qui, en faisant ressortir les *raisons d'être* des choses et des événements, nous apporte cette paix que l'homme, et surtout le chrétien, doit savoir conserver au milieu des plus douloureuses circonstances. Que l'on souffre, il le faut; mais que l'on se plaigne et murmure, c'est ce qu'on ne peut pas admettre. Un père voit sa fille unique malade, il est profondément affligé; mais quand il a consulté les plus savants médecins, quand il a fait tout ce qu'il lui est possible de faire, il ne murmure pas... il pleure en silence... Pourquoi! c'est qu'il sait que la *possibilité* de la maladie, de la mort elle-même, est dans l'ordre des choses créées... et que ce serait folie de se révolter contre cet ordre inéluctable... Encore une fois, cette conviction n'empêche pas la douleur, mais elle empêche le découragement ; bien mieux, elle facilite à l'homme la résignation, et l'acceptation volontaire de la souffrance, c'est-à-dire la véritable religion, car il n'y a pas de religion, pas d'amour sincère de Dieu sans le respect filial de ses volontés et de ses desseins les plus cachés. « *Ne pensez pas que nous soyons abandonnés de Dieu*, disaient les Machabées, au milieu des maux affreux qui pesaient sur eux, *c'est à cause de nos fautes que nous souffrons ces choses, et elles nous arrivent non pour notre perte, mais pour notre amendement.* »

Telle est la pensée qui vivifie ce volume, et dès lors on ne s'étonnera plus que nous lui ayons consacré une partie de nos pensées et de notre temps.

On trouvera peut-être que nous nous sommes laissé entraîner à des considérations trop élevées pour un livre consacré à l'enseignement ; nous ne le croyons pas. D'abord ce livre n'est pas un livre de *classe*, destiné à être mis entre les mains des élèves, il s'adresse avant tout aux maîtres. Or, il est certain que celui qui veut pouvoir bien faire de telles leçons, doit avoir connaissance de ces considérations générales, qu'il doit être soutenu par elles, et que sa parole doit en être, en quelque sorte, imprégnée. C'est à cette condition seulement qu'il obtiendra des résultats, et c'est à lui de discerner ce qu'il doit donner à ses élèves ; ainsi, par exemple, il est évident que les deux premiers chapitres ne peuvent être l'objet de leçons pour les enfants ; avec eux, il faut commencer par le troisième ; et cependant il fallait bien expliquer et justifier, dès le commencement, les longs détails dans lesquels nous allions entrer, détails indispensables pour les enfants, et sur lesquels on ne saurait trop s'arrêter, car les enfants, n'ayant nulle idée de la multitude des choses nécessaires à la vie, ne pourraient comprendre l'importance des leçons qu'on voudrait leur faire.

Avouons encore, que nous regrettons moins de nous être ainsi laissé entraîner, depuis l'apparition des *Leçons élémentaires d'économie politique et sociale* de M. Jules Michel, excellent petit livre, avec lequel le nôtre aurait fait double emploi, si nous avions été plus classique.

Qui sait même si notre ouvrage, grâce à sa forme, ne trouvera pas quelques lecteurs parmi les jeunes gens qui, appartenant aux classes élevées, ont plus particulièrement le devoir de s'instruire des grandes et difficiles questions ? Depuis trente ans, on a écrit des milliers de volumes pour vulgariser les sciences physiques, on a voulu que nul n'ignorât plus la contexture du monde et les secrets des forces cachées de la nature. C'est bien ; mais si l'on se prend à réfléchir à ce qu'il faut pour que chacun, depuis le plus petit jusqu'au plus grand, depuis le plus pauvre jusqu'au plus riche, trouve chaque jour tout ce qu'il lui faut pour *vivre*, tant au point de vue intellectuel et moral

qu'au point de vue matériel, on est effrayé des conséquences terribles que peuvent entraîner les moindres erreurs
dans la direction des choses, le moindre trouble dans les
idées, l'on comprend qu'il est mille fois plus utile de
connaître la marche de la société, que celle des astres qui
roulent sur nos têtes, et l'on se sent pris d'un immense désir
de savoir...

On raconte que Newton, découvrant les lois qui régissent les corps célestes, inclina sa tête vénérable devant le
Dieu tout-puissant qui d'un mot les a créés, et leur a
donné l'impulsion première. Il semble, en vérité, que la
vue des lois qui président à la vie des sociétés, doit nous
ravir d'un étonnement bien plus grand encore, et nous
faire sentir tout aussi clairement l'action d'une Providence
infinie qui tient, pour ainsi dire, dans ses mains le fléau
de la balance des choses, et empêche les passions humaines
de le faire trop fortement pencher d'un côté ou de l'autre.

Mais, de plus, c'est une erreur de croire que les enfants
soient inaccessibles aux idées élevées ; nous pourrions répondre ici ce que nous répondions, lorsqu'on nous faisait la
même objection, au sujet de la philosophie : « c'est bien
moins difficile que la grammaire ; » seulement, il faut savoir
leur expliquer longuement ces idées, ne pas se lasser
d'employer des comparaisons prises dans ce qu'ils connaissent. Tout le secret de cet enseignement consiste à *aller du
connu à l'inconnu*, à s'appuyer sans cesse sur les principes

essentiels des choses ; en agissant ainsi, le résultat est
assuré.

D'ailleurs, si l'on réfléchit à l'extension que prennent les
habitudes de lecture, est-il possible de laisser plus longtemps
les esprits dans une ignorance aussi absolue sur la marche
du monde, et dans une obscurité telle qu'ils sont exposés à
toutes les erreurs, à toutes les exagérations ! Et c'est en
vain que l'on espèrerait que les jeunes gens acquerront
plus tard ces notions, on peut tenir pour certain que celui
qui n'aura pas emporté de l'école au moins des aperçus de
Science sociale, sera, plus tard, complètement incapable de
comprendre les leçons qu'on voudrait lui en donner. Non
seulement il n'aura aucun goût pour des choses dont il n'a
pas la moindre idée, mais il ne comprendra même pas les
termes dont se servira le maître. D'ailleurs, étant déjà
plein de préjugés, il n'aura plus cette simplicité qui rend
capable d'apprendre.

Au contraire, le jeune homme qui, sur les bancs de l'école,
aura tant bien que mal disserté sur les questions d'Économie
sociale, entendra plus tard avec intérêt les conférences qui
pourront lui être faites sur les mêmes questions ; la langue et
les idées de l'orateur ne lui seront point étrangères ; en un
mot, il aura été mis en état de réfléchir et d'apprendre : c'est
le meilleur résultat qu'on puisse et qu'on doive espérer de la
première éducation.

ÉCONOMIE SOCIALE

OU

SCIENCE DE LA VIE

> Lorsqu'il s'agit de moi, je ne demande, je ne veux
> rien ; mais lorsqu'il s'agit des masses, je n'ai pas ce dédain
> stoïque pour la *richesse*.. car par le mot richesse je n'entends
> pas quelques écus de plus...., mais du pain pour ceux qui on
> faim, des vêtements pour ceux qui ont froid, de l'indépen-
> dance, de la dignité pour tous...
>
> BASTIAT. *De l'Econ. polit.*

I. — Considérations préliminaires.
De la Patrie.

L'Economie sociale étant l'étude approfondie de tout ce
qui constitue ce qu'on appelle le pays, l'Etat, la nation, ou
pour tout dire en un mot, la PATRIE, il nous importe, tout
d'abord, de bien nous rendre compte de ce que signifie ce
mot emprunté au nom le plus auguste après celui de Dieu,
au nom de PÈRE.

Une Patrie est-elle, simplement, une plus ou moins
grande étendue de terrain, limitée par des fleuves et des
montagnes, jouissant de tels ou tels avantages, dans laquelle
nous sommes nés, nous aimons à vivre et nous aimerions
même à mourir ?

Non, sans doute. Une Patrie est bien, il est vrai, un lieu particulier qui nous est cher, que nous préférons à tout autre, que nous aimons comme on aime sa demeure à soi, son foyer à soi ; mais elle est mille fois plus que cela, car elle est avant tout, et par-dessus tout, l'ensemble des institutions à l'abri desquelles mon père a pu établir sa maison, y accumuler le fruit de son travail, y conduire ma mère, me donner la vie et m'élever. Elle est ce lieu rendu invulnérable par ce qu'on appelle une frontière, cette ligne consacrée par tant de sanglants combats, derrière laquelle je suis chez moi et que l'ennemi ne doit jamais pouvoir impunément franchir.

Elle est comme une puissance bienveillante et armée, qui veille sans cesse à mes côtés, pour faire respecter mes droits. Si je reste paisible dans ma maison, elle en défend le seuil à tout venant ; si je parcours le monde pour mon commerce ou mes plaisirs, son regard protecteur me suit jusque dans les contrées les plus éloignées, et si son nom seul ne suffit pas pour me garantir de toute injure, elle armera ses lourds vaisseaux et prodiguera son or et son sang pour apprendre au monde que, sans sa permission, nul n'a le droit de toucher à un des siens (1).

C'est grâce à ma patrie, que je suis un homme libre, c'est-à-dire *un homme soustrait à la domination du plus fort*, pouvant jouir de ses droits et accomplir sans entraves ses devoirs ; c'est sous la protection de ses lois que se développent l'agriculture, l'industrie, le commerce, les

(1) C'est au génie de Rome que nous devons tous de trouver la Patrie sous les cieux étrangers, et de changer impunément de demeure, écrivait, il y a 1800 ans, le poète Claudien chantant les gloires de la ville reine du monde.

sciences et les arts, et que s'exerce la Religion elle-même.
Si le prêtre peut catéchiser paisiblement dans son Église, si
la religieuse peut réunir autour d'elle les petits et les infirmes, c'est grâce à la justice armée qui veille à leur porte.
Cette même force qui les protège, les persécute, il est vrai,
quelquefois, quand, par le fait des vicissitudes humaines,
le pouvoir tombe entre des mains ennemies ou inexpé-
rimentées, mais ce sont là des accidents essentielle-
ment transitoires, qui ne doivent pas plus diminuer mon
affection pour ma patrie, que les colères ou les impatiences
de mon père ne doivent diminuer le respect et l'amour que
je lui dois.

Le gouvernement de ma patrie, ses voies de communication, ses ports, ses armées, ses tribunaux, ses écoles, ses hospices, ses académies, en un mot toutes les institutions qu'elle
possède sont donc autant de choses qui *sont à moi*, pour moi,
et qui n'ont qu'un seul but, mon bien, le bien de ma femme,
le bien de mes enfants.

Dès lors, si ma patrie tient une si large place dans mon
existence, si je lui dois, pour ainsi dire, tout ce que je possède, tout ce que je suis; il est clair que je dois désirer
ardemment connaître ce qu'elle est, ce qui la constitue,
ce qui est nécessaire à son existence, ce qui peut augmenter
ou diminuer sa prospérité, ce qui pourrait peut-être contribuer à sa ruine.

Or l'Économie sociale bien entendue, est précisément la
science qui seule peut nous donner ces notions essentielles,
et la connaissance raisonnée des innombrables choses et institutions, grâce auxquelles nous sommes des êtres civilisés et
non des barbares ou des sauvages.

C'est elle qui nous révèle les causes de la grandeur et de la fortune comme de la décadence et de la ruine des peuples, c'est elle qui, en nous donnant la raison de nos devoirs et de nos obligations, arrêtera sur nos lèvres nos murmures incessants contre tout ce qui existe, et nous empêchera de réclamer sans cesse du gouvernement des réformes et des améliorations impossibles, ou qui ne dépendent pas de lui; et vraiment, si l'on peut espérer quelque apaisement d'une plus saine appréciation des choses chez une partie de la nation, on ne l'obtiendra certainement que par la diffusion de cette science.

C'est seulement par cette science, que les esprits peuvent être imprégnés, dès leur enfance, de la conviction qu'il est des lois ou vérités sociales, tout comme il est des lois ou vérités physiques, et que le bon sens et l'honnêteté ne permettent pas plus de violer les unes que les autres ; aussi pourrait-on dire, avec vérité, que la connaissance de ces lois ou principes, fait nécessairement partie de ce fonds de bon sens, que l'on est en droit de trouver chez tout homme, surtout maintenant, que petits et grands, riches et pauvres nous sommes tous appelés à prendre part au gouvernement de la chose publique.

Il semble encore qu'éclairés par l'Economie sociale, nous cesserons enfin de regretter un passé généralement peu regrettable, et que nous reconnaîtrons que, si nous devons aimer notre famille, notre foyer, c'est-à-dire ce petit coin du monde où nous avons trouvé, dès notre entrée dans la vie, des êtres bénis qui nous ont entourés de mille soins et comme enveloppés d'une atmosphère toute d'amour et de dévouement, que si nous devons aimer cette autre grande famille qui nous a faits enfants de Dieu, et qu'on nomme l'Eglise, nous devons réserver une large part de notre cœur pour notre patrie, pour cette société terrestre qui tient une si large part dans notre vie, qui pour mieux dire, l'est presque tout entière (1).

Mais ce ne sont pas là les seuls avantages de cette science ; grâce à elle nous aurons encore l'intelligence des événements des siècles passés et de l'époque présente ; nous en saisirons les causes et les effets ; l'histoire ne sera plus seulement pour nous un récit plus ou moins intéressant. Jugeant de ce qui sera par ce qui a été, nous envisagerons l'avenir d'un regard plus calme et plus confiant. Les perturbations sociales dont nous sommes témoins, ne nous décourageront plus, nous croirons au progrès constant de l'humanité, car nous saurons que si parfois le progrès semble arrêté par les guerres, le renversement des pouvoirs établis, ou les catastrophes commerciales, il n'en persiste cependant pas moins, quoique sous une autre forme. Il serait en effet impie de supposer que le monde est follement abandonné au hasard des événements et dépend des caprices ou des faiblesses de tel ou tel homme. Nous croirons, avec F. Ozanam, « que si Dieu laisse les personnes maîtresses de leurs actes, il a la main sur les sociétés, et ne souffre pas qu'elles s'écartent au delà d'un point marqué, et que c'est là qu'il les attend, pour les reconduire par un détour pénible et souvent ténébreux, plus près de cette perfection qu'elles oublièrent un moment ».

D'un autre côté, nous ne nous ferons pas non plus illusion

---

(1) Celui, dit Bossuet, qui n'aime pas la société civile dont il fait partie, c'est-à-dire, sa patrie, est ennemi de lui-même et de tout le genre humain.

· sur les résultats du progrès dans l'humanité ; le bien parfait
ne peut exister sur la terre. Par la force des choses il y aura
toujours beaucoup de mal à combattre, beaucoup de bien à
faire, car l'humanité ne doit jamais se reposer. Si tout arrivait à être bien en ce monde, que ferait l'homme, quelles
occasions de luttes et de vertus lui resterait-il ? Dieu y a
pourvu. De la solution de toute question, naissent naturellement de nouvelles questions non moins difficiles a résoudre
que les premières. C'est pour cette raison que nous voyons
les mêmes plaintes se faire jour dans chaque siècle, les
hommes de bien s'en émouvoir, et s'efforcer de les apaiser
sans jamais y parvenir complètement. Appuyés sur ces fortes
pensées nous ne croirons plus notre temps moins bon que
ceux qui l'ont précédé, nous aurons des réponses toutes
prêtes à ces innombrables objections que nous entendons
chaque jour soulever autour de nous, et sachant où est la
vérité nous marcherons d'un pas plus ferme dans le sentier ·
du devoir.

**II. — Que pour comprendre l'importance de
l'Economie sociale, il faut d'abord se rendre compte de la multitude des choses
nécessaires à un peuple civilisé.**

L'Economie sociale embrassant toutes les choses et les
institutions nécessaires à la vie de l'humanité, il paraît
sage d'en faire précéder l'étude d'une sorte d'énumération
de ces choses et de ces institutions. Cette énumération,
sans doute inutile pour quelques lecteurs, ne le sera certainement pas pour le plus grand nombre ; car il est bien
peu d'hommes qui s'arrêtent à considérer ce qu'il a fallu d

travail, de temps et de persévérance pour créer ces choses et ces institutions, et ce qu'il en faut pour les conserver.

D'ailleurs, n'oublions pas que si ce livre peut être un ouvrage de lecture instructive, il est avant tout un livre destiné à l'enseignement. Or, les enfants n'ont pas la moindre idée de ce qu'est le monde, ils s'imaginent facilement qu'il a toujours été comme il est; aussi supprimer cette énumération, ce serait s'exposer à les laisser sans intérêt pour une étude dont ils ne saisiraient pas la raison.

Hâtons-nous encore de noter que, dans cette énumération, nous ne devrons pas reculer devant la simplicité, et parfois même devant la trivialité des détails; car, en résumé, le monde ne vit et ne se compose que de petites choses.

Voici un homme qui passe affairé sur une place de nos villes; on se range devant lui, beaucoup sollicitent un de ses regards. Cet homme est-il donc quelque haut fonctionnaire, quelque profond diplomate portant les destinées de la nation dans les plis de son manteau? Non, il est tout simplement le chef d'une immense usine qui fabrique pour des millions de ces petites bandes de tulle ou de satin, dont est orné le bonnet de la fillette qui passe. Cependant ce n'est pas sans raison que nos vaisseaux de guerre sillonnent les mers pour protéger les soies qui lui arrivent de Naples, du Japon ou de la Chine, et que nos consuls assurent la vie des commis qu'il envoie dans les pays lointains; car c'est grâce à son industrie et à ses combinaisons financières, c'est grâce aux chances qu'il consent à courir, que des centaines de famille peuvent vivre d'un travail honnête, élever leurs enfants, et, en résumé, atteindre le but pour lequel Dieu les a créées.

J'aperçois un vaste bâtiment ; une épaisse fumée sort d'une gigantesque cheminée, des wagons de charbon se déchargent devant la porte ; j'entends le bruit d'une puissante machine à vapeur, d'énormes cylindres de cuivre sont en mouvements ; j'approche, pourquoi tant de choses et tant de bruit ? C'est simplement pour mettre en couleurs des soies, des laines et des cotons, ou pour étendre une légère couche de gomme sur des étoffes si légères qu'un souffle les soulève. Mais, encore une fois, autour de ces machines se meut tout un peuple, qui trouve dans cette industrie un salaire convenable ; et une partie des bénéfices du chef ira faire vivre le vieillard retiré dans une maison de charité, ou soutenir l'école qui élève et nourrit de la vérité un grand nombre de jeunes âmes.

Et il en est de même pour toutes les industries, petites ou grandes, pour les institutions de crédit, les maisons de commerce, les compagnies de transport, pour cette multitude de choses qui forment ce qu'on appelle la civilisation. Nous ne trouverons donc rien d'indigne de nous dans cette étude préliminaire si nous savons ainsi remonter aux causes et en considérer les effets.

III. — Des choses nécessaires à la vie.

Afin de procéder avec un certain ordre dans la longue étude des choses nécessaires à la vie de l'homme, nous étudierons d'abord celles qui servent à sa nourriture, ensuite celles qui servent à son vêtement et à son logement, et enfin celles qui facilitent et développent sa vie intellectuelle et morale, et rendent ainsi possible l'existence, non

seulement de la famille, mais encore celle de ces grandes
sociétés ou communautés qu'on nomme peuples, nations,
états, gouvernements ou pays.

Dans notre Europe, la base de la nourriture est le pain.
Énumérons ce qu'il faut pour que nous puissions acheter à
notre porte, moyennant quelques centimes, cet aliment de
première nécessité.

Nulle part le blé n'existe à l'état sauvage : sa culture demande même des terres de bonne qualité, et bien travaillées. Or, pour travailler la terre, il faut une charrue
attelée de bœufs ou de chevaux ; et pour construire une
charrue il faut avoir du bois, du fer, et de plus des outils
d'acier. Mais il n'est pas facile d'avoir du fer et de l'acier,
leur fabrication exige beaucoup de savoir et de travail.

Le minerai de fer, espèce de terre rouge ou roche d'où
on extrait ce métal, doit être péniblement arraché des en-
trailles de la terre, brûlé dans des fourneaux ardents, mar-
telé et laminé par de puissantes machines.

La construction de ces fourneaux à fonte de fer ou *hauts
fourneaux* est également difficile, il faut les construire
avec des briques cuites dans d'autres fourneaux, et leurs
feux doivent être activés par des machines soufflantes,
mises en mouvement soit par des chutes d'eau, soit par la
vapeur.

Nous verrons plus tard combien il est difficile à un
peuple de posséder cet ensemble de choses et de machines
qui forment ce qu'on appelle aujourd'hui l'industrie ; revenons au blé. Il faut d'abord que des millions de braves paysans consentent à vivre dans de pauvres villages perdus au
milieu des terres, ou dans des fermes isolées ; qu'après un

labour pénible, ils confient aux sillons les semences choisies avec grand soin ; qu'ensuite ils attendent la récolte pendant près de neuf mois, en passant par toutes les craintes. Que de dangers court leur récolte : la gelée, une trop grande humidité, les maladies propres au blé, la grêle, les orages....

Enfin, tous ces travaux accomplis, ces obstacles surmontés, le blé est dans nos greniers, mais ce n'est pas tout.

Avant que le blé puisse servir à notre nourriture, il doit en effet être moulu dans des machines plus ou moins perfectionnées, qui sont les moulins à eau, à vent ou à vapeur, et cuit dans des fours après avoir été pétri avec de l'eau... Au reste, le pain n'est qu'une faible partie de ce qui sert à notre nourriture. Les innombrables légumes qui couvrent nos tables ne viennent pas non plus sans travail et sans culture. Nous savons tous comment on fait pousser les pommes de terre, dont le manque réduirait à la famine des populations entières. Le seigle, le maïs, l'orge viennent encore se joindre au blé pour le suppléer ou le remplacer ; leur culture est moins délicate, moins coûteuse, et réclame de moins bons terrains (1).

Nous ne parlerons que pour mémoire des beaux et bons fruits qui couvrent nos tables, de la vigne qui nous fournit une si agréable et si saine boisson, du houblon qui sert à la fabrication de la bière, des pommes qui produisent le cidre

(1) En France, la production du blé varie entre 80 et 120 millions d'hectolitres, valant en moyenne 10 à 21 fr., plus 20 millions d'hect. de seigle, autant d'orge, 11 millions d'hect. de maïs, 76 millions d'hect. d'avoine 10 millions d'hect. de blé noir ou sarrazin, et enfin 120 à 130 millions d'hectolitres de pommes de terre, et les deux tiers environ de la population sont occupés par cette production.

dans les pays où ne peut pousser la vigne. Il n'est pas besoin de raconter comment poussent ces précieux arbres ou
arbustes, ni les travaux qu'ils réclament. La moindre négligence dans leur culture suffirait pour nous en priver. Aussi
quels efforts ne fait-on pas en ce moment pour combattre le
phylloxera qui dévore nos vignes, et si nous ne manquons
pas tout à fait de vin, c'est que grâce à la navigation et aux
chemins de fer, les négociants peuvent nous en faire venir
des pays étrangers, de l'Espagne, de l'Algérie, de la Hon-
grie et même de l'Amérique.

En étudiant les voies de transport, nous aurons a admirer
quels travaux et quelle organisation a demandé leur création.

Observons encore que pour assaisonner nos aliments, il
nous faut du sel, du poivre, du sucre, du vinaigre, de
l'huile, du beurre..... Or le sel ne se trouve pas partout, il
faut l'extraire de l'eau de la mer, en la faisant évaporer au
soleil, ou l'arracher de certaines montagnes. Le poivre nous
vient des Indes ; le sucre se tire, par des procédés assez difficiles, soit de la canne à sucre des colonies, soit de nos betteraves ; l'huile sort de certains fruits, de l'olive, des noix,
de la graine de choux ou de divers arbres ; le beurre nécessite
l'élevage de nombreux troupeaux, qui nous donnent leur
lait et nous fournissent aussi ces chairs si variées, qui
sont, comme le pain, une des bases de la nourriture, depuis
le morceau de bœuf, de veau ou de mouton jusqu'au porc,
aux volailles, aux mille oiseaux que nous fait rechercher la
gourmandise.

Ajoutons encore, à cette quantité énorme d'aliments, les
poissons d'eau douce et de mer. Or la pêche, qui nous semble

un amusement si nous ne regardons que les paisibles
pêcheurs à la ligne de nos rivières, est au contraire un travail des plus pénibles et des plus dangereux, dès qu'il s'agit
de la pêche des poissons de mer. Des milliers de barques et
de bâtiments, montés par d'innombrables marins, bravent
chaque jour les plus grands périls, pour gagner leur vie en
allant chercher, jusque sous les glaces du pôle, les poissons
que nous achetons sur nos marchés. La pêche de la morue
emploie a elle seule près de 500 bâtiments ; et il est des
années ou il périt dans ces pêches un grand nombre de
marins.

Pour ne rien oublier, de ce qui sert à notre nourriture,
jetons un coup d'œil sur ces innombrables jardins marai-
chers, qui entourent nos villes à plusieurs lieues à la ronde;
nous y verrons cultiver avec soin ces légumes variés que des
voitures de toute espèce, apportent chaque matin sur nos
marchés. Quel immense travail! Que de puits il a fallu
creuser pour obtenir l'eau nécessaire à l'arrosage! Que d'en-
grais il faut venir chercher chaque jour, dans les rues de la
ville, pour que les terrains puissent sans cesse produire !
Aujourd'hui, nos marchés sont beaucoup mieux approvi-
sionnés qu'il y a vingt ans, parce que les chemins de fer
apportent des légumes de très loin. Il en est de même pour
le laitage : chaque jour il arrive dans les grandes villes du
lait venant de quinze, vingt, ou même trente lieues.

IV. — Des choses nécessaires pour le vêtement.

Les vêtements de l'homme ne demandent pas un travail
moindre que sa nourriture, surtout dans nos pays civilisés;

loin de tourner en ridicule le soin et l'amour de la toilette,
comme on le fait si souvent, ne serait-il pas plus sage d'admirer le goût singulier que Dieu a donné à l'homme pour
tout ce qui peut contribuer, non pas tant peut-être à orner
son corps, qu'à lui donner un plus bel air, une apparence de
grandeur, d'aisance, de richesse. — Au lieu de ne voir dans
ce goût qu'une petitesse, qu'un caprice, il faut au contraire
y voir une preuve de notre dignité, en même temps qu'un
des moyens par lesquels notre créateur a voulu nous arracher à l'oisiveté, développer notre intelligence, exercer nos
facultés. Quoi de plus beau en effet que ce travail du père de
famille, qui a pour but, non pas sa vanité personnelle, mais le
désir de plaire aux siens, de les élever, de leurs communiquer quelque chose de lui-même en les habillant mieux et
en leur fournissant surabondamment tout ce qui peut
leur être utile ou agréable pour se vêtir à leur goût et plus
convenablement ou plus richement (1)... Nous parcourrons

(1) On nous accusera peut-être de prêcher la toilette et le luxe, mais pour
qui veut réfléchir, il est certain que la beauté et la richesse des vêtements
sont choses complètement distinctes de la vanité et de la coquetterie ; qui
n'a observé qu'une pauvre fille de campagne est tout aussi coquette, si elle
veut l'être, avec sa robe de cotonne, que la femme riche avec son manteau
de velours ou de damas... et notons que cette remarque n'est pas sans importance à notre époque, car si le mouvement industriel ne se ralentit pas l'on
verra bientôt les simples femmes de la campagne aussi bien vêtues que celles
de la classe aisée dans les villes, et en vérité il le faudra, car sans cela l'industrie s'arrêterait forcément faute de consommateurs, et de cet arrêt décou-
leraient des malheurs incalculables..... La bonne tenue, la propreté, la
netteté dans la toilette seront toujours considérées comme choses honnêtes
et honorables ; s'il en était autrement, il faudrait donc alors blâmer ce jeune
homme qui veut que sa sœur, sa mère, sa femme ensuite, soient bien mises...
qu'elles lui fassent honneur, comme on dit ; n'y a-t-il pas au contraire là un
des plus nobles sentiments du cœur humain, qu'il serait certes bien fâcheux
de voir disparaître. S'il y a passion, c'est en résumé une noble et digne passion, et c'est la plus pure de toutes.

donc les choses et les travaux, que demandent notre vêtement et notre amour de la toilette.

Le coton de ma chemise, de ma blouse, de mon bonnet,
est formé d'un léger duvet produit par une plante qui pousse
surtout en Amérique et en Asie. Il a donc fallu que des
hommes aventureux aillent cultiver cette plante, dans ces
pays lointains, qu'ils en récoltent le fruit, le chargent sur
des vaisseaux, le vendent à des industriels qui le nettoient,
le cardent, le filent, l'ourdissent, le tissent, le blanchissent,
et enfin l'apprêtent.

. Ce travail s'opère aujourd'hui facilement, mais c'est grâce
à des machines compliquées et dispendieuses ; sans ces machines, le mètre de calicot que nous pouvons acheter pour
cinquante, et soixante-quinze centimes, nous coûterait deux
ou trois francs... Mais il a fallu des siècles de recherches et
de travail pour que ces machines arrivent à la perfection
dans laquelle nous les voyons aujourd'hui.

Si ma chemise est en toile, le travail du chanvre ou du lin
n'est pas moins compliqué que celui du coton ; et il en est de
même pour les vêtements tissés avec la laine des animaux.
Le drap le plus grossier demande des connaissances très
spéciales chez celui qui le fabrique ; il faut beaucoup de
temps et beaucoup de travail pour transformer, en une
étoffe chaude et douce, la laine grossière enlevée au dos du
mouton.

La confection des souliers est aussi chose difficile : avant
de pouvoir être employée, la peau des animaux réclame de
longues préparations. Pour qu'elle puisse garantir mes
pieds de l'humidité, elle doit être renfermée, pendant au
moins une année, dans des fosses humides, entre des couches

d'écorce de chêne, ou imprégnée fortement d'huiles
extraites des baleines, des phoques et autres poissons que
nos pêcheurs vont chercher jusque sous les pôles, comme
nous l'avons dit plus haut.

Si maintenant nous voulons passer en revue, non plus
seulement les vêtements de première nécessité, mais les
vêtements de luxe, oh alors notre étonnement pourra n'avoir
plus de bornes... j'admirerai comment une robe de soie,
un fichu, une cravate, sont le produit d'une petite chenille
se nourrissant des feuilles du mûrier. — Mais pour obtenir
le fil de soie, il a fallu le tirer du *cocon* dans lequel se renferme le vers à soie lorsqu'il se prépare à devenir papillon,
ensuite, grouper et tordre ensemble ces fils dans des usines
ou ateliers qu'on appelle *moulinages*. Ceci fait, on les teint
de ces merveilleuses couleurs qui plaisent tant à nos yeux,
et l'art du teinturier demande une connaissance approfondie
de la *chimie*, c'est-à-dire de l'action des corps les uns sur
les autres. C'est grâce à cette science que, de notre temps,
on a pu extraire les plus belles couleurs de l'huile infecte
du goudron.

Quand la soie est *teinte*, il faut la *dévider*, c'est-à-dire
la mettre fil par fil sur des bobines, ensuite l'ourdir et
l'étendre avec soin, sur des métiers armés de mécaniques ou
machines, qui font jouer ces fils, de manière à ce que le tissage produise les dessins voulus. — Certaines étoffes sont
couvertes de fleurs en or ou en argent, et l'on ne saurait
trop admirer, comment l'on a pu réduire ces métaux en
fils si fins, qu'on en peut faire plusieurs milliers de mètres
avec un seul gramme.

Les métiers qui tricotent si rapidement nos bas, nos

gants, nos vêtements chauds, ou fabriquent les tulles unis
ou façonnés, imitant les véritables dentelles, sont des prodiges de mécanisme : il en est qui valent 30 et 40,000 fr.,
somme considérable, complètement employée à payer les
journées des nombreux ouvriers forgerons, mécaniciens,
tourneurs, etc., qui ont dû travailler pendant de longs jours
ces quelques kilos de fer, de fonte et de cuivre, matières
premières de ces métiers. — Et il faut encore ajouter à ce
travail matériel le travail intellectuel de l'inventeur et de
tous ceux qui ont apporté et apportent encore des perfectionnements à ces métiers. Qui pourrait dire les veilles, les
soucis et les angoisses par lesquels ont passé les industriels
avant d'obtenir les résultats dont nous jouissons maintenant?
sans parler de l'argent qui s'est dépensé et même perdu
dans les essais, les non-réussites, les déceptions que nécessitent et entraînent toujours les inventions de quelque nature qu'elles soient (1).

Ajoutons maintenant, par la pensée, aux vêtements essentiels, tous les ornements dont on les couvre ou les orne, les
rubans, les franges, les galons, les passementeries, les cor-
dons, les boutons, les fleurs, les perles, sans parler des
bijoux, des diamants, des chaussures luxueuses, etc., et
alors nous aurons à peu près une idée de l'immense travail

(1) On peut estimer la production du coton, dans le monde entier, à
15 millions de quintaux, sans parler de la consommation locale des pays
producteurs. L'Angleterre, par le port de Liverpool seulement, reçoit une
bonne partie de ces 15 millions de quintaux.
On évalue à environ 1,200,000,000 la récolte des soies dans le monde. La
France y figure pour 140 millions, l'Italie pour 220, la Chine pour 450, le
Japon pour 95, les Indes pour 130. Mais une fois travaillées, et en étoffes, les
soies valent près du double de leur valeur primitive.

nécessaire, pour que chacun trouve à chaque saison des vêtements en rapport avec son goût, sa fortune, et surtout en rapport avec les variations ou caprices de ce qu'on appelle la MODE, cette chose ou idée singulière, qui fait que, sans qu'on sache pourquoi, les vêtements changent de forme chaque année deux fois, pour ne pas dire quatre et six fois.

V. — Des choses nécessaires pour le logement.

Ne prolongeons pas davantage notre étude sur les choses qui servent à nous vêtir, et passons à celles que nous employons non seulement pour nous mettre à l'abri de la pluie, du froid, de la chaleur, mais encore afin de pouvoir accomplir plus agréablement les diverses fonctions de la vie de famille et de la vie sociale.

Considérons d'abord la maison que nous habitons. Que de travaux il a fallu faire pour construire la chambre dans laquelle je couche, je travaille ou prends mes repas. Il a fallu creuser profondément la terre afin de trouver un sol assez ferme pour porter le poids énorme des matériaux de toutes sortes qui entrent dans la construction d'une maison. Ensuite on a entassé les unes sur les autres, en les reliant avec du mortier, les pierres amenées sur de lourdes voitures. — Pour faire le mortier, il a fallu préparer de la *chaux*, c'est-à-dire brûler certaines pierres dans des fours, faire fondre cette pierre brûlée dans l'eau, la mélanger avec du sable tiré des rivières ou des montagnes...

Il faudra aussi avoir préparé des bois pour les plan-

chers, couvrir le toit avec des *tuiles*, placer des ché-
neaux et conduites de plomb, de zinc ou de fer-blanc pour
les eaux.

Ceci fait, de nouveaux ouvriers succéderont aux maçons : les uns enduiront les murs avec du plâtre (le plâtre
est le produit d'une pierre nommée gypse, calcinée au feu
comme la chaux, et réduite en poudre très fine par de lourds
cylindres ou pilons)... d'autres, nommés menuisiers, place-
ront des portes et des fenêtres aux ouvertures, revêtiront en
partie les murs de boiseries, établiront des placards ; puis le
serrurier ferrera ces boiseries avec d'ingénieux mécanismes
qu'il aura produits en forgeant, limant, tournant le fer et le
cuivre, et enfin le vitrier à son tour placera aux fenêtres
ces merveilleuses *vitres* qui laissent passer la lumière et la
chaleur, sans laisser passer l'air et le froid. Le verre,
comme nous le savons, est tiré de certains sables, par la fusion.

Mais tous ces travaux n'ont encore fait dans une maison
que ce qui est *utile* ou *nécessaire*. Voici qu'arrivent les
peintres, qui couvrent les murs et les boiseries de vernis
pour les empêcher de se salir, et les rendre agréables à la
vue ; d'autres fois ils couvrent les murs de papiers peints
ou de peinture, ou même encore d'étoffes souvent très précieuses.

N'oublions pas de remarquer ces beaux escaliers de
pierre, grâce auxquels nous pouvons monter facilement à
20 ou 25 mètres de hauteur ; ces cheminées qui emportent
dans les airs la fumée et les gaz délétères des foyers qui
nous chauffent ou cuisent nos aliments, ces carrelages
ou parquets de bois que recouvrent même parfois des tapis
de laine ornés de dessins aux mille couleurs.

Cependant nous ne nous contentons généralement pas d'un simple abri pour nous loger, nous voulons ce qu'on appelle des meubles. Aujourd'hui tout le monde en a, de plus ou moins beaux et bons, mais enfin en a. Voici d'abord les lits, les tables, les commodes, les chaises, etc. ; beaucoup de ces meubles, presque tous, sont faits avec des bois plus ou moins précieux, venant d'au delà des mers, comme l'acajou, le palissandre..., puis ce sont les glaces avec leurs cadres dorés, les rideaux en mousseline, en broderies ou en étoffes de laine ou de soie.

N'oublions pas de mentionner les fourneaux, les ustensiles de cuisine, les lampes qui nous éclairent le soir, les bougies fabriquées avec la *stéarine*, substance qui se tire des graisses animales. Sur nos tables, nous avons des assiettes, des plats, des couteaux, des fourchettes et des cuillers, des bouteilles, des verres et mille autres petits ustensiles dont le moindre exige une industrie particulière, un travail qui occupe des ouvriers nombreux.

Nous trouvons encore, presque dans toute maison, des pendules qui marquent l'heure, des vases de fleurs, des objets d'or, d'argent, d'écaille, d'ivoire (1).

VI. — Des moyens de transport et de circulation.

Mais ce n'est pas tout. Les choses dont nous venons de parler ne se trouvent généralement pas sur les lieux où on

---

(1) L'Angleterre reçoit chaque année, à elle seule, près de 630,000 kilog. d'ivoire valant de 14 à 17 fr. le kil., et il ne faut pas moins de 80,000 éléphants pour fournir cette incroyable quantité d'une matière qui n'est employée que pour des objets de luxe.

les emploie ; il faut même souvent aller les chercher très loin, à tel point que si nous étudions l'origine ou provenance des choses qui sont dans notre chambre, nous serons tout étonnés de voir qu'il a fallu les demander aux cinq parties du monde. Le coton de nos linges nous vient de l'Asie, de l'Amérique ou de l'Afrique ; la soie, le riz, le thé nous viennent de la Chine ; l'acajou, le palissandre de nos meubles, les parfums, les vernis, ne se trouvent que dans les îles ; une partie des choses les plus communes comme le sucre, le café, vient également de pays lointains. Quant aux matériaux qui forment les murs et les planchers de ma chambre, ils ne se trouvent jamais qu'à des distances assez grandes, dans les montagnes, dans les forêts, etc.

Toutes ces choses ont donc dû être apportées, soit à dos d'animaux, soit sur des charrettes, soit par eau sur des bateaux, soit par mer sur des vaisseaux, soit enfin sur des wagons de chemin de fer.

Nous avons donc à étudier ces divers moyens de circulation et de communication, et à considérer les immenses et difficiles travaux qu'ils ont demandés pour être dans l'état où nous les possédons actuellement.

VII. — Des routes.

Les premiers moyens de transports ont été le dos des animaux, ensuite de lourdes voitures traînées par des bœufs ou des chevaux ; mais nous savons que les voitures chargées et même les animaux, défoncent ou transforment rapidement en boue les terres où ils circulent, y creusent de profondes ornières, et que bientôt il leur est impossible d'avancer. C'est pour cette raison que dans les pays sauvages

nos voyageurs ou missionnaires sont parfois obligés d'atte-
ler jusqu'à 12 et 16 bœufs à un seul charriot. Il n'y a pas
plus de 50 ans, la circulation était presque impossible à la
porte de Lyon, dans les Dombes, pendant la saison plu-
vieuse. En Chine, une benne de charbon qui ne coûte que
60 centimes auprès de la mine, coûte 5 et 6 fr., 25 kilomètres plus loin, s'il a fallu la transporter par terre. Ainsi en
est-il dans tous les pays privés de routes.

L'homme a donc dû avoir rapidement l'idée de couvrir
les chemins de pierres ; aujourd'hui, cet art semble
arrivé à la perfection. On trace d'abord les routes ou chemins en évitant les pentes trop rapides, ensuite on creuse
de chaque côté un fossé pour l'écoulement des eaux, et enfin
on garnit le sol avec plus de 0,50 cent. de cailloux cassés,
et ces cailloux, pressés par de lourds rouleaux et par les
roues des voitures elles-mêmes, forment peu à peu un nouveau sol très solide, et résistant parfaitement au poids des
voitures et aux fers des chevaux ; c'est ce qu'on appelle
le *macadam*, du nom de l'inventeur. Mais l'on comprend
assez qu'un tel travail est très dispendieux ; une route ordinaire, en effet, ne peut pas coûter moins de 20,000 francs
par kilomètre, auxquels il faut ajouter ce que coûtent les
ponts nécessaires pour traverser les fleuves, les rivières, les
moindres ruisseaux, ainsi que les murs de soutènement
dans les passages difficiles, les rochers à couper, parfois à
percer, travaux qui peuvent s'élever jusqu'à 5 et 10,000
francs le mètre. Aussi, est-ce par millions de millions qu'il
faudrait calculer ce qu'ont coûté les routes qui sillonnent
la France dans tous les sens, et permettent d'arriver com-
modément au moindre hameau.

Remarquons avec soin que les routes sont une chose absolument nécessaire ; que sans elles un peuple reste nécessairement misérable, exposé à mourir de faim à peu de distance du pays où tout abonde, et la création de bonnes routes a souvent suffi pour améliorer considérablement l'état d'une population ; c'est pour cette raison que, de notre temps, on a créé un si grand nombre de chemins *communaux*, *vicinaux*, etc., long travail qui n'est pas encore terminé à l'heure où nous écrivons.

La France possède actuellement 90,000 kilomètres de grandes routes et plus de 600,000 kilomètres de chemins vicinaux, sans parler des petits chemins qui vont d'une ferme à l'autre.

2,000 ponts desservent les grandes routes, et 200,000 petits ponts desservent les chemins vicinaux.

La dépense d'établissement de cet immense réseau de routes peut être évaluée à plus de trois milliards, et chaque année les grandes routes demandent pour leur entretien 500 francs par kilomètre, et les chemins vicinaux 90 fr.; plus de 45,000 cantonniers sont chargés de ce service, et lorsqu'on parcourt les routes qui sillonnent les sommets de nos montagnes, l'on ne se lasse pas d'admirer les soins dont elles sont l'objet, et comment l'administration centrale peut ainsi étendre sa sollicitude jusque sur les points les plus retirés. C'est là un des beaux résultats de la hiérarchie ou gradation des fonctionnaires.

Le pauvre cantonnier d'un passage difficile, labouré par les orages, n'est pas perdu de vue un seul instant. Il est logé dans quelque solide maisonnette de pierre que le gouvernement lui a construite sur le bord de la route ; un chef cantonnier le surveille et le visite presque chaque jour. Ce chef cantonnier, dès qu'il y a quelque réparation à faire, avise aux moyens, prévient l'agent qui réside au chef-lieu de canton ; s'il le faut, celui-ci ira jusqu'à l'ingénieur du chef-lieu ou de la sous-préfecture du département, et c'est ainsi que pas une ornière ne reste à combler, pas un pont à réparer, et que nous pouvons aller facilement, en voiture, jusqu'au moindre hameau, presque jusqu'à la moindre ferme.

L'on ne peut estimer à moins d'un milliard la valeur des transports opérés sur les routes chaque année. Les dépenses faites pour leur construction et entretien, quel que soit leur chiffre, sont donc encore peu de chose en comparaison des services qu'elles rendent. Et la moindre négligence dans cet entretien se chiffrerait certainement par des millions de perte pour les citoyens, à cause du surplus de temps et de travail qu'ils devraient consacrer aux transports divers de l'agriculture, de l'industrie et du commerce.

VIII. — Des fleuves, des rivières et des canaux.

Les routes sont un des premiers moyens de transport qu'ait employé l'homme ; cependant, il a dû également utiliser, dès le commencement, les fleuves, les rivières ; or, bien que les fleuves et les rivières soient comme des routes naturelles, ou même « des routes qui marchent », selon l'expression d'un poète, il ne faudrait pas croire qu'elles puissent servir à l'homme sans qu'il leur consacre un travail considérable.

Pour être navigables, les fleuves et les rivières doivent être généralement renfermés dans des *digues* ou *levées de terre*, dont la construction est encore plus dispendieuse que celle des routes. Sans ces digues, la plupart des cours d'eau resteraient inutiles, rongeraient leurs rives, et détruiraient presque chaque année les récoltes dans les plaines environnantes.

Ainsi, par exemple, il a déjà fallu dépenser des centaines de millions pour mettre le Rhône dans l'état où il est de nos jours, et malgré de telles dépenses, sa navigation est encore si difficile et si incertaine que les riverains tourmentent sans cesse le gouvernement pour qu'on y dépense de nouveaux millions. Désespérant même de le rendre navigable en toute saison, on parle d'y adjoindre un canal partant de Lyon et allant jusqu'à la mer, canal estimé 125,000,000.

Il en est de même pour la Saône, on a dû y construire plusieurs barrages (1) afin de la rendre navigable pendant les basses eaux. La ville de Lyon, elle seule, a dépensé plus de 15,000,000 pour se mettre à l'abri de ses débordements. Et c'est là l'histoire de tous les fleuves et de toutes les rivières de la France et de tous les pays, tellement il est vrai qu'on n'a jamais rien sans travail. Ces fleuves et ces rivières qui dans nos pays civilisés sont la richesse des provinces qu'ils traversent, ne sont, par leurs inondations périodiques, qu'une cause de maladies épidémiques dans les pays sauvages. C'est ainsi que les inondations du Mississipi,

(1) On appelle barrage de fortes digues avec *écluses* ou portes, destinées à maintenir l'eau à un niveau fixe sur une certaine étendue. Un barrage coûte facilement 1, 2 ou 3 millions.

en Amérique, celles du Niger, en Afrique, celles du Nil à
sa sortie des Grands Lacs, engendrent chaque année la fiè-
vre jaune et autres terribles maladies.

Le Nil, ce fleuve si remarquable, ne féconde l'Egypte,
le Pô n'enrichit la Lombardie que grâce aux travaux anciens et modernes qui les ont entourés d'innombrables
digues et ouvrages de toutes sortes. De plus, de temps
immémorial, les hommes ont eu l'idée de remplacer les
rivières et les fleuves, ou de les faire communiquer entre
eux par ce qu'on appelle les canaux. Ce sont de larges
fossés ou tranchées, que l'on remplit d'eau et sur lesquels
peuvent facilement circuler les bateaux ; par exemple,
grâce aux canaux, un bateau chargé de marchandises peut
remonter depuis Marseille jusqu'au Havre ou jusqu'à Bordeaux sans interruption. Des *écluses* nombreuses permettent même de franchir les lieux élevés, ce que ne font pas
les rivières.

Il existe en France environ 9,000 kilomètres de fleuves
ou rivières navigables et 3,000 kilomètres de canaux.

Leur aménagement et construction a coûté des sommes
si considérables, et depuis tant de siècles, qu'il serait impossible de les évaluer. Ce que nous savons, c'est que
chaque année l'entretien de ces travaux coûte plus de
20,000,000, sans parler des dépenses pour améliorations
et constructions nouvelles.

IX. — De la navigation maritime.

Mais le plus admirable de tous les moyens de transport
est la mer ; la mer, cette vaste étendue d'eau qui baigne
les continents et les îles. C'est grâce à la mer que les peu-

ples les plus éloignés les uns des autres peuvent entrer facilement en relation, car la mer est loin d'opposer aux voyageurs et aux transports les obstacles qu'opposent les montagnes, les fleuves, les déserts, les forêts, et souvent même la barbarie et la cruauté des peuples non civilisés. Aussi tandis qu'une tonne (ou 1,000 kilog.) coûte 250 fr. pour être transportée à 1,000 kilom. (ou 200 lieues) par une route de terre, 50 fr. par chemin de fer, 15 fr. par les canaux, elle ne coûte que 3 fr. par mer.

Mais il ne faudrait pas croire que ce soit sans d'immenses travaux que les peuples peuvent profiter des avantages que leur offre la mer. En ce monde, l'homme n'a jamais rien sans travail. D'abord il faut construire des vaisseaux, travail long et difficile, demandant beaucoup de science et d'énormes quantité de bois, de fer, de cuivre, de chanvre, etc.; les moindres bâtiments coûtent des milliers de francs, les grands bateaux à vapeur coûtent plusieurs millions, jusqu'à sept et huit, et enfin les cuirassés, vaisseaux de guerre, jusqu'à 10, 12 et 15 millions.

X. — Ports. — Docks.

Cependant pour jouir de la facilité des transports maritimes, il ne suffit pas de posséder des vaisseaux, car il faut que les vaisseaux puissent approcher de la terre, y séjourner sans être exposés aux vents et aux vagues, qui ne tarderaient pas à les réduire en pièces. Or, nous savons qu'il n'est rien de plus irrégulier et de plus accidenté que les côtes de la mer ; là, ce sont des grèves ou bancs de sable, qui sont recouverts d'une si mince couche d'eau, que les moindres

barques ne peuvent y aborder ; ici, ce sont des rochers à
pic contre lesquels viennent se briser les vagues. Le peuple
qui veut avoir une marine, doit donc construire des *ports*
ou bassins dans lesquels peuvent aborder et rester les vaisseaux. Ces bassins sont généralement placés dans des
échancrures naturelles de terrain où l'eau est profonde, et
déjà en partie abritée par des rochers ; mais, quelle que soit
la position d'un port, il exige toujours des travaux considérables : il faut construire des jetées ou digues, rétrécir l'ouverture pour arrêter les vagues ; or, il est peu de travaux
plus difficiles et plus coûteux que de jeter des digues dans
une mer profonde. On est obligé d'employer des blocs
énormes de rochers ; on a même dû imaginer, dans ces
derniers temps, de couler des blocs de plusieurs mètres
cubes avec du *béton* (mélange de gravier et de ciment). Ces
blocs, fabriqués sur le bord de la mer, y sont précipités dès
qu'ils sont secs, et quand il s'agit de faire une digue de
1,800 mètres de long et de 30 mètres de large, comme
celle du port de la Joliette à Marseille, on est effrayé de la
masse de matériaux qu'il faut y employer, aussi est-ce par
dizaine de millions qu'on en calcule la dépense. Chacun
de ces ports doit encore posséder des bassins à écluse pour
la réparation des navires que leur poids ne permet pas de
tirer hors de l'eau ; on fait entrer le bâtiment à réparer dans
un de ces bassins, on ferme la communication avec la mer,
des pompes énormes épuisent l'eau, et le bâtiment, mis à
sec, peut être visité et réparé.

La France possède de nombreux ports marchands et militaires, les principaux ports marchands sont : Marseille, le
Havre, Boulogne, Bordeaux, la Rochelle, Nantes, Saint-

Nazaire; ses ports militaires sont Cherbourg, Brest, Toulon. Le port de Brest est comme un lac intérieur séparé de la mer par un goulet ou canal de 11 kilomètres ; la célèbre digue qui forme le port de Cherbourg a coûté 70 ans de travaux et 70 millions de dépenses.

Mais le plus grand port du monde est celui de Londres. Il est plutôt une profonde échancrure de terre qu'un vrai port ; mais c'est encore meilleur pour les vaisseaux. La marée facilite deux fois par jour leur arrivée jusqu'à Londres. Aussi cette ville a-t-elle près de 45 kilomètres de quais, entourant des bassins et magasins nommés docks, dans lesquels plus de 60,000 navires viennent décharger, chaque année, 12,000,000 de tonnes de marchandises ; Liverpool ne le cède guère à Londres, sans parler de tant d'autres ports anglais, de Glascow, en Ecosse, etc.

XI. — Eclairage des côtes. — Phares.

Mais la sécurité de la navigation maritime demande encore d'autres travaux, c'est l'éclairage des côtes ; en effet, quand un navire approche des côtes pendant la nuit, comment le saurait-il ? comment pourrait-il se diriger vers l'entrée d'un port ou éviter un écueil ? Depuis longtemps on a donc imaginé de placer des lumières sur des lieux élevés ou sur des tours ; on appelle ces lumières ou feux des *phares*. La lumière des phares est tantôt blanche, tantôt verte, tantôt rouge, à feux fixes ou variables, c'est-à-dire disparaissant et réapparaissant à intervalles réguliers — ces variations forment comme des signaux que connaissent les marins — de sorte qu'un capitaine de vaisseau, apercevant un phare, peut dire à quel point il se trouve.

Sur les côtes de la France seule, il existe environ 230 feux. Il en est ainsi chez tous les peuples civilisés. Quelques-uns de ces phares sont construits sur des rochers isolés, éloignés des côtes, et les gardiens y sont parfois condamnés, par la tempête, à la plus profonde solitude pendant plusieurs semaines, l'état de la mer ne permettant à aucune barque d'approcher de leur tour, que balance la tempête malgré les épais murs de granit. Mais ces hommes se consolent par la pensée qu'ils sont utiles, car l'extinction d'un phare pourrait être la cause des plus grands malheurs.

Ne terminons pas cet aperçu de la navigation maritime sans admirer les ressources considérables qu'elle fournit à la vie du monde. Représentons-nous par l'imagination ces milliers de vaisseaux qui, à chaque instant, sortent des ports de mer, s'élancent à travers les vastes espaces des océans pour porter aux peuples étrangers les produits de notre sol et de notre industrie, et nous rapporter en échange ces denrées si variées que nous allons acheter au détail chez le moindre de nos marchands. C'est ainsi que nous envoyons chaque année aux Américains des centaines de millions de soieries, d'étoffes de toutes sortes, d'articles de Paris qui nous sont payés avec les cotons, les blés, le café, le sucre, les bois, les fourrures, les métaux précieux qui se récoltent ou se trouvent en abondance dans le Nouveau-Monde ; les colonies envoient en Europe environ 2,000,000 de tonnes de sucre, et 4,000,000 de balles de coton.

La chasse des baleines et des phoques, dont les dépouilles sont si précieuses pour l'industrie, entraîne chaque année dans les mers du Nord de véritables flottes ; elle nous procure des quantités considérables d'huile et de graisse des balcines, de spermaceti, espèce de cire qui se trouve dans la tête des cachalots, et sert à faire de belles bougies, etc.

La pêche de la morue occupe environ 12,000 marins, et 3,250 ouvriers ; celle du hareng occupe 40,000 pêcheurs, et au moins 10,000 ouvriers. Les 61 quartiers maritimes de la France fournissent à l'alimentation pour 100 millions de poissons. Les ateliers de salaison ont expédié 125 millions de harengs de toutes sortes. En résumé, ce travail occupe plus de 90,000 personnes et 23,000 embarcations.

En Angleterre, le même travail occupe 120,000 pêcheurs, et la pêche atteint une valeur de 275 millions de fr. En Amérique, elle atteint 500 millions.

On a calculé qu'il existait dans le monde 56,000 bâtiments à voiles, et 7,764 à vapeur, sur lesquels on peut transporter 20 millions de tonnes (dans ce nombre de bâtiments, on ne compte pas les bâtiments de guerre ni les innombrables barques des pêcheurs). Sur ce nombre de vaisseaux, la France possède 2,500 navires à voiles, et 450 à vapeur.

Entre la France et l'Angleterre, par les seuls ports de Calais et de Boulogne, il circule annuellement 200,000 voyageurs.

Londres reçoit chaque année, dans ses docks ou magasins maritimes, 41,000 navires. Liverpool en reçoit 25,950.

Au reste, ce service social n'est pas sans danger, car il périt chaque année environ 2,600 vaisseaux à voile, et 250 à vapeur ; plus de 2,200 hommes trouvent annuellement la mort dans ces naufrages.

XII. — Des Chemins de fer.

Après avoir étudié les transports par les routes, les fleuves et rivières, les canaux et la mer, nous avons à étudier le dernier mode de transport, inventé il y a à peine 60 ans, les Chemins de fer, appelés ainsi parce que les roues des voitures au lieu de rouler sur une simple route pavée ou macadamisée, roulent sur des bandes de fer ou d'acier nommées *rails*.

Il est facile de comprendre quelle immense amélioration, cette invention a dû apporter, dans l'industrie des transports ; en effet, un cheval tirera facilement un fardeau 10, 20 ou 30 fois plus lourd si ce fardeau est placé sur une voiture roulant sur des rails, que s'il est placé sur une voiture ordinaire ; que sera-ce donc si l'on remplace le cheval par une machine à vapeur. Alors un seul homme avec sa locomotive et quelques quintaux de charbon, entraîne facilement à sa suite 50 à 60 wagons ne pesant pas moins de sept à huit cent mille kilos, et s'il ne veut entraîner que quelques voitures de voyageurs, alors il parcourra jusqu'à 70 et 80 kilomètres à l'heure, tandis que les meilleures voitures, tirées par des chevaux, n'en peuvent parcourir que 10 à 12.

Les chemins de fer sont donc un admirable progrès ; seulement leur établissement nécessite de grands travaux et de grandes dépenses, car ils ne peuvent monter et descendre, ou tourner brusquement comme le font les routes ; il faut donc qu'ils soient établis à peu près de niveau, et en ligne droite, ou tout au mois sur des courbes de grand rayon.

Pour établir les chemins de fer, il faut remblayer les

lieux trop bas, creuser de larges et profondes tranchées ou fossés, dans ceux qui sont trop élevés ; si l'on rencontre des montagnes, il faut les percer ; si l'on rencontre des vallées, il faut construire des viaducs ou ponts. Ces travaux, qui sont souvent d'une difficulté incroyable, coûtent depuis 50,000 francs jusqu'à plusieurs millions le kilomètre, comme cela se voit pour les tunnels, les viaducs, les ponts.

Les chemins de fer du monde entier se développent déjà sur une longueur de 200,000 kilomètres, soit 50,000 lieues, qui ont coûté plus de 70 milliards, c'est-à-dire le travail de cinq millions d'ouvriers pendant 10 années consécutives, en supposant que ces ouvriers gagnent 4 fr. 50 par jour.

Le kilomètre de chemin de fer coûte donc en moyenne 330,000 francs ou 350 francs le mètre, ce qui représente à peu près le travail d'un homme pendant deux mois et demi ou trois mois.

La France, à elle seule, en possède 28,000 kilomètres qui ont coûté environ 10 milliards, c'est-à-dire 350 francs le mètre, parce qu'elle a généralement établi ses chemins de fer dans de meilleures conditions que les autres pays ; elle en obtient un revenu annuel de onze cent millions ou 38,000 francs par kilomètre ; les impôts mis sur les voyageurs et sur les marchandises rendent au gouvernement environ 170 millions par an, sans parler du transport presque gratuit des lettres, des troupes, du matériel de l'armée, qui est estimé environ 97 millions. Notons que les 1,100,000,000 produits par les chemins de fer, sont à moitié absorbés par les frais de traction, par les impôts, l'administration, etc., de sorte qu'il ne reste guère par an que cinq a six cents millions pour payer les intérêts du capital employé, et amortir ce même capital, les chemins de fer devant appartenir à l'Etat à la fin de leur concession.

Ces chiffres donnent une idée, de l'importance des services rendus par cette découverte, et l'on peut dire que cette facilité de circulation a contribué dans une large part à l'augmentation du bien-être public ; elle a rendu prospères des pays qui ne pouvaient nourrir leurs habitants ; elle a donné leur valeur à des produits qui restaient sans emploi faute de pouvoir être transportés ; elle fournit mille éléments de travail, et semble même avoir rendu bien difficile le retour de ces famines qui venaient autrefois périodiquement affliger les peuples, comme elles les affligent encore dans les pays qui ne possèdent pas de suffisantes voies de communication.

Un seul fait donnera une idée des services rendus par les chemins de fer. En 1853, la récolte avait manqué, et non seulement le blé était cher, mais de plus, on pouvait à peine en avoir dans le centre de la France. Acheté en abondance à Odessa, il pourrissait en tas immenses sur les quais de Marseille. Mais les moyens de transport manquaient, et cependant tous les paysans du Midi s'étaient faits voituriers ; ils étaient si nombreux que leurs voitures et les pieds des chevaux avaient défoncé les routes, à ce point que les diligences pour les voyageurs arrivaient à Lyon avec 12 heures de retard, aussi sans les immenses bateaux à vapeur que fit construire la compagnie Bonnardel pour remonter le Rhône, il est certain que Lyon et toute la région environnante auraient souffert du manque de pain.

Dans ces dernières années, plusieurs provinces des Indes ont été décimées par la plus horrible famine, toujours par suite du manque de moyens de transports ; aussi, le gouvernement des Indes vient-il de dépenser un milliard pour construire un réseau de chemins de fer, espérant empêcher, par ce moyen, le retour du fléau. L'Angleterre a pris à sa charge la moitié de l'emprunt nécessaire.

XIII. — Des usines et des machines.

C'est ici le lieu de parler des grands établissements industriels, ou usines, qui se sont organisés en si grand nombre dans nos pays depuis 40 ou 50 ans. Ces établissements ont, comme toutes les choses, leurs inconvénients : ils ne laissent plus à l'ouvrier la liberté et même la dignité dont il pouvait jouir lorsqu'il était chez lui ; mais, il faut bien le reconnaître, les machines de toutes sortes dont nous venons de parler, les wagons, les locomotives, les bateaux à vapeur, les dragues gigantesques ne pourraient se fabriquer dans de petits ateliers. Les forces humaines n'y suffiraient pas.

Si, par exemple, l'on veut faire une locomotive, il faut avoir déjà des fours, des forges, des tours énormes, des pilons, des laminoirs, des machines à vapeur. Et pour installer ces outils et machines dans de vastes hangars et bâtiments, il faut avoir à sa disposition de grands capitaux, c'est-à-dire de fortes sommes d'argent. D'ailleurs, il faut aussi de l'argent pour payer les ouvriers ; car, si la construction d'une locomotive demande six mois, comme je ne serai pas payé avant qu'elle soit terminée, essayée, déjà en

route, il faut que j'aie de l'argent à donner, chaque quin-
zaine ou chaque mois, aux ouvriers qui travaillent à cette
locomotive.

Et il en est de même pour toutes les sortes de travaux,
pour le filage et tissage du coton et de la laine, dont nous
avons parlé plus haut, etc... Au lieu de tant se plaindre
des grandes usines, il faut donc faire tout ce qu'on peut pour
les améliorer, et pour en combattre les inconvénients, mais
il ne faut pas songer à les supprimer ou a les détruire, car
sans elles, nous serions privés d'une foule de choses nécessaires, de tous les perfectionnements dont nous jouissons,
et nous reviendrions à un état que de nos jours nous ne pourrions plus supporter. Notons même que ce seraient les ouvriers qui en souffriraient le plus, car c'est grâce aux machines que le moindre habitant de nos pays civilisés vit, en
résumé, mieux que les riches et même que les souverains
des pays sauvages. Il est bien certain qu'il est peu de Français qui se contenteraient du domicile, du vêtement et de la
nourriture d'un chef arabe. Et d'où vient cela, si ce n'est
des machines qui, en faisant peu à peu diminuer le prix des
choses, les ont mises à la portée des plus pauvres bourses.

On estime qu'en France les machines à vapeur ou hydrau-
liques représentent la force de 550,000 chevaux vapeur. Or
comme le travail de ce qu'on appelle un cheval vapeur
équivaut au travail utile de 3 chevaux ou à celui de 21
hommes, il en résulte qu'en France les machines font le
travail de 11,550,000 ouvriers ; c'est-à-dire un travail
plus considérable que celui de tous les ouvriers de la France
puisqu'elle n'en possède guère que 8 millions.

C'est ainsi que M. de Lesseps vient de nous apprendre

qu'à l'isthme de Panama, les 30 ou 40 millions de machines qu'il y emploie avec l'aide de 20,000 ouvriers environ font l'ouvrage de 500,000 ouvriers. C'est un malheur dira-t-on que d'ouvriers auraient de l'ouvrage sans ces machines...! Erreur; d'abord il serait impossible de trouver ces 500,000 ouvriers puisqu'on a déjà de la peine à en avoir 20,000. Mais de plus il serait impossible à des hommes d'exécuter de tels travaux sans machines. Sans les machines, le monde serait donc privé des avantages qu'apportera le percement de l'isthme de Panama, comme il serait encore privé de ceux qu'a apporté celui de l'isthme de Suez.

Et ce n'est pas tout, car la construction des machines elles-mêmes donne du travail à beaucoup d'ouvriers; ainsi, supposons que les machines employées à Panama ont coûté 40 millions : elles auront donc fourni du travail à plus de 25,000 ouvriers de toutes sortes pendant une année entière ou à 12,500 pendant deux années, en calculant que chaque ouvrier gagne en moyenne de 1500 à 1800 francs... admirons comment le travail de ces 12,500 ouvriers, contre-maîtres, ingénieurs, etc., a pu créer la force énorme de 500,000 hommes.

Nous pouvons donc dire des machines ce que nous venons de dire des usines : elles sont un immense secours apporté à la production des choses nécessaires ou utiles ; et bien loin d'enlever du travail à l'homme, elles lui en apportent et dans une large proportion.

Il est vrai qu'au moment même de l'invention d'une machine, une certaine classe d'ouvriers est peut-être provi-soirement déplacée, mais l'abaissement du prix de revient, et l'abondance de produits que procure ordinairement la

machine ne tarde pas à développer la consommation, de
sorte que bientôt les ouvriers déplacés trouvent de nouveau
de l'ouvrage et presque toujours dans de meilleures conditions, leur travail étant généralement plus facile et moins
pénible que sans les machines. Il suffirait de suivre avec attention et sans parti pris, l'histoire d'une machine quelconque
pour constater cet heureux résultat (1).

XIV. — Postes.

Mais s'il est important de transporter avec rapidité et à
bon marché les voyageurs et les marchandises, il l'est
encore davantage, peut-être, de transporter dans les mêmes
conditions les lettres, par lesquelles nous pouvons causer
avec les personnes éloignées de nous, leur donner de nos
nouvelles, recevoir des leurs, et même traiter des affaires
souvent très importantes. On a pu dire que « les lettres
sont comme l'embryon ou germe de richesses nouvelles, le
premier élément du travail et de la production ». Aussi, de tout

(1) En France les chemins de fer transportent environ onze milliards de
tonnes kilométriques (on appelle tonne kilométrique, une tonne ou mille kilo-
grammes transportés pendant l'espace d'un kilomètre, c'est l'unité admise
pour le calcul des transports). — Deux milliards et deux cent millions de
tonnes sont transportées sur les canaux, fleuves et rivières, et enfin quinze
cent millions sur les routes. Or en étudiant les prix de transport, on voit que
les quinze cent millions de tonnes transportées sur les routes coûtent autant
que les onze milliards transportées par les chemins de fer. Cela suffit pour
donner une juste idée des bienfaits apportés par cette invention. Observons
encore que si par des améliorations on obtenait un centime de diminution sur
les transports qui se font en France, ce serait un bénéfice de 147 millions
pour les particuliers. Il ne faut donc pas se plaindre à tort et à travers des
frais qui se font pour améliorer les routes, les canaux, même les chemins de
fer, car ce bénéfice possible de 147 millions justifierait trois milliards de
dépense en capital.

temps, les gouvernements se sont-ils efforcés d'organiser le mieux possible ce transport des lettres. L'ancien Empire romain avait une organisation postale ; au moyen âge cette organisation semble avoir complétement disparu, car aux xvi° et xvii° siècles, c'est à peine si elle existait dans nos pays : on voit qu'on était presque toujours obligé de faire porter ses lettres par des exprès à pied ou à cheval, ou d'attendre l'occasion d'un voyageur, etc., tandis qu'aujourd'hui, si je veux converser avec un habitant de Paris, de Marseille, des Indes, de la Chine ou des Etats-Unis ; il me suffit de prendre une feuille de papier, d'y écrire ma pensée, de la plier, de la jeter à la première boîte qui se trouve sur mon chemin, et je suis assuré que ma lettre arrivera le plus promptement possible à son adresse, et cela pour la modique somme de 15 ou 25 centimes.

Qui n'admirerait une telle organisation ? Par quel merveilleux moyen une lettre jetée dans la boîte d'un de nos bureaux de poste, peut-elle ainsi traverser en sûreté les pays les plus divers, la France, l'Autriche, l'Italie, la Russie, puis les mers, l'Egypte, ses déserts ou ceux de l'Asie, de l'Amérique, reprendre de nouveau la mer, changer vingt fois de main, passer des chemins de fer sur les bateaux à vapeur, etc. Comment le gouvernement a-t-il pu s'entendre avec tous les peuples chez lesquels doivent être distribuées ces lettres ?... L'organisation des postes est en effet une chose admirable qui occupe 54,000 employés de tous rangs, depuis le Ministre résidant à Paris, jusqu'aux 19,000 facteurs ruraux, qui portent chaque jour les lettres dans les moindres fermes, et l'on a pu voir, dans l'*Officiel* de ces dernières années, quels traités longs et compliqués la

France a dû passer avec les gouvernements étrangers, pour assurer le transport de ses lettres.

La poste transporte chaque année environ un milliard et demi de lettres, journaux, imprimés et objets divers, plus 17 millions de mandats de poste d'une valeur de 540 millions. Ce service coûte à peu près 70 millions par an, mais il rend environ 110 millions, il y a donc 40 millions de bénéfice, quoique le gouvernement soit obligé de payer d'énormes subventions aux paquebots maritimes, car c'est seulement par le moyen de ces subventions qu'on peut obtenir que des Compagnies transportent régulièrement à d'énormes distances des paquets de lettres, en résumé fort peu payés puisqu'une lettre pour Saint-Pétersbourg, New-York, Shang-Haï ou Calcutta ne coûte que 25 centimes.

XV. — Télégraphes électriques.

Cependant notre siècle ne s'est pas contenté des services de la vapeur pour établir des relations entre les hommes et les peuples ; utilisant une découverte d'un savant français, il a établi les télégraphes électriques, ces fils merveilleux qui transportent la pensée avec une rapidité incalculable d'un bout à l'autre de la terre.

En France, à cette heure, les fils électriques s'étendent le long des chemins de fer et des routes, non seulement jusqu'à toutes les villes, mais encore jusqu'à toutes les communes de quelque importance, et, moyennant 5 c. par mot, l'on peut écrire et recevoir en quelques heures une réponse de n'importe quel point du pays, et les fils, franchissant même la frontière, font communiquer la France avec tous les points du globe.

Bien plus, les abîmes do la mer n'ont pas arrêté l'homme; on y a jeté des fils renfermés dans de solides cordes ou câbles de fer, et déjà plus de 100,000 kilom. de câbles transmettent jour et nuit les nouvelles à travers la Méditerranée et les océans.

On estime à plus de 600 millions les dépenses faites pour l'établissement des télégraphes dans le monde entier; somme considérable sans doute, mais largement compensée par les services que rend au commerce et à l'industrie ce transport rapide des dépêches. En France seulement, plus de 25 millions de dépêches sont envoyées chaque année par les télégraphes.

Enfin, une découverte encore récente permet d'employer les fils du télégraphe pour faire des conversations à plus de 20, 30 ou 40 kilomètres, en parlant devant une petite plaque de tôle dont les vibrations influencent les fils chargés d'électricité. C'est ce qu'on appelle le Téléphone.

XVI. — Les villes.

Nous avons maintenant à parcourir nos villes, à jeter un coup d'œil sur les immenses travaux, qui les ont rendues saines et agréables. Les rues en sont pavées avec soin ; or, ce pavage ne coûte pas moins de 25 fr. le mètre carré ; d'innombrables arbres ornent une partie de nos rues, de nos places et de nos quais.

A Paris, le nombre de ces arbres s'élève à 110,000 ; sous leurs ombrages sont placés 8,500 bancs de pierre ou de bois ; il faut 3 à 4 millions de plantes pour orner ses squares et jardins, ces plantes et jardins coûtent environ 600,000 fr. par an.

Le soir, nos rues s'illuminent tout à coup de milliers de becs de gaz; a Paris, ce service se fait par un million de mètres de tuyaux de fonte. Enfin, des fontaines coulent à chaque coin de rue, soit pour alimenter d'eau la population, soit pour laver les ruisseaux et entraîner les immondices dans les égouts.

L'ensemble des égouts de Paris a près de 800 kilomètres de longueur, dont le moindre mètre coûte 80 et 100 fr. Quant aux eaux qui l'alimentent, sans parler des anciens travaux faits, on a, de nos jours, amené les eaux de la Dhuis dans un réservoir souterrain qui a 20,000 mètres carrés de superficie, 5 de profondeur, et dont la voûte est supportée par 624 piliers. — De leur côté, les eaux d'une autre rivière, de la Vanne, arrivent dans un réservoir à deux étages, ayant 37,800 mètres de superficie, et contenant 300,000 mètres cubes d'eau.

Et cependant ces immenses travaux ne suffisent pas pour assainir cette grande ville. On se plaint avec raison de l'infection de la Seine, par les 260,000 mètres cubes d'eau immonde qui s'y jettent chaque jour, et il va falloir dépenser de nouveaux millions pour parer à cet inconvénient.

A Lyon, une puissante machine monte jour et nuit, les eaux du Rhône dans les réservoirs de Montessuy et du Jardin des Plantes, où elles se filtrent et se rafraîchisssent avant de descendre dans la ville, par d'énormes tuyaux de fonte : nous savons combien il serait à désirer que ces eaux fussent plus abondantes. Voici plusieurs années que la municipalité s'occupe de cette question, mais elle recule devant la dépense. C'est une erreur, car nous avons à Lyon un tel besoin d'eaux jaillissantes que, pour les obtenir, chaque habitant pourrait bien volontiers consentir à payer chaque année un ou deux francs d'impôts de plus, et tout le monde y gagnerait.

Le service de la voirie de Lyon, c'est-à-dire l'entretien des rues, des fontaines, des égouts, des promenades, la surveillance de l'éclairage, de l'arrosage, du nettoiement, est fait par un nombreux personnel : 210 cantonniers balayent et arrosent chaque jour les rues; 230,000 francs sont payés aux habitants de la campagne pour venir chaque jour enlever les immondices. Le nettoiement des égouts coûte 61,000 francs, et 340,000 francs sont dépensés pour le pavage des rues et l'ensablement des promenades... Le parc à lui seul coûte plus de 100,000 fr. En résumé, c'est une somme de 1,200,000 fr. que doit dépenser annuellement la ville de Lyon pour se maintenir dans l'état où elle est maintenant; et l'on peut dire qu'elle ne dépense pas assez, puisque les communications sont très difficiles entre les deux rives du Rhône, par le fait de la rareté des ponts, et de leur peu de solidité. Il serait certainement sage en ce moment, de construire quatre ou cinq ponts sur le Rhône; mais pour cela encore, il faudrait savoir se résigner à quelques sacrifices, que l'on retrouverait au reste largement et en fort peu de temps. C'est ce qu'on oublie trop toutes les fois qu'il s'agit de travaux publics.

Dans ces derniers temps on a eu l'idée d'établir dans les rues des villes des espèces de chemins de fer, nommés tramways; grâce à cette invention on peut faire de longues courses pour quelques centimes dans de grandes et belles voitures qui passent à tout instant dans les rues principales et ne nous laissent pas seulement la peine de les attendre.

A Lyon, l'établissement des tramways a coûté à la Compagnie qui s'en est chargée, près de 9 millions, pour 43 kilomètres, ce qui porte la dépense à 206,000 fr. par kilomètre.

Les tramways de Paris ont coûté 71,000,000 pour 251 kilomètres. Jusqu'à présent ces tramways rendent moins que ceux de Lyon. Notons que ces compagnies payent à l'Etat et à la Ville, des droits considérables. La compagnie de Lyon paie 136,000 fr., celle de Paris 825,000 fr.

XVII. — Que la production exige encore d'autres institutions que l'agriculture et l'industrie.

Nous venons de parler des institutions ou choses qui produisent ce qui est à peu près nécessaire à la vie civilisée ; on comprend généralement toutes ces institutions ou choses sous les deux noms d'*Agriculture* et d'*Industrie*. Il semble qu'elles devraient suffire; c'est d'elles surtout que l'on parle, c'est elles qu'on loue, pour lesquelles on demande toutes les protections et tous les encouragements, et cependant ni l'agriculture, ni l'industrie ne pourraient marcher si elles n'étaient pas accompagnées, soutenues, protégées même, par quatre autres institutions.

Il est facile de le démontrer. Lorsqu'on travaille des terres, des jardins, ou lorsqu'on fabrique des tissus, des métaux, des outils dans des usines, on est obligé de payer chaque jour ou chaque semaine les ouvriers ; tandis qu'on ne pourra posséder les produits et les vendre qu'au bout d'un temps souvent fort long. Il faut attendre les produits de la terre pendant six et huit mois, quelquefois davantage.

Il en est de même pour tous les produits industriels : le fer, le cuivre, les tissus, les machines, les outils, les cuirs eux-mêmes de nos souliers demandent plus d'une année de préparation.

L'agriculteur et l'industriel ont besoin, d'avoir de l'argent à leur disposition, pour payer leurs ouvriers en attendant le jour, où ils pourront, à leur tour, retirer de l'argent de leurs produits. Il faudra donc des institutions qui leur procurent cet argent. Elles existent, et constituent ce qu'on appelle la BANQUE, comprenant sous ce nom, les Banques particulières, les Sociétés de Crédit, et enfin la Banque de France. Il faut mettre dans la même catégorie d'institutions le Crédit Foncier et même le prêt par hypothèque fait par les notaires. Nous parlerons tout à l'heure plus en détail de ces institutions.

Mais il ne suffit pas de produire, il faut vendre ses produits, c'est souvent difficile ; il est très rare qu'on puisse tous les vendre autour de soi.

Ainsi, par exemple, je suis cordonnier, j'ai trouvé le moyen de fabriquer, avec quelques ouvriers, de nombreuses paires de souliers. J'en remets quelques-unes à mes voisins, au boulanger, à l'épicier, au boucher, et contre mes souliers ils me donnent du pain, de la viande, de l'huile, etc. Mais je n'ai pas seulement besoin de ces denrées, il me faut des cuirs et des peaux de toutes sortes, des clous, des lacets, etc. ; or, ces choses ne se fabriquent pas dans mon village, où aller les chercher ? Pour avoir les peaux bien travaillées, il me faudrait aller à plus de cinquante lieues ; pour avoir des lacets, il me faudrait aller encore plus loin. Si je voulais faire cadeau d'une robe de soie à ma fille, c'est encore bien pire, il ne s'en fabrique que dans une seule ville, etc. Si enfin je veux du thé, du café, des épices, il faudra que je traverse les mers.

XVIII. — Du Commerce et de sa nécessité.

Pour éviter à chacun ces courses inutiles et même impossibles, il y a donc eu de tout temps des hommes, qui ont acheté leurs produits aux industriels, pour les vendre à ceux qui en ont besoin, en augmentant, bien entendu, le prix d'une somme plus ou moins forte, car il faut naturellement que ces hommes gagnent leur vie par cette occupation.

Ainsi, il est à Paris, par exemple, des hommes qui vont acheter à Lyon des quantités de soieries, qu'ils revendent à d'autres marchands, lesquels portent ces soieries dans toutes les petites villes, même dans les villages ; de sorte que le premier venu, peut trouver à acheter de la soierie presque à sa porte. Il la paie un peu plus cher, mais encore infiniment moins cher, que s'il était obligé de faire le voyage de Lyon pour acheter une seule robe. Il en est de même pour les draps, le linge, les outils, le charbon, les mille choses qui servent à notre nourriture, etc., et comme il serait très dispendieux, pour les habitants isolés dans la campagne, d'aller au chef-lieu de canton, pour acheter quelques mètres de toile, ou de simples ustentiles de ménage, il y a des gens qui, moyennant un petit bénéfice, leur portent ces choses-là jusque chez eux, c'est ce qu'on appelle le COLPORTAGE.

Rien de plus utile et de plus nécessaire que le *Commerce*. Il est des gens qui s'en plaignent, prétendant que les commerçants augmentent la valeur des choses par les bénéfices qu'ils prennent, et ils cherchent toutes sortes de moyens pour supprimer ces *intermédiaires onéreux*, comme il les appellent. S'ils le peuvent, ils font bien ; il est certain que si je peux acheter une pièce de calicot, chez le fabricant lui-même, je la paierai moins cher. Mais le fabricant n'est pas à ma porte ; de plus, absorbé par les soins de la fabrication, obligé de vendre de grandes quantités à la fois, il ne pourra me vendre seulement quelques mètres ; d'ailleurs, il ne me fera pas crédit, car il ne me connaît pas, tandis que le petit marchand du coin me connaît, me donne juste ce qu'il me faut, et j'aime mieux lui payer son calicot cinq ou dix centimes de plus que d'aller le chercher à la fabrique ; j'y gagne, et lui aussi, c'est tant mieux pour tous les deux.

Et combien cela est plus vrai, s'il s'agit des marchandises que le commerçant va chercher dans les pays étrangers, au delà des mers. Sans le commerce, nous en serions complètement privés. Le commerce rend les plus grands services, même pour les blés, parce que, lorsque les marchands prévoient une mauvaise récolte, ils s'empressent de faire venir des blés des pays lointains, espérant pouvoir les vendre avantageusement. Ils gagnent sans doute, mais c'est grâce à eux que nous ne manquons pas de pain. Ne vaut-il pas mieux le payer cinq centimes de plus que d'en manquer ?

D'ailleurs, comme il n'y a pas qu'un seul négociant qui achète des blés d'avance, comme il y en a au contraire beaucoup, il arrive que le désir qu'ils ont tous de vendre leur blé, fait qu'il s'établit entre eux une concurrence qui empêche les prix de trop s'élever... Et il en est ainsi pour toutes les autres marchandises. Au lieu de considérer les commerçants comme des accapareurs, dont il faudrait se débarrasser, il faut au contraire les considérer comme des *réservoirs*, dans lesquels on est toujours assuré, de trouver les choses dont on a besoin, grâce à la minime rétribution nécessaire pour payer les gardiens volontaires de ces *réservoirs*. Les magasins ne sont, en vérité, pas autre chose.

Mais il en est pour le commerce comme pour l'industrie, c'est-à-dire que, pour acheter d'avance des marchandises qu'on sera souvent obligé de garder fort longtemps ou de vendre à des gens qui ne vous paieront pas de suite, il faut avoir de l'argent, souvent beaucoup d'argent.

XIX. — Des Banquiers.

Les banquiers viennent donc au secours du commerçant, comme ils viennent au secours de l'industriel ; et voici comment : Je suis marchand de sucre à Marseille, j'en ai vendu pour 10,000 fr. à un marchand de Paris ; ce marchand ne peut me payer que dans trois mois, et j'aurais besoin de mon argent, pour l'envoyer par le vaisseau, qui retourne aux colonies chercher une nouvelle cargaison de sucre.

Il semble que je pourrais trouver quelqu'un qui me prêterait ces 10,000 fr., car enfin ces 10,000 fr. sont représentés par les sucres vendus au marchand de Paris ; ce marchand est connu, il est sûr qu'il me paiera dans trois mois.

Il s'est donc, en effet, de temps immémorial, créé une classe de négociants qui se chargent de prêter de l'argent, sur les marchandises vendues. On les nomme BANQUIERS. Voici comme je pourrai obtenir leur appui.

Je fais un écrit à peu près ainsi conçu : « M. X..., marchand de sucre à Paris, il vous plaira payer dans trois mois à M. B..., banquier à Marseille, la somme de 10,000 fr. que vous me devez. » Je date, je signe, et je porte ce papier à M. B...

M. B... me connaît, il connaît aussi un peu M. X... de Paris, il sait que nous sommes d'honnêtes gens, il est donc à peu près sûr de recevoir ces 10,000 fr. dans trois mois. Il peut même écrire à M. X... pour le prier de s'engager lui-même, par sa signature, à payer en temps voulu ces 10,000 fr. M. X... accepte... Dès lors, M. B..., le banquier, me donne mes 10,000 fr., en me retenant seulement l'intérêt à 5 ou 6 % des trois mois, et une légère commission de 1/8 ou 1/4 %. Rien de plus juste, car il faut bien que M. R... gagne sur son argent comme moi je gagne sur mon sucre.

La fonction essentielle des banquiers est donc de faciliter les affaires en avançant de l'argent sur les affaires soit avec leur propre argent, soit avec celui qu'on leur confie moyennant intérêt, soit enfin en usant de la *Banque de France*, grande institution sur laquelle nous devons dire un mot.

XX. — De la Banque de France et de la Monnaie.

Chez les sauvages, le commerce se fait très simplement : c'est un échange. J'ai tué deux perdrix, mon voisin a ramassé des racines de manioc, j'en ai envie pour les manger

avec une de mes perdrix, je lui donne contre ses racines la
seconde perdrix qui m'est inutile, et que lui-même est très
content d'avoir ; tel est le commerce que fait le sauvage.

Mais dès qu'il s'agit du commerce des peuples civilisés,
il n'en est plus de même, car il serait impossible d'échanger
d'une manière aussi simple, les innombrables choses que
nous consommons. J'ai fabriqué des souliers et j'ai besoin
de pain, je vais offrir au boulanger une paire de souliers
contre du pain. « Oh ! me dira-t-il, je n'ai pas besoin de
souliers. » Il me refuse. — Je vais chez le boucher, même
réponse. Je pourrais donc mourir de faim avec ma femme
et mes enfants à côté de mes beaux souliers bien luisants.
Et c'est là ce qui arrive souvent chez les sauvages.

Mais une idée me vient, je dis au boulanger : Mon ami,
vous n'avez pas besoin de souliers aujourd'hui, mais vous
en aurez besoin dans trois mois ; si donc vous aviez la
bonté de me donner du pain, je vous laisserais un billet ou
petit écrit, par lequel je m'engagerais à vous donner une
paire de souliers dans trois mois. Cela peut se faire, répond
le boulanger, mettez sur ce papier: Bon pour une paire de
souliers et signez... Voici du pain, et si, par hasard, dans
trois mois je n'ai pas besoin de souliers, je pourrais moi-
même donner en paiement ce bon à mon boucher, qui doit
toujours avoir besoin de souliers, car il a beaucoup
d'enfants.

Ce bon à valoir est déjà un grand perfectionnement, mais
il est encore bien incommode ; puis il faudrait pouvoir le
diviser, car pour une paire de souliers, on pourrait avoir
au moins 60 livres de pain. Or, on ne peut acheter autant
de pain à la fois.

De temps immémorial, les hommes ont donc eu l'idée de représenter leurs produits par des *signes* ou petits objets qu'on appelle MONNAIE : plaques de fer, de cuivre, d'argent ou d'or.

On a même rapidement dû prendre les métaux précieux pour faire la monnaie, parce qu'alors la monnaie avait l'avantage de *valoir elle-même* les choses qu'elle représentait, et n'était plus seulement une promesse comme le BON de notre cordonnier qui, le moment venu, pourrait fort bien ne plus vouloir me donner la paire de souliers promise.

Expliquons comment la monnaie a une valeur réelle. Tout *produit représente une certaine somme de travail ;* j'ai chassé tout un jour pour tuer deux perdrix, mes deux perdrix valent donc tout ce qui coûte une journée de travail, c'est-à-dire environ 3 fr. 50 ; car j'aurais pu gagner ces 3 fr. 50 en cultivant un jardin, en forgeant du fer, en faisant des souliers, etc.

Or, il en est de même pour les métaux. Il faut du temps pour les tirer de la terre, pour les fondre, etc. ; si donc il me faut un jour de travail pour obtenir un gramme d'or, il est évident que ce gramme vaut au moins 3 fr. 50 ; mais si pendant le même temps je peux obtenir 16 grammes d'argent, il est évident que ces 16 grammes d'argent ne vaudront pas plus qu'un gramme d'or.

Il est bien clair, dès lors, que si quelqu'un veut me donner quatre grammes d'or pour une paire de souliers ou 64 grammes d'argent, je m'empresserai de la lui remettre, car je trouverai toujours des gens qui me donneront ce que je voudrai contre mes grammes d'or ou d'argent, puisqu'ils ont une valeur *réelle*, la valeur du temps de travail qu'il a fallu pour les obtenir.

Après cette explication, l'on peut comprendre aisément combien les échanges sont devenus faciles, dès que l'on a pu ainsi les faire à l'aide d'*objets indestructibles*, représentant toujours et pour tous une valeur fixe et réelle, et il est évident que plus il y aura de ces objets ou de cette *monnaie* dans un pays, plus le commerce y sera commode et prompt.

Mais les métaux employés pour les monnaies, précisément parce qu'ils sont précieux, n'existent qu'en petite quantité ; lors donc qu'il s'agit de grandes affaires, par exemple de ventes se montant à des centaines de mille francs et même à des millions, les banquiers ne pourraient trouver assez d'argent pour acheter les *billets* ou *valeurs* qui leur seraient présentés.

Ainsi, par exemple, j'ai vendu pour 500,000 fr. de soieries à un marchand de Londres ; où mon banquier pourrait-il me trouver les 500 rouleaux d'or ou sacs d'écus que je lui demande contre mes BILLETS ou TRAITES payables dans deux mois ?

Des hommes habiles dans le maniement de l'argent se demandèrent donc, au commencement de ce siècle, si, pour faciliter le commerce ils ne pourraient pas créer une monnaie de *papier*, dont la valeur serait presque tout aussi sûre que celle de la monnaie métallique.

Ils se dirent : « Nous sommes là vingt hommes de commerce, tous connus. Nous allons d'abord former entre nous une société, dans laquelle nous apporterons chacun 100,000 fr. soit entre tous deux millions ; mais de plus nous inviterons d'autres personnes, à accepter des parts de mille francs dans notre société et nous réunirons ainsi vingt millions.

Nous déposons ces 20,000,000 dans les caves de nos bureaux, et nous faisons dresser par-devant un notaire et sous l'inspection du gouvernement un acte par lequel nous nous engageons à toujours laisser ces 20,000,000 dans nos caves comme garantie des opérations de notre société, dans le cas où elles ne réussiraient pas aussi bien que nous le pensons.

Ceci fait et annoncé dans le pays tout entier, et étant de plus autorisés par le gouvernement, nous invitons les banquiers et même les négociants à nous apporter leurs BILLETS A ORDRE OU TRAITES ; leur promettant de leur donner contre ces billets des papiers de 50 fr., de 100 fr., de 1000 fr., ayant la même valeur que les mêmes sommes en or ou en argent, puisque nous serons nous-mêmes toujours prêts à les rembourser, c'est-à-dire à les changer contre de la monnaie véritable.

Le banquier qui a pris les 500,000 fr. de traites du fabricant lyonnais pourra donc se présenter à cette nouvelle banque ; on examinera ses billets, ils ont trois signatures, celle du fabricant lyonnais, celle du marchand anglais qui s'engage à les payer en leur temps, et enfin celle du banquier lui-même. Ces trois personnes sont connues, elles font bien leurs affaires, la Banque peut donc sans crainte donner au banquier 500 billets de mille francs. Le banquier les donne au fabricant, lequel paie avec ces billets ses soies, ses commis, ses teinturiers, son loyer..., etc... et il n'en envoie changer contre monnaie qu'une petite partie pour payer ses ouvriers.

On le voit, le billet de banque n'est pas une valeur idéale créée à tort et à travers ; il est au contraire le signe représentatif d'une valeur *réellement* existante ; ainsi par exemple, dans le cas ci-dessus, les 500,000 fr. de billets sont représentés par les 500,000 fr. de soieries déposées dans les magasins du marchand anglais, sous la surveillance du fabricant et du banquier lyonnais qui tous deux ont le plus grand intérêt à ce que cette marchandise soit bien gardée, bien vendue et bien payée... Et la banque au bout de deux mois pourrait parfaitement rembourser les 500,000 fr. de billets qu'elle a émis sans toucher aux millions qu'elle a dans ses caves, puisqu'à cette époque elle sera rentrée dans ses avances.

Cette belle et ingénieuse institution s'est tellement développée, qu'elle possède aujourd'hui à Paris, dans ses caisses, deux milliards et deux cents millions en or et en argent ; près de trois milliards de billets en circulation, et continuellement sept à huit cents millions de billets à ordre dans son portefeuille, billets dont elle pourrait en moyenne toucher le montant avant six semaines.

Les actionnaires ou propriétaires ont versé 182 millions comme garantie, ils publient chaque semaine dans le journal officiel un état de leur caisse et de leurs opérations, afin que le public soit continuellement renseigné et puisse voir s'il peut toujours avoir confiance dans ses billets. Pour qui sait lire les chiffres et connaît les affaires, il est certain que le billet de banque vaut tout autant que de l'or ou de l'argent, à moins que l'on ne pille ses caves, brûle ses portefeuilles et papiers. En ce cas tout serait perdu, mais il y aurait bien d'autres choses de perdues ; et quand il s'agit

de crédit, de peuple civilisé, on ne peut calculer pour un
état de choses qui serait un véritable retour à la barbarie ou
à l'état sauvage.

Ces chiffres donnent une idée des immenses services que
la Banque rend au pays tout entier ; c'est par milliards qu'il
faut chiffrer ses opérations. Elle escompte, c'est-à-dire prend
des traites ou billets à ordre, pour plus de sept à huit milliards par an, avance sur actions et autres bonnes valeurs
trois à quatre cents millions, et rend ainsi possibles une foule
d'entreprises, qui fournissent du travail à des millions d'employés et d'ouvriers, et qui très certainement ne pourraient
se faire sans son secours.

Notons que la Banque de France a des succursales ou bureaux dans toutes les villes importantes, que ses billets sont
souvent reçus comme argent comptant, même dans les pays
étrangers ; qu'elle a parfois pu rendre service au gouvernement, qui dans ce moment lui doit encore 140 millions, et
enfin qu'elle facilite la conservation de capitaux disponibles
en les acceptant en comptes courants, c'est ainsi qu'elle a
toujours dans sa caisse environ 400 à 450 millions qu'elle
tient à la disposition des déposants.

Quant à ses frais, aux intérêts des capitaux de ses actionnaires ou propriétaires et aux bénéfices que ces derniers ont
le droit d'attendre pour un si grand travail et de si grands
services rendus, ils proviennent des *intérêts* que la Banque
prend sur les billets qu'elle escompte, c'est-à-dire sur lesquels elle avance de l'argent, intérêts qui produisent une
somme considérable et ont donné une grande valeur aux
actions de la Banque.

De nos jours il s'est créé plusieurs sociétés qui essaient

comme la Banque de rendre service au commerce, tout en gagnant de l'argent elles-mêmes ; car quoi qu'on en dise, il est bien certain que nul ne ferait rien, s'il n'espérait en tirer un profit.

Ces sociétés, comme la Banque, reçoivent l'argent en dépôt, et le tiennent à la disposition des déposants, tout en leur payant un intérêt de un, deux, trois, quatre ou cinq 0/0 même, selon le temps pour lequel on le leur confie.

Elles avancent parfois de l'argent à des commerçants en leur ouvrant un *crédit*, comme on dit. Elles escomptent aussi leurs billets, et plus facilement que la Banque, mais généralement à un taux plus élevé que celle-ci ; car lorsqu'elles ont ces billets en mains, elles les portent ordinairement à la Banque qui les leur escompte à son tour. — Enfin elles se chargent de procurer des capitaux aux SOCIÉTÉS PAR ACTIONS, de placer les obligations de celles-ci : c'est une de leurs grandes sources de bénéfices. Mais nous ne pourrons comprendre ceci qu'après avoir étudié la constitution des dites SOCIÉTÉS.

XXII. — Des Sociétés commerciales.

Le commerce et l'industrie, comme nous l'avons dit plus haut, ne peuvent se faire sans argent ; de plus, il est presque toujours difficile à une personne seule de faire marcher une maison tant soit peu importante. Ainsi, par exemple, dans une industrie, il faut acheter les matières premières : la soie, la laine, le coton ; ou le minerai, le fer, le cuivre ; ensuite il faut transformer ces matières premières en tissus, en machines ; et, enfin, il faut les vendre. Il y a là trois opérations distinctes qu'un seul homme aurait bien de la peine à conduire ou même seulement à surveiller. De tout temps, les commerçants et les industriels se sont donc associés pour travailler ensemble. Deux, trois ou plus s'entendent, chacun apporte une certaine somme d'argent qui est mise en commun ; ils passent sur papier timbré un acte par lequel ils se lient pour un certain nombre d'années, et s'engagent à donner l'un et l'autre tout leur temps aux affaires de la société ; ils déposent cet acte au tribunal de commerce, où il est affiché. Et pour que tout le monde sache qu'ils sont associés, que lorsque l'un s'engage, il engage l'autre, et que dans les affaires commerciales l'un est tenu de payer pour l'autre, ils publient cet acte dans les journaux, et envoient des circulaires ou lettres annonçant leur association à toutes les personnes avec lesquelles ils peuvent se trouver en affaire.

Dans ces associations, les associés sont engagés non seulement pour la somme qu'ils ont mise en commun, mais encore pour toute leur fortune particulière. C'est pour cela qu'il faut toujours bien connaître les personnes avec lesquelles on s'associe, car on peut dire qu'une association commerciale est une espèce de mariage, puisqu'elle entraîne entre les associés une véritable communauté de vie, de biens et même d'honneur.

Lorsque des associés n'ont pas par eux-mêmes assez d'argent pour faire leur commerce, ils en empruntent à des personnes qui le leur confient moyennant un simple intérêt de 5 à 6 % par an, et ils sont *solidairement* responsables vis-à-vis de ces personnes.

Si, enfin, ils désirent avoir une personne qui leur prête une somme considérable, relativement à leur commerce, qui s'engage à leur laisser longtemps cette somme, à ne pas la retirer lors même qu'ils seraient en danger de la perdre, alors ils s'adressent à ce qu'on appelle un COMMANDITAIRE, c'est-à-dire à une personne qui devient d'une certaine manière leur associé.

Le commanditaire est un homme qui apporte au commerce, par exemple 100,000 fr. à condition qu'on lui donnera 5 ou 6 0/0 de son argent, plus un intérêt de 25 0/0 environ sur les bénéfices, s'il y en a. Seulement dans le cas où le commerce ferait de mauvaises affaires, le commanditaire ne peut rien retirer de ses 100,000 fr. avant que tous les créanciers soient payés. La loi le considère comme associé pour ces 100,000 fr., mais non pour le reste de sa fortune. Aussi le commanditaire se réserve-t-il le droit de surveiller les écritures, par lui-même ou par un teneur de livres qu'il impose à la maison à laquelle il confie son argent.

XXIII. — Des Sociétés par actions.

Les simples sociétés commerciales sont excellentes pour le commerce ordinaire ; mais lorsqu'il s'agit de grandes entreprises, de transports lointains, d'entreprises de chemins de fer ou de canaux, de l'établissement de grandes forges possédant des mines, occupant des milliers d'ouvriers, alors l'argent de quelques particuliers ne suffirait pas. Voici donc comment on procède pour ces grandes entreprises.

Je suppose que j'aie l'idée de construire un chemin de fer

de 100 kilomètres, de Lyon à X...; en comptant 350,000 fr. de dépenses par kilom., c'est 35 millions qu'il me faut. Je ne les ai pas, j'aurais mille peines à les trouver parmi mes amis et connaissances ; d'ailleurs, c'est une affaire trop douteuse, il y a des travaux difficiles à faire, on ne sait pas au juste si l'on aura beaucoup de voyageurs et de marchandises à transporter... Celui qui mettrait toute sa fortune dans une telle affaire risquerait donc de se ruiner ; cependant il est possible qu'on réussisse, le gouvernement donne 5 millions de subvention pour l'encourager, etc.

Que ferai-je donc ! Au lieu de ne prendre qu'un ou deux associés, je vais en prendre un grand nombre, autant de fois qu'il y a 500 fr. dans 35 millions, c'est-à-dire que, toute personne qui m'apportera 500 fr. sera associée dans cette affaire ; seulement elle n'y sera associée que pour un 70 millième, parce qu'en effet, sa mise ou son apport de 500 fr. n'est que la 70 millième partie de l'argent ou capital (1) employé dans l'affaire. Il est bien entendu que ceux qui le voudront, pourront prendre plusieurs de ces parts, et qu'ils auront alors autant de part de propriétés et de bénéfices qu'ils m'auront confié de fois 500 fr. — Et chacun de ces versements sera constaté par un papier imprimé, signé, timbré, etc. Ce papier se nommera ACTION, parce qu'il donne *droit* ou *action* sur les biens et les revenus de l'affaire.

Je cause donc de mon projet avec quelques personnes in-

---

(1) On appelle capital toute somme d'argent formant le fond d'une affaire d'une fortune, ainsi on dira d'un homme : « Cet homme dispose de grands capitaux », pour dire qu'il possède, ou a, à sa disposition, de fortes sommes d'argent qu'il peut employer dans des affaires. Ce mot vient de *caput*, mot latin qui veut dire tête, parce qu'en effet l'argent est comme la tête ou chose principale d'une affaire.

fluentes, riches, habituées aux affaires. Si je vois qu'elles m'écoutent, je leur demande si elles ne voudraient pas m'aider à le réaliser. Mais oui, me répondent quelques-unes; l'une dit : Moi, j'y mettrai bien 25,000 fr.; une autre, 50,000 ; une autre peut-être même 100,000.

C'est bien, leur dis-je. Alors, voici ce que nous allons faire : nous constituons entre nous une espèce de comité ou réunion, dont tous les membres promettent de s'occuper de ce projet. Ensuite, nous engagerons, par les journaux et les affiches, le public à venir nous aider, en prenant des *parts* dans notre affaire.

Nous passons sur les détails ; mais, on le comprend facile-ment, une telle combinaison rend possible les grandes affaires. Après tout, si l'on y peut perdre, on ne peut y perdre que ce qu'on y met, et non toute sa fortune comme dans les affaires ordinaires, et c'est grâce à ces *compagnies par actions* que l'on a pu construire tous les chemins de fer et les canaux, établir d'immenses ateliers de construction, creuser des mines de charbon et de fer, percer l'isthme de Suez, l'isthme de Panama, etc...

Un certain nombre de personnes y ont perdu de l'argent, il y a eu bien des déceptions, bien des erreurs; mais, en gé-néral, on y a gagné et, il faut le reconnaître, nulle grande entreprise ne serait possible sans ces sociétés.

On a, il est vrai, beaucoup crié contre les compagnies qui n'ont pas réussi, on a accusé le gouvernement de manquer de surveillance, on lui a demandé de faire des lois plus sévères à ce sujet. Mais, franchement, est-ce raisonnable ? Est-ce donc au gouvernement à conduire tous les Français comme on conduirait des enfants ? Que deviendrions-nous

sous une pareille tutelle ? Quel énervement des âmes et des
intelligences ! N'est-ce donc pas à ceux qui veulent confier
leur argent à ces compagnies à s'inquiéter de la valeur de
leurs entreprises, de la moralité de ceux qui les conduisent ?
C'est bien le moins que chacun prenne ce soin... Un peuple,
dont le gouvernement s'inquièterait ainsi des affaires de
chacun, ne serait plus qu'un troupeau de moutons. Et dire
que c'est ce que tant de gens rêvent, sans songer que ce serait
la plus grande et la plus avilissante des tyrannies.

XXIV. — Des Obligations.

Un mot maintenant sur les OBLIGATIONS dont nous avons
parlé plus haut. Il arrive souvent que les sociétés constituées
par ACTIONS avec un capital fixe, n'ont pas assez d'argent pour
achever leurs travaux, comme par exemple, si je ne pouvais
pas achever mon chemin de fer de 100 kilomètres, avec mes
70,000 actions de 500 fr.

Faudra-t-il émettre de nouvelles ACTIONS ? A cela il y aurait deux grands inconvénients ; d'abord il faudrait changer
toute l'organisation de la société, la troubler par l'introduction de nouveaux associés ; ensuite, si l'affaire est bonne, il
serait assez désagréable de partager les bénéfices avec un
plus grand nombre de personnes. Ne vaudrait-il pas mieux
emprunter tout simplement de l'argent ? Il nous manque par
exemple, dix millions pour achever notre chemin de fer de
100 kilomètres, mais les travaux déjà faits sont considérables, nous avons des terrains immenses, etc., il semble donc
que l'on pourrait avoir confiance en nous, car en fait, nos

70,000 ACTIONS répondent des 10 millions que nous emprunterons.

Nous annonçons donc que nous délivrerons à chaque personne nous apportant 300 fr. un *reçu* ou *titre*, ou *billet* par lequel nous nous engageons 1° à payer 15 fr. d'intérêt chaque année, 2° à rembourser peu à peu ces obligations dans l'espace de 50 à 60 ans, et afin d'attirer les prêteurs, nous promettons de les rembourser à 450 fr. c'est-à-dire que ceux qui nous auront prêté, non seulement recevront l'intérêt de leur argent à 5 0/0, mais recevront encore moitié plus qu'ils ne nous auront donné lorsque sera arrivée l'époque du remboursement. Et ces reçus ou titres se nomment OBLIGATIONS, probablement parce qu'ils *obligent* ou *engagent* tous les biens de la société qui emprunte (1).

Les obligations sont très recherchées pour les placements d'argent, parce qu'elles sont généralement très sûres, et ne peuvent que difficilement perdre toute valeur comme cela arrive souvent aux actions.

Maintenant nous pouvons comprendre comment les BANQUIERS ou les SOCIÉTÉS FINANCIÈRES peuvent faciliter les sociétés par actions. J'ai besoin de mes 35 millions pour mon chemin de fer, à qui m'adresser? Je ne connais pas assez de personnes qui aient de l'argent à placer, j'irai donc vers un banquier, je lui dirai : Procurez-moi mes 35 millions et je vous donnerai un certain bénéfice.

---

(1) Il est bon d'observer que ces *primes* ou *augmentations* offertes aux prêteurs n'augmentent pas beaucoup l'intérêt du capital. Cela vient du long terme pris pour ce remboursement et du taux plus élevé où se placent ces obligations à prime. Actuellement, en 1880, les obligations du Paris-Lyon-Méditerranée s'achètent à 380 fr., sont remboursables à 500 fr. et ne rendent que 15 fr. d'intérêt, elles ne rendent donc pas même 4 0/0.

Le banquier accepte, et tout ce qu'on peut lui demander c'est que, pour gagner ce bénéfice, il ne recommande pas à ses prêteurs ou clients des affaires qu'il ne croit pas bonnes. Cela s'est fait, se fait encore, il en résulte des malheurs ; mais, hélas ! en ce monde rien n'est jamais absolument bon, et si l'on détruisait tout ce qui peut faire mal, on détruirait tout. Dieu seul est parfaitement bon.

XXV. — Du Prêt par hypothèque.

Reste un dernier moyen pour obtenir de l'argent. Mais celui-ci ne peut être employé que par ceux qui possèdent ce qu'on appelle des IMMEUBLES c'est-à-dire des terres ou des maisons. On appelle les terres et les maisons IMMEUBLES parce qu'elles sont *immobiles*, *fixées*, et ne peuvent pas être enlevées comme des *meubles* ou des *marchandises*.

J'ai une maison qui vaut 50,000 fr. mais je veux marier une fille et je serais bien heureux si je pouvais lui donner 10,000 fr. de dot. Il me semble qu'on pourrait bien me les prêter puisque ma maison me rend 2,500 fr. par an, les intérêts seraient donc assurés.

— Je veux bien vous prêter, me dit un voisin, mais qui me dit que vous me rendrez mon argent? Vous pouvez vendre votre maison à qui il vous plaira, perdre votre argent et je n'aurai plus rien...

« Eh bien ! dis-je à cet homme, si vous le voulez, nous irons chez un notaire, et nous ferons un acte par lequel je vous donnerai DROIT sur ma maison pour la somme de 10,000 fr. Dans le cas où je voudrais la vendre, le premier argent que me donnera l'acheteur sera pour vous, je n'aurai pas même le droit de le toucher. »

Le notaire, officier public, autorisé par le gouvernement, fait cet acte, nous le signons tous deux et il est de plus *enregistré* c'est-à-dire inscrit par un employé des finances sur un livre ou registre spécial, que garde cet employé, afin qu'il soit toujours possible de savoir, si telle ou telle propriété est engagée pour des dettes, ou ne l'est pas. Rien de plus ingénieux que cette institution, qui permet ainsi de *mobiliser* les *immeubles,* de pouvoir les conserver tout en disposant de leur valeur.

On appelle ce prêt ou cet emprunt : HYPOTHÈQUES, du mot grec *ipothetos,* parce qu'en effet l'argent est comme *placé dessous* les immeubles, mis dans eux.

Le gouvernement prend un droit assez considérable pour enregistrer ces emprunts, près de 5 0/0. Malgré cela, ce genre d'emprunt est très répandu, surtout dans les campagnes, parce que c'est celui qui offre le plus de garanties aux prêteurs. En France la dette hypothécaire inscrite sur les propriétés bâties et non bâties, se monte à environ quinze milliards.

XXVI. — Du Crédit foncier.

Le prêt sur les *immeubles,* ayant paru à quelques hommes de gouvernement et de finances, un puissant moyen pour améliorer l'agriculture et faciliter l'industrie, ils eurent l'idée de fonder une société qui prêterait de l'argent sur les *immeubles,* non plus *seulement* pour *quelques années,* comme le font les particuliers, mais pour un très long terme, pour 50, 60 et même 75 ans.

De plus, au lieu de *demander*, à l'expiration de ce temps, le remboursement total de la somme prêtée, ils imagineront de demander ce remboursement *chaque année par très petites sommes*. Ainsi par exemple, cette SOCIÉTÉ me prête 10,000 fr. sur ma maison, je lui paie environ 500 fr. chaque année pour les intérêts, mais si j'ajoute 25 fr. à ces 500 fr., il arrivera qu'en continuant à payer ainsi à la société 25 fr. toutes les années, au bout de cinquante ou soixante ans, je ne lui devrai plus rien.

On ne pouvait imaginer un meilleur moyen pour encourager les emprunteurs ; car la grande difficulté pour eux est toujours le remboursement. On trouve encore facilement les 500 fr. d'intérêt demandés chaque année pour ces 10,000 fr. de prêt ; mais où trouver les 10,000 fr. pour rembourser, au bout de 7 à 8 ans, comme cela se fait dans les prêts par hypothèques ? On a employé ces 10,000 fr., on les a changés en nouvelles constructions, en machines, etc..., par le fait on les possède bien, mais c'est en *immeubles*, en choses non vendables, et non en argent.

Aussi cette société fondée, il y a environ vingt-cinq ans, a-t-elle pris de suite un immense développement. On l'appelle CRÉDIT FONCIER, parce qu'elle prête ou fait *crédit* sur ce qui est comme le *fonds* ou la *substance* des choses. Nous savons que l'on dit *un fonds de terre*.

Aujourd'hui le CRÉDIT FONCIER de France a déjà prêté plusieurs milliards, et il y a de semblables sociétés dans tous les pays du monde.

Mais, dira-t-on, où cette SOCIÉTÉ peut-elle trouver l'argent

qu'elle prête ? Elle l'emprunte elle-même, au moyen d'OBLI-
GATIONS, pour lesquelles elle ne paie guère que 3 1/2 pour
cent d'intérêt; seulement pour attirer les prêteurs elle rem-
bourse tous les trois mois à 500 fr. un certain nombre de
ses obligations qui généralement ne se vendent que 440 à
450 fr. — Les obligations à rembourser sont désignées par
un tirage au sort, et les premiers numéros sortants reçoivent
des *primes* ou *lots* considérables. Le premier numéro sortant
aura, par exemple, 100,000 fr., le deuxième 50,000 fr., le
troisième 25,000 fr., les suivants 5,000 fr., un certain nombre d'autres 1,000 fr. On comprend que l'espérance de gagner un de ces LOTS, engage les gens qui ont de l'argent à
le confier au CRÉDIT FONCIER; d'autant plus que ses obligations sont très sûres, puisqu'elles sont garanties par les HY-
POTHÈQUES prises sur des terres, maisons, etc..., et elles le sont
d'autant plus que le Crédit foncier ne prête jamais guère
au delà de la moitié de la valeur d'un immeuble.

On se demandera comment un remboursement, peut se
faire au moyen d'une si minime somme annuelle? La raison
en est bien simple: Comme, pour un prêt de 10,000 fr., on
paie au *Crédit foncier*, pendant 60 ou 70 ans, par exemple
525 au lieu 500 fr., il arrive que peu à peu le capital est
remboursé, non plus seulement par les 25 fr., mais par une
partie des 500 fr., puisque ce capital, diminuant chaque
année, n'exige plus un si gros intérêt. Ainsi, dès la seconde
année, 26 fr. 25 sont affectés au remboursement; la troisième année, 27 55; la quatrième, 28 95. On le voit, la
proportion augmente rapidement. Un quart pour cent donné
chaque année pendant 60 ou 65 ans, en plus des intérêts,
peut donc arriver à rembourser une somme prêtée.

Ajoutons qu'aujourd'hui le CRÉDIT FONCIER offre de tels avantages à ses emprunteurs que, remboursement et intérêts compris, on arrive à ne pas même payer 5 %, d'intérêt ou annuités.

XXVII. — Du Crédit en général et des services immenses qu'il rend.

C'est ici le lieu d'observer que tout ce grand mouvement d'argent et d'affaires est basé sur une chose dont on dit parfois beaucoup de mal, et qui est cependant une des plus belles choses de ce monde, sur le CRÉDIT.

Le mot *crédit* vient du mot latin *credere, credo*, qui veut dire *croire, se confier*. Faire crédit à quelqu'un, c'est donc croire à son honnêteté, c'est lui dire : « Je possède là, entre mes mains, de la marchandise, tu me dis que tu en as besoin pour travailler et gagner ainsi ta vie, et que tu n'as pas d'argent pour me la payer ; mais que si je veux te la confier, tu iras la vendre plus cher que je ne te la vends, et que tu pourras, non seulement me payer, mais encore te nourrir, toi, ta femme et tes enfants. Eh bien, prends ma marchandise, j'ai confiance en toi... »

Ou encore : « J'ai là du pain, toi tu n'en as pas et tu n'as pas d'argent pour me le payer ; mais je sais que tu travailles chez telle personne ou que tu y travailleras bientôt; prends donc mon pain, et tu me paieras quand on t'aura payer toi-même. »

Ou encore : « Tu désires monter un commerce, mais pour cela il faut de l'argent, tu n'en as pas ; moi j'en ai gagné quand j'étais jeune, ou j'en ai hérité de mes parents ; eh bien, je vais t'en *prêter*. Il y a déjà longtemps que tu es employé dans telle maison, tu as une bonne réputation, je crois que tu réussiras. — Prends donc ces 50,000 fr., c'est assez pour traiter au moins 150,000 fr. d'affaires qui te donneront plus de 5 pour cent de bénéfices net, soit 7,500 fr. — Tu me donneras seulement 5 pour cent sur mon capital, soit 2,500 fr. Il te restera donc encore une large part.

« Et il est juste que tu me donnes cet *intérêt* de 5 % sur mes 50,000 fr.; car si je les ai, si je puis te les prêter, c'est que j'ai pris la peine de les *économiser* sur ce que je gagnais, et pour les économiser, il a fallu que je me prive de beaucoup de choses ; si je n'avais pas pensé que je pourrais vivre de la *location* de mon argent lorsque je serais vieux ou ne pourrais plus travailler, je ne me serais pas certainement donné la peine de l'économiser, je me serais passé toutes mes fantaisies. Mon père en aurait fait de même dans son temps, et dès lors tu ne pourrais pas, aujourd'hui, gagner à ton tour ta vie, et peut-être même faire fortune, grâce à cet argent.

Tel est ce qu'on appelle le crédit, c'est-à-dire cette confiance que les habitants des pays civilisés ont généralement les uns dans les autres ; confiance d'autant plus grande qu'il y a plus de moralité et plus de sentiments d'honneur dans les âmes...

Seulement, remarquons-le, cette confiance dans les habitants ne suffit pas encore au crédit ; il faut que celui qui prête puisse avoir confiance dans la paix sociale, dans la protection du gouvernement, dans le respect des lois, dans la justice des tribunaux qui pourraient être appelés à juger les difficultés qui se présentent si souvent dans ces sortes d'affaires.

Aussi, un rien peut-il diminuer le crédit et presque le suspendre. Il est clair que si je puis craindre que l'on ne me rende pas mon argent, que si je ne suis pas sûr de trouver auprès de la justice l'appui nécessaire pour me faire payer, il est clair, dis-je, qu'alors je le garderai ; car cet argent est mon pain, celui de ma femme, celui de mes enfants, et rien ne pourra m'obliger à le donner, je le cacherai plutôt dans la terre. C'est ce qui se fait chez les peuples non civilisés, l'Arabe garde tout ce qu'il a sur lui ou dans des coffres qui ne le quittent pas. Dans les temps de trouble, il en est de même parmi nous, chacun garde son argent et, il faut bien le dire, celui qui souffre le plus de cet état de choses, c'est le pauvre, c'est le jeune homme qui a besoin de travailler. Il a du talent et des forces, mais il lui manque l'argent nécessaire pour commencer ; où en trouver ?.... Personne n'ose lui en confier, puisqu'on craint qu'il ne puisse en payer les intérêts. De là, un ralentissement considérable dans les affaires, dans le travail, dans tout ce qui donne le pain et la vie à chacun.

Ainsi, nous avons parlé plus haut de ces BILLETS A ORDRE ou TRAITES, contre lesquelles les banquiers ou la Banque donnent de l'argent, et qui, en circulant de main en main, finissent par remplacer complètement l'argent. Eh bien, pour que ces billets conservent leur valeur, il est évident qu'il faut que l'on ait confiance dans l'avenir, que l'on soit bien sûr qu'il n'y aura pas des trouble ou des révolutions; parce qu'on sait fort bien que, pendant ces troubles, personne ne peut plus payer, puisque personne n'achète plus rien. Ainsi, par exemple, si je ne vends pas aux dames les robes de soie que j'ai achetées à un fabricant de Lyon et pour le paiement desquelles il a tiré des TRAITES sur moi, je ne pourrai pas payer ces traites ; le peu d'argent que j'ai pu apporter dans mon commerce est tout en marchandises, en agencements, peut-être déjà perdu.

Dès lors, le fabricant qui comptait sur ces TRAITES pour payer ses marchands de soie, ses teinturiers, ses ouvriers, ses employés eux-mêmes, ne pourra les payer... et c'est ainsi que, du haut en bas de l'échelle sociale, le mouvement d'affaires sera subitement arrêté, pour le malheur de tout le monde, et sans qu'il soit possible à qui que ce soit d'y remédier. Car, pour remplacer le bien-être répandu par le travail et le commerce, il faudrait des sommes si considérables, que toutes les fortunes particulières, que toutes les souscriptions et tous les impôts imaginables ne pourraient y suffire, puisqu'on ne peut évaluer à moins de quinze milliards la somme de BILLETS qui circulent en France dans une seule année. Quelle facilité donnée au commerce et aux transactions de toutes sortes ! Mais, on le comprend, tout ce bel édifice s'écroule le jour où l'on ne peut plus avoir confiance dans la justice publique et dans la stabilité des institutions.

XXVIII.—Que le Crédit profite surtout à ceux qui n'ont rien.

Admirons encore le crédit dans le tout petit commerce, dans celui des simples fournisseurs, des boulangers, des épiciers, etc. Quelle belle et heureuse chose que la confiance de ces marchands, dans cette pauvre mère dont le mari est malade, sans travail ! Le boulanger lui donne du pain, l'épicier mille denrées, et cependant elle ne leur donne rien en retour ; mais ils savent que dès que le mari sera remis ou aura du travail, il s'empressera de les payer petit à petit.

Que feraient ces pauvres ménages sans le crédit. On plaisante souvent sur ce crédit, on rêve de faire des commerces ou sociétés qui donneront meilleur marché, mais *au comptant*. C'est folie, c'est erreur. Comme le disait une brave mère de famille à une personne qui l'engageait à prendre son pain à une grande boulangerie mécanique où il coûtait deux centimes meilleur marché : « Eh, que deviendrai-je le jour où mon mari sera malade, j'aime bien mieux payer quelques centimes de plus, et conserver par ce petit sacrifice mon crédit ; j'ai compté que de cette manière, en cas d'accident, j'avais toujours 400 ou 500 fr. devant moi. » — Et cette bonne femme disait vrai. « Les acheteurs vont là où le crédit les appelle », écrivait-on dans un rapport sur les crises industrielles et sur les moyens pour vivre à bon marché (1).

On calculait que dans la ville de Lyon, qui compte 360,000 habitants, il existait de 25 à 30 millions de crédit, soit entre les boulangers et leurs pratiques, soit entre les marchands de farine et les boulangers. En vérité, quel énorme capital, *créé* par la confiance et par la bonne foi générale..., et remarquons-le bien, cette somme de 30 millions est vraiment créée ; elle n'existe pas, il est vrai, en or ou en argent, mais peu importe, elle existe sous forme de promesses verbales ou écrites ; et par le fait, ces promesses ont

(1) *Réforme sociale*, 18 mars 1886.

tout autant de valeur et produisent tout autant de facilités
dans ce commerce que la même somme en or et en argent,
et ce qu'elles produisent surtout, c'est la *vie* d'une foule de
pauvres gens, qui sans ce *crédit* seraient sans pain, dès
qu'ils n'auraient pas de l'argent dans leur poche ; tandis
que grâce au *crédit*, ils ont toujours un peu de temps devant
eux, ils ont, en résumé, *leur part de ces 30 millions.*

XXIX. — Que le Crédit est la source de la fortune pour beaucoup.

Voici encore un autre avantage du *crédit.* C'est grâce à
lui que celui qui n'a rien peut arriver facilement à la fortune
et aux plus hautes positions, si, bien entendu, *il en est capable;* car on ne peut faire un commerçant avec un homme
qui ne sait pas le commerce, un teinturier avec un homme
qui ne connaît pas la teinture.

On a remarqué que tout jeune homme *capable* de gérer un
commerce, une industrie, un simple atelier, trouvait toujours
quelqu'un qui lui prêtait volontiers de l'argent : et il est certain que dans toutes les maisons de commerce, que dans
toutes les usines, on est sans cesse à la recherche de jeunes
gens intelligents, dont l'on puisse faire des contre-maîtres,
des premiers employés et enfin des associés ; et il faut le dire,
la plupart des maisons périclitent et tombent précisément,
parce qu'il ne s'est pas trouvé des hommes capables de les
continuer.

Aussi a-t-on pu dire avec raison, que par le fait, les capitaux ou richesses acquises et économisées appartenaient tout
autant à ceux qui sont capables de les employer qu'à ceux

qui les possèdent, et que le crédit est la fortune de ceux qui n'ont rien.

D'ailleurs que seraient des capitaux que personne n'emploierait, que personne ne *ferait valoir ?* Il en est des capitaux comme de la terre qui ne vaut que si on la travaille. « On peut dépenser les capitaux, me dira-t-on ; avec l'argent on achète tout ce que l'on veut. » C'est vrai ; mais si je dépense mon capital je n'aurai bientôt plus rien. Un sac dans lequel on prend toujours, sans jamais rien y mettre, est bientôt vide.

J'étais jeune, j'avais de l'ardeur, des idées, j'ai donc pu gagner de l'argent ; mais arrivé à 50 ans, c'est fini, je n'ai plus l'énergie suffisante pour conduire un commerce, je cherche donc autour de moi un jeune homme qui aura de l'ardeur, je lui confierai mon argent, il le fera *valoir*, il prendra sa part de bénéfice et me donnera la mienne ; de sorte que je pourrai vivre jusqu'à ma mort du travail de ma jeunesse.

Belle chose, en vérité, que cette idée du capital portant intérêt ! mais encore une fois, remarquons-le bien, l'avantage est surtout pour les jeunes gens, pour ceux qui ont besoin et envie de réussir. Combien de jeunes hommes pauvres, ont pu élever brillamment une nombreuse famille, mener une vie honorable et laisser encore une fortune à leurs enfants, parce qu'il s'est trouvé quelqu'un qui a eu confiance en eux, et leur a confié de l'argent, fruit de pénibles travaux et de dures économies.

D'après ces considérations, nous devons donc admirer le Crédit comme une des meilleures et des plus belles choses de nos sociétés, comme un des plus puissants moyens de civilisation, comme la ressource et presque la fortune de ceux qui n'ont rien, et enfin comme le moyen pour beaucoup, de s'élever dans l'échelle sociale, et de devenir à leur tour, possesseurs de capitaux qu'ils prêteront comme il leur en a été prêté ; et c'est là ce que nous voyons s'accomplir chaque jour sous nos yeux.

XXX. De la Bourse.

La création des innombrables ACTIONS et OBLIGATIONS des compagnies de chemins de fer, de canaux, de mines, de forges, de navigation, etc., a suscité tout un nouveau genre de commerce ; c'est celui de la vente et achat de ces ACTIONS et OBLIGATIONS elles-mêmes.

Avant leur création, il existait déjà un commerce des titres de rente sur l'État, titres qui sont comme des espèces d'*actions* ou plutôt d'*obligations* émises par le gouvernement.

En effet, quand le gouvernement a besoin d'argent, non pour les dépenses ordinaires, mais pour des travaux ou des dépenses *extraordinaires*, au lieu de demander cet argent à l'impôt, il l'emprunte. Si je puis, par exemple, lui prêter 2,000 fr. il me remet contre ces 2,000 fr. un *titre* ou *billet* par lequel il s'engage à me payer à perpétuité 80 ou 100 fr. de rente ; le chiffre de cette rente dépend de la confiance plus ou moins grande que l'on peut avoir dans l'État ou de l'abondance plus ou moins grande des capitaux à placer.

Nous étudierons plus tard ce mécanisme des finances publiques. Qu'il nous suffise pour le moment de savoir que ces *titres* ou promesses de *rentes*, se vendent comme toute autre propriété, et qu'il existe un marché particulier pour elles.

Ce marché est ce qu'on appelle la BOURSE, peu importe le bâtiment où il se tient. — C'est une salle quelconque. Ceux qui veulent vendre des *rentes* et ceux qui veulent en acheter, sont assurés de se rencontrer dans cette salle, chaque jour à la même heure, et là ils font leurs échanges. Seulement afin de rendre ces marchés plus sûrs, le gouvernement a nommé des fonctionnaires, qui en sont spécialement chargés, ce sont les AGENTS DE CHANGE, lesquels président à la vente et à l'achat des *titres de rentes*, comme les notaires président à la vente et à l'achat des *immeubles* ; et lorsque se créèrent les compagnies par *actions*, il fut décidé que les actions de ces compagnies, ainsi que leurs *obligations* se vendraient et s'achèteraient à la Bourse, de la même manière que les *rentes sur l'État*, et par le ministère des mêmes agents ou officiers publics.

On a dit beaucoup de mal de la Bourse, mais malgré quelques abus, elle n'en est pas moins devenue indispensable. Sans la Bourse, les actions et obligations se placeraient beaucoup moins facilement, parce que leur vente serait plus difficile ; car on aime toujours les valeurs qui peuvent se transformer en argent du jour au lendemain, et la Bourse seule peut rendre cet échange aussi prompt.

A chacun de savoir se garder contre les entraînements de ce marché, comme il faut savoir se garder contre tant d'autres entraînements. Et si les désastres amenés par les jeux de Bourse sont à déplorer, on se demande si, sans ces désastres, il n'en serait pas survenu d'autres plus graves. Les âmes ont besoin d'être occupées, *préoccupées*, et mieux vaut

encore passer par les angoisses du jeu et de la spéculation
que de s'abaisser dans les mollesses, les plaisirs raffinés et
le luxe énervant où nous jette si rapidement la paisible
possession de la fortune.

XXXI. — De la Propriété.

Nous venons de parler de prêts par hypothèques, de capitaux, de crédit, d'intérêt d'argent, d'industrie, etc... Mais
nous ne pourrions pas bien comprendre ces choses, si nous
ne connaissions pas ce qui en est comme la base ou le sou-
tien, c'est-à-dire la PROPRIÉTÉ.

On entend par PROPRIÉTÉ *la possibilité de posséder une
chose de telle manière que celui qui la possède puisse en
faire ce qu'il veut, en user et abuser selon sa volonté,
et sans qu'il soit permis à personne de la lui enlever
sous quelque prétexte que ce soit.*

Ainsi, par exemple, quand je possède une maison sur un
terrain à moi, je dis que j'ai une *propriété*, parce que je
puis faire de cette maison tout ce qu'il me plaît, sans que
personne ait rien à y voir, pourvu, bien entendu, que je ne
viole ni les droits de mon voisin, ni aucune des lois que
l'on a été obligé d'imposer à la propriété, dans l'intérêt
général.

Le droit à la *propriété,* c'est-à-dire *le droit de faire ce
que je veux de ce que je possède,* repose sur ce principe
que ce que je possède est le fruit de mon travail; je
gagne par exemple 5 fr. par jour, environ 125 fr. par mois,
je n'en dépense que 90. Au bout de quelques années, je
monte un petit commerce avec mes économies. Il est de

toute évidence que ce commerce *m'appartient*, car il est le
fruit de mes économies volontaires ; si je l'avais voulu,
j'aurais pu manger chaque mois les 35 fr. que j'ai économisé, par conséquent, ce que je peux acheter avec ces
35 fr. m'appartient complètement.

Mais mon commerce réussit, j'économise chaque année
2,000, parfois 3,000 fr. sur mes bénéfices, j'achète une
maison. Qui osera dire que cette maison n'est pas à moi ?
Qui osera penser *avoir le droit* de me la prendre ? Et si,
par hasard, il y avait à la tête d'un peuple un insensé qui
enlevât le droit de propriété, il est bien clair que personne
ne se donnerait la peine d'économiser ; que dès lors, il n'y
aurait plus ni maisons, ni champs bien cultivés, ni rien. Ce
serait comme chez les sauvages, on se contenterait de chercher chaque jour la nourriture nécessaire, et l'on porterait sur soi, tous ses vêtements, toutes ses armes, tout ce
qu'on a...

C'est bien, dira-t-on, que chacun possède pendant sa vie
ce qu'il a gagné par son travail ; rien de plus juste, mais
qu'à la mort les biens reviennent à l'État pour être distribués
entre tous ou employés aux services publics.

Parler ainsi, c'est montrer qu'on connaît bien peu le
cœur humain. Est-ce pour lui que l'homme travaille le
plus ? Est-ce par égoïsme qu'il aime à ajouter ses économies
les unes aux autres... Oui, cela est vrai de quelques avares
ou originaux... mais ce n'est pas vrai pour le plus grand
nombre.

Si l'homme travaille avec ardeur, et se prive pour économiser, c'est pour ses enfants, c'est parce qu'il espère pouvoir leur laisser un peu de bien, les voir moins malheureux

ou plus aisés que lui. « Ah ! je ne m'inquiète pas pour moi, dira toujours un père de famille, je m'en tirerai assez. Mais, mes enfants ! » — Si donc un père n'avait pas le droit de transmettre ce qu'il possède à ses enfants, il est certain qu'il travaillerait avec cent fois moins de courage, n'économiserait rien, et que, par conséquent, tout le monde en souffrirait.

Le droit de posséder le fruit de mon travail, d'en faire ce que je veux et de le transmettre à mes enfants, est donc une condition essentielle de toute vie civilisée et de la vie de famille ; car il n'y a pas de famille possible, là où il n'y a pas une maison dans laquelle le père et la mère puissent s'établir et vivre tranquillement sous la protection des lois. Et si, par hasard, un jour, l'on parvenait à supprimer le droit de propriété dans un pays, l'on y verrait bientôt surgir une effroyable misère et ce pays ne tarderait pas à retourner à l'état sauvage ; d'ailleurs, c'est ce qui s'est déjà passé dans le monde. De l'aveu de tous les savants, les sauvages actuels sont d'anciens peuples civilisés, retombés dans cet état malheureux, à la suite de révolutions désastreuses dont l'histoire n'est pas venue jusqu'à nous.

Passe pour les fruits du travail, dira-t-on : le travail étant un acte libre et volontaire, il est clair que celui qui travaille a le droit de posséder ce qu'il a produit ; — mais la terre, les forêts, les mines de charbon et de métaux, les carrières de pierre, de marbre, etc..., doivent appartenir à tout le monde.

A ceci il faut répondre que les terres, les mines, les forêts elles-mêmes n'ont quelque valeur qu'autant qu'il est des hommes qui y aient déjà mis leur travail.

Les terres non défrichées, les forêts sans routes tracées, sans moyen de transport pour leurs arbres, les gisements de charbon et de minerai, avant que l'on ait creusé les puits pour les exploiter n'ont aucune valeur. C'est si vrai, que les gouvernements qui en possèdent les donnent presque pour rien, on peut même dire pour rien, à ceux qui consentent à les cultiver ou exploiter.

De sorte que celui qui demande à un propriétaire de lui donner sa propriété ou de la partager avec lui, lui demande tout simplement de prendre sa part d'un travail qu'il n'a pas fait, de cueillir une récolte qu'il n'a pas semée ; ce qui est souverainement injuste et a mérité le nom de vol et de crime, chez tous les peuples et dans tous les temps.

XXXII. — De la nécessité d'une surveillance publique.

En parlant du crédit, nous avons dit qu'il dépendait beaucoup de la sécurité publique ; mais il est impossible que parmi des millions d'hommes, il n'y en ait pas un certain nombre de mauvais, qui cherchent à troubler les bons, à leur enlever le fruit de leur travail, et souvent ne reculent pas devant le crime pour satisfaire leurs mauvais désirs ou assouvir leurs passions.

Une société qui voudra jouir de la paix sera donc obligée d'avoir un certain nombre d'employés, qui seront chargés de surveiller les méchants, de les empêcher de nuire aux bons, et au besoin de les arrêter et de les punir sévèrement.

Ces employés forment ce qu'on appelle la POLICE. Il en faut

un grand nombre. Dans nos villes il y a dans chaque quartier un Commissaire de police, lequel a divers agents sous sa direction. De plus des centaines de gardiens de la paix se promènent jour et nuit dans les rues ; d'autres agents, sans costume particulier, parfois à l'aide de déguisements, cherchent sans cesse les coupables et les surprennent souvent dans leurs lieux de plaisir ou de réunion. Enfin plus de 25,000 GENDARMES prêtent leur appui à cette immense surveillance qui s'étend comme un réseau sur toute la France, et l'on peut dire sur toutes les nations civilisées ; car lorsqu'il s'agit de poursuivre des criminels, les nations se prêtent mutuellement la main, et elles ont même passé entre elles des TRAITÉS, en vertu desquels elles s'engagent à saisir sur leur territoire les coupables qui s'y seraient réfugiés.

Grâce à cette surveillance, l'on peut dire qu'il règne dans nos pays une sécurité presque absolue : le voyageur n'est presque jamais attaqué, même pendant la nuit ; un enfant, une jeune fille, peuvent parcourir nos rues, nos routes même en toute confiance ; on peut laisser sa porte ouverte la nuit, il y a mille à parier contre un qu'on ne sera pas volé ; parfois même l'agent qui se promène dans la rue pendant que nous reposons, viendra nous avertir et nous prier de la fermer, sauf exceptions, bien entendu..., mais ces exceptions sont si rares qu'elles ne comptent pour ainsi dire pas. Et l'un des principaux devoirs des gouvernements est certainement de veiller avec soin à ce que cette sécurité ne soit pas diminuée ; car elle est un des plus grands bienfaits de la civilisation et l'une des premières conditions de la marche du commerce, de l'industrie et même de l'agriculture. Et encore une fois, c'est de la marche régulière de ces trois grandes choses que dépend le travail, et, par le travail, le pain de ceux qui n'en ont pas.

XXXIII. — De l'Armée.

Cependant la paix des citoyens peut être troublée non seulement par les méchants ou les mauvais sujets, mais encore par les peuples étrangers. Un peuple peut chercher chicane à un peuple voisin sur ses frontières, sur la possession de certaines villes ou de certains pays, tout comme un simple citoyen peut chercher chicane à son voisin... Si un peuple veut jouir de la paix et pouvoir défendre ses droits, il est donc obligé d'être toujours prêt à se défendre contre les peuples étrangers qui voudraient violer ces droits, et comme il serait très pénible pour tous les habitants d'un pays, de se tenir toujours en armes, prêts à combattre ; de temps immémorial les peuples ont eu l'idée de créer ce qu'on appelle une ARMÉE, c'est-à-dire un corps d'hommes jeunes, forts, formés au maniement des armes, nourris et entretenus aux frais de tous.

Nous étudierons plus tard l'organisation de l'armée de notre pays ; pour le moment qu'il nous suffise de comprendre que l'armée est encore une des institutions nécessaires à tout peuple civilisé, à tout peuple qui veut pouvoir faire respecter ses droits et jouir de quelque sécurité chez lui.

XXXIV. — De la Justice.

Mais si dans toute société humaine il faut s'attendre à trouver des malfaiteurs, il faut bien aussi s'attendre à trouver des querelles et des discussions à propos d'intérêts. Ainsi, nous venons de parler de capitaux, de propriétés immobilières, de prêts d'argent, etc...; or il est bien certain que les transactions de toutes sortes nécessitées par ces affaires, présenteront des cas dans lesquels on ne saura trop où est le bon droit..., que, d'un autre côté, il y a des gens de mauvaise foi. Qui mettra d'accord ceux qui se disputeront? Qui déclarera que celui-ci a tort et celui-là raison ?

Il faut donc qu'au-dessus de tous les membres d'une société quelconque, au-dessus de son gouvernement, au-dessus de sa police, de ses armées, il y ait des hommes qui jugent les discussions, qui déclarent que telle chose est selon la JUSTICE, telle autre contre la JUSTICE — L'ensemble de ces hommes forme un corps qu'on appelle du nom même de la *Vertu* qu'ils doivent représenter, du nom de JUSTICE, car le mot *justice* a pour racine le mot *jus*, qui veut dire droit, parce qu'en effet être juste c'est respecter le droit de chacun, et la mission de ce que nous appelons la *Justice* est uniquement de faire respecter le droit de chacun.

Les hommes choisis pour rendre la justice se nomment MAGISTRATS, du mot *magister* qui veut dire *maitre* ou *plus grand*, parce qu'en effet celui qui *juge* est maître des autres, est au-dessus d'eux. Ce sont aussi les magistrats ou représentants de la justice qui jugent les criminels et déclarent à quelle peine ils doivent être condamnés.

Comme il ne servirait de rien de juger, si l'on ne pouvait forcer les condamnés à se soumettre à ce qui a été décidé ; la police, la gendarmerie et l'armée elle-même prêtent main-forte à la JUSTICE toutes les fois que cela est nécessaire.

En étudiant les lois, nous étudierons aussi l'organisation de la JUSTICE ou MAGISTRATURE dans notre pays.

6

XXXV. — Que les choses matérielles ne pourraient se créer sans les Sciences et les Lettres.

Nous avons maintenant à considérer comment aucune des choses matérielles et des institutions que nous venons d'énumérer ne pourrait exister, s'il n'y avait pas, dans chaque pays, des hommes qui étudient pendant de longues années afin de devenir capables d'imaginer les moyens de créer ces choses ou d'appliquer les moyens déjà découverts. Car, par la même raison que nul ne peut construire un meuble, une table une charpente de toiture, une serrure, sans avoir fait un apprentissage de menuisier, de charpentier ou de serrurier, nul ne peut tracer des plans, diriger la construction des ponts, des digues, des routes, des chemins de fer, des viaducs, s'il n'a pas appris les mathématiques, la physique, la mécanique et même étudié longuement les travaux de ceux venus avant lui, non seulement en France, mais encore dans les pays étrangers.

Il faut donc qu'il y ait, dans un pays civilisé, de nombreuses écoles qui puissent instruire et former les hommes appelés à diriger les travaux utiles à la production, à la conservation et à la circulation des choses nécessaires à la vie. Telles sont, en France, les Ecoles polytechnique et des ponts et chaussées, les Ecoles des arts et métiers, les Ecoles industrielles et professionnelles... dans lesquelles on ne peut être admis qu'après avoir déjà étudié plus ou moins longuement dans les écoles d'enseignement primaire ou secondaire.

Mais ces écoles spéciales ne suffisent pas encore, elles peuvent bien apprendre à un jeune homme à dresser des plans, à conduire des travaux, mais elles ne formeraient pas des hommes capables de commander et de gouverner. Car il n'est pas aussi facile qu'on le croit d'acquérir la vivacité et l'ouverture d'esprit, les connaissances nombreuses et variées, le tact et l'habileté nécessaires à celui qui est appelé à conduire d'autres hommes, à leur tracer le chemin, à les placer selon leurs aptitudes, à juger de la nécessité ou de la réussite de grandes entreprises, à trouver les moyens de les exécuter, etc. Ces qualités ne s'acquièrent généralement que par les études qu'on appelle *littéraires*, c'est-à-dire ces longues études qui, se servant du grec et du latin pour ouvrir les intelligences, nous donnent une connaissance plus approfondie du langage, générateur et véhicule de la pensée ; études qui doivent être complétées par la Philosophie, cette science mère qui discipline l'esprit, l'éclaire sur les grands et éternels principes des choses et lui apprend à discerner le vrai dans toutes les catégories de l'être.

On a rarement vu les hommes privés de cette grande éducation première rester longtemps à la tête des affaires, si par hasard les événements les y avaient portés ; c'est qu'en effet, tout en pouvant être très bien intentionnés, ces hommes manquaient nécessairement de cette amplitude de vue, de ces idées générales, de cette rapidité de conception et de jugement qui ne s'acquièrent que dans l'étude et la lecture des chefs-d'œuvre de l'esprit, dans la connaissance de l'histoire, dans celle des actes et des paroles des grands hommes... Ajoutons que les études littéraires sont indispen-

sables même aux sciences physiques. Nos grands mathéma-
ticiens, physiciens ou astronomes ont tous été des hommes lettrés, poètes, philosophes... Le savant, en effet, ne
peut chercher que ce qu'il a déjà entrevu dans sa pensée...
car il ne pourrait chercher ce dont il n'aurait aucune idée...
où trouver des idées inconnues, si ce n'est dans cette
espèce d'intuition, dans ces éclairs intellectuels qui traversent le cerveau de l'homme de génie, et ne sont cependant
que le produit du contact avec les grands hommes qui
l'ont précédé, des connaissances variées et élevées qu'il a
acquises par un travail assidu et par l'intérêt qu'il a pris aux
événements au milieu desquels il a vécu.

En outre des écoles spéciales dont nous avons parlé plus
haut, un pays civilisé doit donc posséder toute une série
d'autres écoles dans lesquelles pourront étudier, pendant
12 ou 15 ans, les jeunes gens auxquels leur fortune le per-
mettra. C'est dans ces écoles, nommées lycées ou collèges,
que se formeront les jurisconsultes, les administrateurs, les
hommes politiques, les orateurs... tous ces grands esprits
qui arriveront à faire leurs propres affaires, non seulement
des affaires de leur pays natal, mais encore de celles du
monde entier.

En France, on compte actuellement plus de 350 collèges,
lycées ou pensionnats donnant cette haute éducation à environ 90,000 élèves, sans parler des Ecoles normales, des Facultés, des Cours supérieurs, où se forment et se perfectionnent les nombreux professeurs répartis dans ces 350 établissements.

XXXVI. — Des Arts.

Avons-nous terminé ce qui a rapport à l'enseignement ? Non, pas encore ; car il y a bien des côtés à considérer dans l'esprit humain et dans sa formation. L'homme n'aime pas seulement la science, l'éloquence, les affaires, il aime encore *le beau*, c'est-à-dire un certain arrangement de traits, de lignes, de formes, de couleur, qui rend les choses plus agréables à la vue...: c'est ce désir de donner une existence aux formes idéales du beau, qui sollicitent certains hommes au travail.

L'amour et la recherche du beau dans tout ce qui lui sert, dans tout ce qu'il voit, est un des signes de la grandeur de l'homme ; plus il est instruit, civilisé, élevé, plus cet amour du beau se développe chez lui, et il arrive à le vouloir jusque dans les choses les plus communes... et ce n'est pas là un des moindres mobiles de l'industrie et du commerce. Il faudra donc de nouvelles écoles pour former de nombreux artistes, dessinateurs, peintres, sculpteurs, architectes. Le gouvernement devra même établir des écoles jusque dans les capitales du monde ancien, à Rome, à Athènes, afin de profiter des modèles presque inimitables qui existent dans ces villes.

On devra établir des académies pour honorer et encourager les artistes et les savants ; construire des musées dans lesquels seront conservés avec soin et exposés aux regards de tous, les chefs-d'œuvre de peinture, de dessin, de sculpture. Dans les mêmes musées, on réunira les collections nécessaires à l'étude de l'Histoire naturelle et de la Géologie; dans d'autres édifices, l'on établira tous les instruments que réclame l'étude de la chimie, de la physique, de l'astronomie, cette science si difficile et si importante pour la navigation maritime.

De nos jours, on a élevé sur de nombreux points des *Observatoires* qui servent à observer jour et nuit les mouvements des astres et les perturbations de l'atmosphère. Grâce à ces observations et aux facilités que donnent la télégraphie électrique, on peut, dans une certaine mesure, annoncer d'avance les changements de temps, les tempêtes, les inondations et autres fléaux, de sorte qu'il peut être pris quelques précautions contre eux.

XXXVII. — Qu'il doit être pourvu au soulagement des pauvres et des faibles, et au culte religieux.

Cependant, si ces écoles et ces diverses institutions répondent aux besoins intellectuels, industriels et artistiques d'un peuple, elles ne font rien pour le soulagement des innombrables misères qui affligent l'humanité : il faudra donc que la moindre petite ville ait son hôpital, sa maison de secours, il faudra que le territoire tout entier se couvre de Refuges pour les vieillards, les infirmes, les aveugles, les sourds et muets, les veuves et les orphelins.

En France on compte environ 1500 hôpitaux ou hospices, desservis par plus de 28,000 personnes. Les 90,000 lits répartis dans ces 1,500 maisons reçoivent 42,000 malades et 48,000 vieillards, incurables ou infirmes. — Un malade coûte dans les grandes villes jusqu'à 800 fr. par an ; et l'on a dépensé jusqu'à 20 et 30,000 fr. par lit dans la construction des nouveaux hôpitaux. Enfin 14,000 bureaux de bienfaisance distribuent aux pauvres des millions de secours, sans parler des secours bien plus considérables distribués par les particuliers.

Est-ce tout ? non, pas encore. Dans chaque centre de population il doit s'élever une église pour l'enseignement de la religion et l'exercice du culte. Sans vouloir entrer ici dans une dissertation sur la nécessité de la religion, il est certain qu'elle fait partie intégrante de toute société, que, bien plus, elle en est même la base.

Quels que soient les progrès que l'on réalise et que l'on pourra réaliser, la vie de ce monde est tellement remplie de chagrins, de maux de toute nature, qu'on se demande ce que serait un peuple qui n'aurait rien pour lui rappeler que ces maux n'ont qu'un temps, et que bien loin de s'en plaindre, il faut au contraire les accepter avec résignation, même avec reconnaissance, puisque eux seuls peuvent nous détacher de nous-mêmes, des choses de la terre, et nous aider ainsi à nous élever jusqu'à l'intelligence et l'amour du souverain bien, et par conséquent au véritable bonheur.

Un peuple, quel qu'il soit, s'il veut vivre, devra donc, à côté de ses écoles, de ses casernes, de ses académies, de ses musées, élever, soit aux frais des particuliers, soit à ceux du trésor public, de nombreuses églises ou lieux de prière, et il devra, de plus, n'entraver en rien le dévouement des âmes qui voudraient se consacrer au service de Dieu et au soulagement de leurs semblables.

Telles sont les institutions qui doivent exister chez un

peuple civilisé, à côté de l'agriculture, du commerce et
de l'industrie, et toutes les fois qu'un peuple quelconque
a négligé une seule de ces institutions touchant au côté moral
ou intellectuel de l'homme, on l'a vu rapidement décroître,
et c'est par cette route qu'il en est tant qui sont retournés à
la barbarie.

XXXVIII. — Que les choses nécessaires à la vie civilisée ne pourraient pas être produites si l'homme ne vivait pas en société.

Après cette longue description des choses essentielles, que
doit d'abord produire et ensuite conserver avec soin tout
peuple qui veut échapper aux misères de l'état sauvage, et
pouvoir se dire civilisé, il nous reste à étudier les conditions
auxquelles peuvent se produire et se conserver ces choses.

La première condition est que l'homme vive en société,
c'est-à-dire, réuni à un plus ou moins grand nombre de ses
semblables ; pour nous en convaincre il nous suffit de réfléchir à tout ce que réclame de travail, de connaissances et
de soins, la production du moindre de ces milliers d'objets
qu'il nous semble tout naturel de trouver autour de nous.

Prenons, par exemple, une paire de souliers : rien de plus
simple, rien de plus commun, et cependant combien d'ouvriers différents n'ont pas dû concourir à sa confection ! —
Le boucher a dépouillé le bœuf de sa peau ; c'est bien, mais
le corroyeur a dû préparer cette peau par plusieurs opérations très longues, qui demandent de l'écorce de chêne, de
l'huile de poisson ; le fil qui sert à coudre les souliers a été
fait avec du chanvre, d'abord cultivé, ensuite récolté, roui,

filé, puis enduit avec une espèce de goudron venu de pays
lointain ; le fer des clous a dû être tiré d'une mine profonde,
fondu, forgé dans des usines ; ajoutons à cela les outils nécessaires, le marteau, les tenailles, le tranchet, l'alène, les
formes, etc., et il en est ainsi pour chacune des parties de
notre vêtement, pour nos meubles, nos logements, nos instruments de travail, etc...

Il est donc évidemment impossible à un homme seul,
même aidé par sa femme et ses enfants, d'accomplir les travaux que demandent la production des objets de toute première nécessité. Pour qu'il puisse se procurer facilement ces
objets, il faut qu'il soit entouré de nombreuses familles..., et
ces familles, seraient-elles au nombre de deux ou trois cents,
qu'elles ne pourraient pas même se procurer très facilement
ces objets, si elles n'étaient pas à leur tour entourées à petite
distance, d'autres agglomérations de familles formant des
villages, et même des villes, ayant chacun leur industrie,
leur commerce.

C'est qu'en effet, dans une ville même nombreuse, il ne
peut se trouver des industriels, des négociants et des ouvriers de tous les états.

Chaque ville, chaque village a en quelque sorte une spé-
cialité ou travail principal... Ainsi, par exemple, nous
voyons les villages placés à proximité des mines de fer ou
de charbon, s'occuper presque exclusivement de l'extraction
de ces matières premières, tandis que d'autres villages ou
villes s'occupent du tissage de la soie, du coton, de la laine,
comme Lyon, Rouen, Sedan, Roubaix. D'autres, au contraire,
comme Marseille, Bordeaux et le Havre, s'occupent surtout
de transporter les produits de l'agriculture et de l'industrie,

et de les échanger avec les produits des pays lointains. Echange nécessaire, car le tisseur de Lyon ne pourrait pas trouver du sucre et du café chez l'épicier qui habite le rez-de-chaussée de sa maison, si l'armateur de Bordeaux ne portait pas des soieries en Amérique et n'en rapportait pas ce sucre et ce café.

De plus, il est mille sortes de travaux, qui veulent absolument être faits par des hommes nombreux et réunis en société, d'abord parce qu'ils dépassent les forces d'un homme seul, et ensuite parce qu'ils servent à tous aussi facilement qu'à un seul.

Ainsi, par exemple, la route sur laquelle je charrie facilement mon bois ou mon charbon ne coûte pas davantage qu'elle serve à mille pères de famille ou à moi seul, et il est facile à mille pères de famille de la construire à frais communs, tandis que c'est un travail impossible pour un homme seul. Il en est de même pour l'omnibus ou tramway qui transporte rapidement 200 personnes par jour à une distance de 5 kilomètres pour 10 ou 15 centimes par personne, du vaisseau qui apporte des Indes le sucre et le café nécessaires à un village tout entier ; cet omnibus, ce vaisseau, ne coûtent pas plus que s'ils ne servaient qu'à moi seul ; il en est évidemment de même pour tous les objets et toutes les institutions nécessaires, utiles ou agréables que nous avons énumérées plus haut. Nous resterons donc très convaincus que, pour jouir de ce qu'on appelle la *civilisation*, l'homme doit vivre en société, et en société nombreuse, c'est-à-dire faire partie de ces immenses agglomérations qui s'appellent : États, Nations, Républiques, Empires ou Royaumes ; nous regarderons comme des rêveries d'enfants, ces livres où la vie sauvage est donnée comme l'idéal d'une vie libre et heureuse. Le dernier des *pauvres* d'un pays civilisé se trouve dans de meilleures conditions de vie que le plus *fortuné* des sauvages. Il vit tranquille sous son toit, et au besoin trouve dans mille institutions de bienfaisance un appui que le sauvage ne connaît pas.

XXXIX. — Que la Société ne peut exister sans un Chef.

Mais si la société est nécessaire à la civilisation, il est une condition sans laquelle la société elle-même ne peut exister, c'est *l'obéissance de tous ses membres à un chef*, c'est-à-dire à un homme chargé de veiller à sa marche et à sa conservation. La raison en est facile à saisir.

En effet, qu'est-ce qu'une société ? C'est une *association* ou *réunion* de personnes différentes les unes des autres ; or, pour unir une chose à une autre, il faut nécessairement un lien (ainsi, par exemple, je ne pourrais pas former un faisceau de baguettes si je n'ai pas un lien pour les tenir unies ensemble) : — et si ce sont des hommes qui veulent s'unir, des hommes dont chacun a sa volonté, quel peut être leur lien ? si ce n'est une volonté qui réunira leurs volontés diverses en une seule; qu'est-ce qu'un régiment? si ce n'est une réunion de 3,000 hommes, qui ont chacun une volonté, mais qui renoncent à cette volonté pour se soumettre à celle d'un seul homme, à celle du colonel.

Et le jour où ces 3,000 hommes voudraient reprendre leur volonté, le régiment n'existerait plus, puisque les uns pourraient vouloir aller à droite, pendant que les autres pour-

raient vouloir aller à gauche, etc. ; mais si des travaux isolés et peu importants ne peuvent s'exécuter sans un chef
obéi, combien ce chef n'est-il pas encore plus nécessaire
pour la direction des innombrables travaux de tout un pays?
Au reste, quelques exemples nous convaincront encore
mieux de cette grande vérité.

Voici un village placé sur le bord d'une rivière, c'est une
position avantageuse sous bien des rapports. Chaque année,
à la suite des longues pluies d'automne, la rivière déborde,
ravage les champs, menace les maisons... Il serait sage de
faire une digue pour retenir la rivière dans son lit.

Qui la fera? Un certain nombre de chefs de famille, hommes de bonne volonté, se réunissent, reconnaissent la nécessité de ce travail, et consentent à en payer leur quote-part ;
mais il en est un bon nombre d'autres, qui voudraient bien
la digue, seulement ils ne voudraient rien payer ; d'autres,
enfin, refusent même de s'en occuper et de la laisser passer
sur leur terrain... Qui mettra ces volontés d'accord, et
quand elles seront d'accord, qui tracera et dirigera le travail ? Evidemment la digue restera à faire si, à la tête du
village, il ne se trouve pas un homme qui ait le *droit* et la
force d'imposer sa volonté, c'est-à-dire de forcer les volontés *de tous* les habitants du village à se soumettre à la
sienne. En effet, il faudra que cet homme puisse contraindre les habitants à travailler à la digue, ou à payer les ouvriers étrangers qui y travaillent ; il faudra en obliger plusieurs à laisser passer la digue sur leur terrain, même sur
leur maison. L'homme qui aura ce droit et cette force nécessaires est précisément ce qu'on appelle un chef.

Une ville est construite sur un terrain plat et léger, la

boue y rend bientôt la circulation impossible, les ruisseaux sont des foyers d'infection... Qui fera paver ces rues? Qui les fera éclairer pendant la nuit? Qui fera creuser et construire des égouts?... Il faut absolument que quelqu'un s'en charge; ce quelqu'un est ce qu'on entend par un chef.

Un homme de la même ville est insulté et volé, qui le vengera? qui lui fera restituer son bien? —Sera-t-il obligé d'aller lui-même chercher le voleur? faudra-t-il que, dans chaque ville, chaque habitant possède des armes et monte, chaque nuit, la garde à la porte de sa maison?... C'est impossible, ce serait l'état sauvage; car en effet, le sauvage marche toujours armé jusqu'aux dents, et prêt à se faire justice lui-même, puisque personne ne se charge de la lui faire.

Si donc, nous ne voulons pas vivre dans le malheureux état des peuples sauvages, il faut à la tête de la ville un homme chargé d'en protéger les habitants contre les malfaiteurs. Cet homme est un chef...

Je fais le commerce avec les peuples étrangers, j'envoie mes vaisseaux chercher du coton et des épices dans les Indes. Ils sont attaqués en route par une nation ennemie, on tue mes matelots, on vole mes marchandises, on en fait autant à d'autres commerçants. Qui nous protégera? Qui enverra, jusque dans les pays les plus lointains, des vaisseaux armés, chargés de protéger les vaisseaux du commerce? Quel sera le citoyen ou membre de la société qui se chargera de ce ministère? Ce ne peut être qu'un chef.

J'ai péniblement travaillé une portion de terrain, je l'ai entouré d'une haie, j'y ai bâti une maison, je compte sur ma récolte pour nourrir ma famille; mais, voici qu'il prend

fantaisie à mon voisin de faire passer ses charriots sur ma
terre labourée, ou d'y chasser avec ses chiens, ou de m'enlever ma récolte... Qui l'empêchera de venir détruire ainsi
le fruit de mon travail et de réduire ma famille à la misère ?
qui l'obligera à réparer le tort qu'il m'aura fait ? Et si je
viens à mourir, qui protègera ma femme et mes enfants ?
L'homme chargé de cette mission sera le chef.

Pour qu'une société puisse exister et jouir de tous les
avantages de la civilisation, il est donc clair qu'il faut qu'à
sa tête, il y ait un CHEF qui ait la *mission* ou *charge* de veiller au bon ordre, de défendre contre les méchants le champ
travaillé par le laboureur, de protéger la veuve et ses enfants, d'organiser les travaux nécessaires pour garantir les
villes et les villages des inondations, de créer des voies de
communication et d'en assurer le parcours, d'entretenir les
rues dans un état convenable, de forcer chacun à respecter
les droits de son voisin ; et comme ce chef ne pourrait suffire par lui-même à tant de choses, il devra s'entourer de
nombreux conseillers ou employés qui l'aideront. Il pourra,
par exemple, prendre un employé qui sera chargé des
choses de la *guerre*, un autre de celles de la *marine*, un
autre de celle de la *justice*, un autre de celle de l'*instruction*, un autre de celles de l'*agriculture* et du *commerce*,
un autre enfin de celles des *finances* ou de l'argent. Ces
premiers et principaux employés en choisiront d'autres à
leur tour, et tous ces employés, organisés comme une armée,
ou un grand atelier, ou un commerce, formeront ce qu'on
appelle un *gouvernement*, c'est-à-dire une institution
chargée de conduire la société vers son but, qui est la paix
et le bonheur de chacun de ses membres ; c'est ainsi qu'un

capitaine, aidé de ses officiers et matelots, est chargé de conduire son vaisseau vers le port, en veillant à ce que chacun fasse son devoir autour de lui, comme il le fait lui-même.

XL. — De celui qui peut être le Chef.

Mais entre les millions d'hommes qui composent une nation, quel est celui qui sera le chef, qui aura le droit de commander et de se faire obéir, quel est celui qui pourra remplir les nombreux ministères dont nous venons de parler ?

Il serait long et difficile de raconter comment se sont trouvés revêtus de ce pouvoir et de cette suprême dignité les Présidents, Rois ou Empereurs qui ont gouverné ou qui gouvernent à cette heure les innombrables nations couvrant la surface du globe. Mais si nous exceptons les premiers temps, pendant lesquels les pères de famille ont été les chefs naturels des groupes qui se formaient autour d'eux, nous serons forcés de reconnaître que la force, le génie et quelquefois la vertu ont, de tout temps, exercé un grand empire dans le monde, et que c'est toujours grâce au moins à une de ces trois qualités, que les chefs des peuples ont dû leur élévation.

Un groupe de population se sera trouvé dans une position dangereuse, son chef naturel était faible ou incapable ; un homme inconnu jusque-là s'est levé, sa parole lui a concilié la confiance de ses compagnons, ils se sont soumis à lui afin d'être sauvés. Il l'a fait, par son génie, par sa force ; la reconnaissance de tous l'a maintenu au pouvoir et comblé

d'honneurs; en effet, pourquoi ne pas considérer comm
chef dans les temps ordinaires celui qui a su gouverner da
les temps difficiles?.. Mais cet homme meurt, qui lui su
cèdera? Pendant qu'il vivait, son fils l'aidait déjà, il
montre digne de lui, pourquoi ne lui succèderait-il pas da
ses fonctions? Rien ne semble plus naturel.

Cependant, les générations et les siècles s'écoulent;
famille, depuis si longtemps en possession du pouvoir, fin
par s'en considérer comme légitime propriétaire. Le peup
lui-même consent tacitement à cet abandon de son indépe
dance. Au fait, pourquoi n'y consentirait-il pas? Il a to
jours vu cette famille à sa tête, sa gloire est sa gloire, s
fortune est sa fortune, il en reçoit d'incontestables service
il sait au reste qu'il lui faut nécessairement un chef, c'o
comme un instinct naturel chez l'homme; et de plus
trouve son intérêt dans la stabilité qui résulte de ce mod
de transmission du pouvoir.

Pourquoi renverserait-il de gatté de cœur un état d
choses sous lequel s'est créée et développée la nation. Si de
abus se montrent, il faut les réformer, mais sans détruir
brutalement ce qui est, au risque de violer tous les droit
et d'ouvrir la carrière à toutes sortes de malheurs.

Telle est l'origine qui peut être attribuée à beaucoup d
souverainetés; mais il est certain que les passions, les inté
rêts particuliers, l'ambition et la faiblesse des souverain
eux-mêmes ont presque toujours singulièrement troublé l
marche naturelle et logique des choses.

XLI. — De la formation des aristocraties ou corps privilégiés.

Nous venons de voir comment les peuples ont pu arriver à posséder à leur tête un chef respecté et obéi. Nous avons maintenant à voir et à étudier comment s'est, de tout temps, formé autour des souverains cette classe d'hommes qu'on appelle *notables* ou nobles (1) et qui constituent ce qu'on appelle l'aristocratie.

Les passions humaines se sont si souvent servi, pour troubler la tranquillité publique, du prétexte des soi-disant privilèges dont jouissait jadis cette classe de citoyens, qu'il n'est certainement pas inutile de nous demander si la création des aristocraties n'a pas été un fait *naturel*, *inévitable* et même *avantageux* sous mille rapports.

D'abord il est clair qu'un homme seul ne peut gouverner par lui-même toute une grande nation, et qu'il est nécessairement obligé de se faire aider. Dès qu'un territoire a une certaine étendue, le souverain doit le diviser en provinces ou départements à la tête desquels il place des hommes de confiance : un gouverneur ou intendant, un percepteur des impôts, un commandant de la force armée. Les conquérants barbares divisaient eux-mêmes le pays conquis entre leurs capitaines ou leudes. Ces capitaines, devenus gouverneurs de vastes provinces, divisaient à leur tour ces provinces entre leurs officiers, s'entouraient de divers employés chargés,

(1) La racine de notable ou noble est *notus*, qui veut dire *connu*. Un noble est donc tout simplement un homme connu par les fonctions qu'il remplit, les services qu'il rend ou ceux qu'ont rendu ses pères.

7

les uns de lever les impôts, les autres de tenir l'ordre, les autres de commander les soldats : c'étaient, en résumé, ce que nous appelons aujourd'hui des *fonctionnaires*, et l'on peut même dire que les barbares ne firent qu'imiter l'organisation romaine ou plutôt même, que l'accepter. La raison en est que l'ordre ou la *subordination*, c'est-à-dire la soumission à certaines lois est chose absolument nécessaire. Les barbares étaient terribles, puissants et forts, et cependant l'administration romaine fut plus forte qu'eux ; c'est qu'avant tout les barbares voulaient vivre, et ne le pouvaient sans se soumettre à ce qui fait vivre.

Mais la situation de ces *fonctionnaires* barbares devait être appropriée à l'époque dans laquelle ils vivaient, et ils ne pouvaient en aucune manière être ce qu'ils sont aujourd'hui ; car le pouvoir central avait conservé si peu de force, et les communications des diverses provinces entre elles étaient si difficiles, que les fonctionnaires publics ne pouvaient être surveillés, nommés, changés et dirigés par le pouvoir central comme ils le sont aujourd'hui. Il fallait que chaque province, que chaque ville, même que chaque commune eût son organisation particulière, son chef à *elle*, se perpétuant par l'hérédité et sans nomination, puisque d'un côté le pouvoir central était trop éloigné et que de l'autre, on ne pouvait pas user du mode de nomination par les suffrages des citoyens, dans des villes ou villages à peine formés, sans cesse troublés par les guerres, et en tous cas ne se composant que d'hommes incapables de toute vie politique ; car il ne faut pas oublier que les paysans étaient les descendants des serfs qui étaient eux-mêmes les descendants des esclaves, et l'histoire est là pour montrer, qu'il n'est pas possible, de faire passer tout à coup un peuple de l'esclavage à la liberté.

Telle est la raison d'être de ces corps ou groupes d'hommes privilégiés et distingués du reste de la nation, qui, dans tous les temps et dans tous les pays, n'ont jamais tardé à se former autour des chefs d'États, et à conquérir, par les services qu'ils rendaient, une telle influence, qu'ils ont souvent tenu en échec la puissance souveraine elle-même ; et faut-il s'en plaindre ? il en résultait, en fait, de grands biens.

Ces hommes devenus importants et même indispensables, établissaient par le fait une sorte de contrôle salutaire, qui empêchait le pouvoir central de se transformer en tyrannie, comme cela est arrivé chez tant de peuples, lorsque les rois ou les empereurs ont pu détruire une aristocratie qui les gênait.

Nous nous garderons donc bien de croire à toutes les inepties qui s'écrivent et se disent contre l'ancienne constitution de nos pays ; nous saurons comprendre que des choses qui ne sont peut-être plus nécessaires aujourd'hui, pouvaient et *devaient* même l'être dans le temps où elles existaient, car si elles n'avaient pas été nécessaires elles n'auraient pu, ni se créer, ni durer, c'est la loi des choses ; les peuples ne se trompent pas ainsi, comme dit M. Taine. Il serait absurde de penser qu'ils se seraient soumis pendant de si longs siècles à des obligations qui n'auraient été que des abus. Si les peuples ont dans toute l'Europe supporté et soutenu la noblesse, c'est que la noblesse avait sa raison d'être, répondait à un besoin.

Ces nobles, ces gentilshommes que les romans et les comédies nous ont habitués à ne voir que sous un costume

élégant, en jabot de dentelle, l'épée au côté, paradant au
milieu de châtelaines élégantes, ont été pendant de longs
siècles les *gendarmes* volontaires de l'Europe, c'était autour de leurs châteaux, même derrière les fortifications de
ces châteaux que se réfugiaient les paysans avec leurs femmes, leurs enfants et leurs troupeaux, dès que les vigies
signalaient l'arrivée de ces bandes de *malandrins* dont
parle l'histoire de France, ou l'arrivée encore plus redoutée
des Sarrazins et des Turcs, qui, jusqu'au commencement de
ce siècle, infestaient les côtes de la Méditerranée. La conquête de l'Algérie en 1830 a seule pu mettre enfin un terme
à leurs pirateries.

Les nobles, il est vrai, jouissaient de certains revenus,
levaient même des impôts, tels que la dîme, mais ils étaient
astreints au service militaire *gratuit*, et non seulement ils
devaient suivre le roi à la guerre avec leurs fils, mais ils
devaient se faire accompagner d'un nombre de soldats proportionnel au nombre de famille, ou *feux* qui étaient sous
leur domination ; ils devaient habiller, armer et nourrir ces
soldats pendant toute la durée de la guerre : et, si l'on voulait bien réfléchir, l'on reconnaîtrait qu'en résumé, il n'y a
guère que le nom des choses qui ait changé. Au lieu de payer
la dîme à un seigneur ou gouverneur, je la paie à un préfet
ou à un maire. Il y a, nous le croyons, moins d'abus aujour-
d'hui que dans ce temps-là, parce que peu à peu l'*administration* s'est perfectionnée ; mais, en fait, les charges prises
en général ne sont pas moins lourdes, et disons-le, elles ne
peuvent pas l'être.

XLII. — De l'origine des assemblées délibérantes, des Notables, des Parlements, des États généraux, Chambre des Représentants, Sénat, etc...

Dans les leçons précédentes, nous avons déjà étudié deux des éléments principaux qui composent les gouvernements. Il nous reste à en étudier un troisième, non moins important ; ce sont ces assemblées délibérantes qui chez tous les peuples s'occupent des affaires publiques, donnent leurs conseils au souverain, lui imposent souvent leur volonté, et parfois même renversent les pouvoirs établis pour en établir de nouveaux.

L'origine de ces assemblées est la même que celle de la plupart des choses de ce monde, la nécessité. En effet, il est dans la nature de l'homme de ne pas aimer à obéir aveuglément et de s'occuper des affaires de son pays qui, après tout, sont ses propres affaires, puisque en résumé, c'est toujours sur les particuliers que tombent les charges de la guerre, des impôts, etc... D'un autre côté le fardeau de la souveraineté est à certains moments si lourd à porter, que les chefs d'État sont parfois bien heureux de pouvoir le partager.

Ainsi, par exemple, une guerre a été malheureuse, le souverain se voit obligé à de grands et douloureux efforts s'il ne veut pas laisser périr la nation qu'il gouverne ; il s'agit de demander à son peuple de nouveaux sacrifices d'hommes et d'argent ; le peuple lui-même est ému des dangers qu'il court, il lui semble qu'il y a mieux à faire que ce qui s'est fait, peut-être même murmure-t-il déjà.

Dans de telles circonstances, le souverain a dû être facilement entraîné à consulter son peuple. Il a donc réuni
autour de lui les principaux citoyens, les *notables*, afin de
se concerter avec eux, afin de les *faire consentir* à de
nouveaux impôts, à de nouvelles levées de soldats... Quand
ces réunions ont été plus solennelles, quand elles se sont
composées de tous les corps de la nation, en France on les
a appelées ETATS-GÉNÉRAUX, lesquels se réunirent, pour la
dernière fois, sous ce nom, en 1789. On peut certainement
attribuer une telle cause aux assemblées que nous trouvons à toutes les époques de notre histoire : quant à leur
origine, elle se perd dans la nuit des temps. Tacite nous
raconte comment nos ancêtres les Barbares se réunissaient
en assemblées délibérantes, et se gardaient bien d'arriver
au jour fixé par leurs chefs, *de peur d'avoir l'air d'obéir ;*
et quand, en l'année 418, l'empereur Honorius institue
à Arles une assemblée annuelle des députés des sept
provinces des Gaules, son décret a bien soin de relater
qu'il *n'innove rien, et ne fait que rétablir un ancien
usage.*

Qu'est notre Sénat, si ce n'est une réminiscence de ce
célèbre Sénat romain composé des anciens fonctionnaires,
lequel lui-même avait trouvé son modèle dans ces assemblées de vieillards et d'anciens que l'on rencontre jusque
chez les sauvages de l'Amérique ?

Les Parlements, dont les luttes avec la royauté forment
une partie importante de notre histoire, n'étaient d'abord
pas autre chose que *la Magistrature*, c'est-à-dire des
corps chargés de rendre la justice, et correspondant à nos
tribunaux, à nos Cours d'appel, etc. ; Mais le roi Char-

les VII craignant de voir s'égarer les décrets qu'il rendait, eut l'idée de les faire *inscrire* sur des registres surveillés et conservés par un *Corps* d'hommes offrant toutes garantie de sincérité. Il choisit le Corps de la Magistrature, comme il aurait pu en choisir un autre. Dans la pensée du Roi, les magistrats n'avaient donc pas d'autre mission que d'enregistrer les décrets ou édits royaux, afin de leur donner une existence authentique, tout comme certains bureaux enregistrent aujourd'hui les actes de vente, les jugements, etc.....

Cependant il était difficile à des hommes éminents de ne pas s'occuper des actes confiés à leur garde, de ne pas les étudier et discuter plus ou moins. La discussion fit ressortir les défauts de quelques-uns ; on osa en référer au Roi qui ne repoussa pas toujours ces observations parfois très justes. Peu à peu la Magistrature regarda comme un droit et même un devoir d'examiner tous les édits présentés à l'enregistrement ; elle finit même par les discuter solennellement, et il fut comme entendu, que le Roi était obligé de les lui soumettre avant de les promulguer.

Cette transformation de nos Parlements, est incontestablement un des plus remarquables exemples, de ce que peut le temps dans les choses humaines, et donne une idée exacte de la manière lente et imprévue dont se forment les gouvernements. Et, étant donnée la nature de l'homme, il ne peut en être autrement. En effet, son intelligence est trop limitée, ses vues sur l'avenir sont trop courtes pour qu'il puisse affecter la prétention d'élaborer dans son cerveau et d'en tirer des constitutions complètes, pour les appliquer à nos sociétés sous prétexte de faire leur bonheur.

Les hommes célèbres qui ont mérité le titre de législateurs, n'ont jamais fait eux-mêmes que mettre en ordre
les éléments qu'ils ont trouvé sous leur main ; tel fut
le rôle de Napoléon au commencement du siècle, et
ce n'est certes pas lui qui aurait voulu se donner
le rôle de reconstruire une société de toutes pièces. En
homme de génie, il savait bien que c'était impossible,
et il n'eut que du dédain pour les réformateurs qui venaient lui offrir leurs projets, il les appelait *des idéologues*,
et, s'en tenant aux sentiers battus. Il ne fit que rétablir dans
de meilleures conditions, en partie ce qui était avant lui, en
partie ce qu'avaient préparés vingt ans de troubles, de tâ-
tonnements, et encore se trompa-t-il en beaucoup de
choses... Nous aurons donc la sagesse de nous abstenir de
juger à tort et à travers les gouvernements, et de croire qu'il
est facile de les modifier et améliorer.

XLIII. — Les diverses formes de gouverne-
ment. — 1° De la monarchie absolue.

Après avoir étudié les divers éléments qui peuvent concourir au gouvernement des peuples civilisés, nous avons à
chercher combien il peut exister de formes de gouvernement et quels sont les avantages et les désavantages de
ces diverses formes.

L'unité de volonté étant l'essence même de tout gouvernement, de toute action, de tout ordre, la première et la
plus naturelle des formes de gouvernement est évidemment celle ou un seul homme est le chef.

Ce gouvernement a pris le nom de monarchique, des mots grecs *monos* qut veut dire *seul* et *archos* qui veut dire *pouvoir* ; on l'appelle encore autocrat que des mots *autos* qni veut dire *personnel* et *cratos pouvoir*.

Dans les monarchies, le Chef se nomme Roi ou empereur. Le mot roi vient du mot *regere* qui veut dire régir, c'est-à-dire conduire droitement ; ce qui signifie que le Roi est établi pour gouverner selon la justice, en respectant tous les droits, car il ne peut jamais être permis à qui que ce soit de violer les droits naturels à tout homme, à moins que ce ne soit pour préserver un droit supérieur, comme par exemple cela se fait à la guerre.

Empereur vient du mot *imperare* qui veut dire commander ; il fut primitivement donné par les soldats romains a leurs généraux après des victoires importantes et, lorsque la République n'exista plus que de nom, ses maîtres, pour ne pas choquer les oreilles du peuple en prenant le nom de Roi, gardèrent le nom d'*imperator* ou empereur, qui leur avait été conféré en qualité de commandants militaires. Ce nom désigne généralement un souverain ayant sous sa domination ou tutelle d'autres souverains, comme on l'a vu au moyen âge, comme on le voit même un peu de nos jours dans de certains pays, mais en fait ce titre ne confère pas un pouvoir plus étendu que celui de Roi.

Le gouvernement monarchique est le gouvernement des peuples qui commencent, le gouvernement des époques difficiles. Sous cette forme, le Chef se reconnaît le droit et même le devoir de disposer librement de tout et de tous pour le bien général. Il considère les peuples qu'il gouverne comme étant à lui, ou plutôt comme une extension

de sa propre famille. Il est en quelque sorte le père ; mais
s'il a tous les privilèges du père de famille, il en a aussi
toutes les charges ; si toute volonté doit fléchir devant la
sienne, si tout honneur doit lui être rendu, toute gloire lui
revenir, il porte la responsabilité de tout et il doit pourvoir
à tout. Ceux qui vivent sous sa domination se nomment
sujets, c'est-à-dire *soumis* (du mot *subjectus*), parce qu'en
effet ils sont obligés de se soumettre à lui ; mais ils ont
aussi le droit de compter sur sa protection, sur son dévouement, et s'ils doivent leur vie à leur Roi, leur Roi leur doit
aussi la sienne, et même celle de ses propres enfants.

XLIV. — Les avantages et les désavantages du gouvernement monarchique absolu.

L'on ne peut nier que cette forme de gouvernement ait
des avantages réels : cette unité dans la direction et dans
le commandement donne une grande force d'action. Le souverain vivant dans une sphère très élevée, au-dessus des
passions qui agitent ordinairement les âmes, n'ayant rien
à désirer pour lui-même, peut juger les événements avec
indépendance et en même temps avec cet intérêt qu'on
porte à une chose personnelle, car la vie de la nation est
sa vie, celle de ses enfants, et s'il gouverne mal il en
est la première victime.

De plus, le gouvernement monarchique a l'avantage de
laisser régner le calme dans les esprits ; en effet, le peuple
n'étant jamais appelé à donner son avis sur les actes de
ceux qui le gouvernent, ne s'occupe pas des affaires pu-

bliques, conserve un grand esprit d'obéissance, et se livre
en paix aux travaux de l'agriculture et de l'industrie.

Tels sont les avantages de cette forme de gouvernement,
mais il faut voir aussi ses désavantages.

Le premier désavantage du gouvernement absolu est
que le souverain étant son seul maître, et, s'il le veut, son
seul conseil, il se trouve en réalité exposé à toutes les erreurs. Il pourrait consulter, il le fait même, mais, ne s'entourant, tout naturellement, que d'hommes qui lui plaisent,
ou qui ont intérêt à lui plaire, il arrive qu'il ne reçoit
presque jamais d'observations ; que ceux qu'il consulte sont
trop souvent de son avis, et lui cachent ou dissimulent les
malheurs ; de sorte qu'il finit par ignorer le véritable état
des choses, les besoins de son peuple, dont les plaintes ou
les vœux ne parviennent que difficilement à ses oreilles.

De plus, comme tout autre mortel, un souverain vieillit,
ses idées arrivent peu à peu à n'avoir plus la même vivacité ; il perd le goût des améliorations, le goût de la vie ;
il ne voit plus la nécessité d'aller toujours en avant, de
modifier les choses ; les nouveautés le blessent, et il n'a
pas toujours la sagesse de penser que, s'il est âgé, son
peuple ne l'est pas, et que, s'il aime le repos, son peuple
ne peut l'aimer, que la nation contient toujours le même
nombre de jeunes hommes qui veulent vivre, réussir, qui
surabondent d'espérances et ne comprennent pas qu'on
s'arrête.

Enfin, il est difficile à une âme humaine de supporter une
telle élévation, sans succomber à un certain enivrement,
qui laisse sans force contre les passions, et ouvre la porte à
bien des abus et des désordres. Par un certain travers

d'esprit que Salluste signalait déjà il y a deux mille ans,
« dans l'état, les bons finissent par devenir plus suspects
que les méchants, leur vertu semble un blâme, et, cédant
souvent sans le savoir à ce sentiment singulier, le souverain se prive ainsi parfois des meilleurs soutiens de sa
puissance », et notre époque a donné de nombreux exemples de la justesse de cette observation du vieil historien.

Mais ce n'est pas tout, cette forme de gouvernement
n'est pas sans inconvénients au point de vue de l'état intellectuel et moral des peuples, et même de la paix sociale.
En effet, par cela même que le peuple n'est appelé à juger
de rien, il regarde, observe et juge davantage ce qui se
fait. Comment pourrait-il en être autrement? Comment les
simples citoyens pourraient-ils ne pas s'occuper de leur
gouvernement? C'est bien, il est vrai, le chef qui décide
et commande tout, mais ce sont les simples citoyens qui
exécutent les ordres et par conséquent en subissent les
conséquences souvent bien rudes. Et de plus « les populations exclues de toute participation au gouvernement de
leur pays par la double barrière de la naissance et de la
fortune, ne tardent pas à perdre ce ressort, cet élan, cette
curiosité virile de leurs destinées, qui est l'âme même des
nations (1). »

Il résulte donc de ces observations que la monarchie
absolue, quels que soient ses avantages, est en résumé une
forme de gouvernement souvent grosse de désordres et de
révolutions, comme le démontre surabondamment l'histoire; et quoiqu'elle soit incontestablement le gouverne-

(1) J. REINACH, Sur Fustel de Coulanges, *Officiel* 1878.

nement des commencements d'un peuple ou des moments
difficiles, et qu'elle ait donné une certaine stabilité et souvent de la gloire a de grands pays, il ne faudrait pas
croire qu'elle soit le dernier mot de la sagesse, et considérer
que tout est perdu si on ne la possède pas.

XLV. — Du gouvernement monarchique parlementaire.

La seconde forme de gouvernement possible, est celle
qu'on a nommée *Monarchie parlementaire*; parce que, dans
ce gouvernement, le Roi, tout en restant chef, et chef héréditaire, reconnaît cependant à ses sujets le droit de *parle-
menter*, c'est-à-dire de discuter, de délibérer avec lui sur
les affaires importantes, sur les impôts, sur les grands travaux publics, les relations avec les nations étrangères, etc...
C'est le gouvernement actuel de la plupart des peuples
civilisés...

Au premier coup d'œil, il semble que cette forme de gouvernement ne laisse rien à désirer et qu'elle porte remède à
tous les inconvénients que nous avons signalés dans le
gouvernement *autocratique,* car elle conserve l'unité de
direction, tout en donnant au Chef l'appui et le conseil
d'hommes élus par leurs concitoyens, et choisis dans l'élite
de la nation. Et, quoi qu'on en ait dit, il est bien permis
de penser qu'une assemblée de 400 ou 500 hommes d'âge
mûr a mille fois moins de chance de se tromper dans ses
décisions qu'un seul homme assisté de quelques conseillers.

C'est en effet ce qui arrive, car malgré quelques entraînements ou quelques faiblesses des assemblées parlementaires qui se succèdent en France depuis 1815, on ne peut assez admirer la sagesse et la prudence qui ont présidé à la confection des lois. Jamais les principes de la justice et de l'humanité n'avaient été aussi complètement appliqués ; et nul aujourd'hui, même parmi les plus chauds partisans de l'ancien ordre de chose, ne rêve un gouvernement sans assemblées librement élues...., les différences d'opinion à ce sujet ne roulent que sur le plus ou moins grand nombre de citoyens qui doivent être appelés à élire les députés. Nous traiterons tout à l'heure cette grave et difficile question.

Cependant il est, dans cette forme de gouvernement, certaines contradictions qui compromettent gravement sa stabilité ; — il s'y trouve, par le fait, en présence, deux *autorités réelles*, indépendantes l'une de l'autre, ayant des droits égaux, et par conséquent courant sans cesse le risque de ne pas s'entendre.

Ainsi, par exemple, le souverain croit une loi absolument nécessaire au bien de l'Etat, les députés ou représentants du peuple sont d'un avis différent et refusent de voter la loi. Le souverain persiste dans son opinion, il croit en concience que la sécurité de l'Etat est compromise sans cette loi ; de leur côté les députés persistent dans leur résistance. Alors que faire ? qui décidera la question ? à qui pourront en appeler le souverain et les députés ? il n'est aucun pouvoir au-dessus d'eux.

Le souverain, il est vrai, possède ordinairement le droit de dissoudre l'assemblée qui lui résiste et de demander au peuple d'en nommer une nouvelle. Mais si le peuple (comme cela est souvent arrivé) renomme les mêmes députés ; quel parti pourra prendre le souverain, s'il veut éviter un conflit ou une révolution ? Devra-t-il renoncer à la loi présentée ? Mais une telle soumission est dure pour un souverain ; d'ailleurs il est fort possible qu'il ait raison, et de plus si, pour avoir la paix, le souverain en arrive à se soumettre toujours à la volonté des députés du peuple, alors le gouvernement parlementaire se trouve en réalité détruit, puisqu'un des deux éléments qui le composent n'existe plus que pour la forme. Il y a là une difficulté dont le remède n'a pas encore été trouvé.

Dans l'ancienne Monarchie, pour éviter des discussions ou conflits interminables entre le souverain et les parlements, l'usage ou plutôt la force des choses avait donné le dernier mot au souverain et c'était sage.

Lorsque le parlement ne voulait pas se rendre volontairement à l'avis du Roi, celui-ci convoquait autour de lui, dans la salle du trône, sa famille, les principaux membres du gouvernement et le parlement lui-même, et là il déclarait solennellement que telle était sa volonté, sur telle ou telle question, et que toute discussion devait être suspendue. C'était ce qu'on appelait un *Lit de justice*. Rien de mieux, mais encore fallait-il que le souverain eût la sagesse de n'employer ce moyen extrême que dans des occasions absolument nécessaires, et qu'il eût l'énergie et la force de *faire observer* ses décisions...

En résumé, dans ce monde, quoique ce soit triste à dire, le canon, c'est-à-dire la force, finit toujours par être la dernière raison entre ceux qui n'ont pas de supérieur pour les juger et les mettre d'accord.

XLVI. — De la responsabilité ministérielle.

Afin de parer à cet immense inconvénient des gouvernements parlementaires, on a encore imaginé d'établir en principe que c'étaient les *ministres* du Roi, et non le Roi lui-même, qui étaient responsables de tout ce qui se faisait dans l'État, et que par conséquent s'il se faisait quelque chose de mal, on devait s'en prendre aux ministres et non au Roi. Les projets de loi sont toujours censés présentés par les ministres ; ce sont eux qui contresignent tous les actes du gouvernement, pour marquer qu'ils en acceptent la responsabilité, et quand ils discutent avec les députés ils ne doivent jamais dire « le Roi veut ceci », ou « le Roi ne veut pas cela », ils doivent parler comme si le Roi n'existait pas, et accepter pour eux, tout ce qui est dit contre les actes du gouvernement.

Mais, on le comprend assez, malgré toutes ces précautions, la responsabilité ministérielle n'est, en résumé, qu'une fiction, qui, dans les grandes occasions, n'a jamais pu couvrir suffisamment les souverains, parce qu'en résumé tout le monde sait très bien que les ministres ne sont que les premiers commis du Roi, et ne font rien sans son consentement ; et si, par hasard, il se trouve un Roi qui accepte complètement la direction de ses ministres, et les change à la volonté des députés, alors il n'est plus roi à proprement parler, il ne fait plus qu'en tenir inutilement la place.

Au reste, dans la Monarchie parlementaire, il existe généralement un élément qui vient en atténuer les difficultés dans une certaine mesure. C'est, par exemple en Angleterre,

la chambre des Lords, ou en France, autrefois, la chambre
des Pairs. Ces chambres ou assemblées composées d'hommes
possédant tous de grands noms, de grandes fortunes, ayant
souvent exercé de grandes charges dans l'État, forment
en quelque sorte un trait d'union entre le souverain et les
députés ; elles empêchent les dissentiments de s'envenimer,
s'efforcent d'amener les deux pouvoirs à se faire des con-
cessions mutuelles, et empêchent souvent par leur vote les
déterminations exagérées ou imprudentes ; seulement, il
faut bien avouer que les idées modernes battent singulièrement en brèche ces vieilles institutions, et tendent à ne
laisser bientôt plus en présence que le pouvoir exécutif et
les assemblées élues par la nation entière.

XLVII. — Du gouvernement républicain et de ses avantages et désavantages.

Passons à la troisième forme de gouvernement possible,
à la forme qui a pris le nom *République*, des mots latins
res (chose) et *publica (publique)*, parce qu'en effet ce gouvernement semble être la chose réellement publique, la chose
de tout le monde.

En apparence, le gouvernement républicain ne diffère
guère du gouvernement monarchique parlementaire, qu'en
un seul point. Le Pouvoir au lieu d'être héréditaire, c'est-
à-dire la possession d'une famille, est confié, pour un
nombre limité d'années, à un homme choisi par les principaux représentants du peuple, mais en réalité, il y a
entre ces deux sortes de gouvernement de grandes diffé-

8

rences, au point de vue de l'état des esprits, comme nous le verrons tout à l'heure.

En France, actuellement, le Président ou Chef de la République est nommé pour sept années... Il est assisté de ministres responsables, qu'il choisit lui-même, et si les députés se plaignent des ministres, il ne peut moins faire que de les changer. L'on peut dire que dans un tel gouvernement, le Président n'est guère que l'exécuteur des volontés des députés, et le lien des divers éléments qui constituent le gouvernement (1).

On ne peut nier que cette forme de gouvernement ait de certains avantages. Le Chef, n'étant plus laissé aux hasards de la naissance, peut toujours être choisi parmi les plus capables et les plus dignes. Nommé par les représentants de la nation, il ne peut que difficilement avoir l'idée de leur résister, et de faire naître des conflits, qui amènent souvent des révolutions dans les Monarchies parlementaires. Et si, par hasard, il n'est pas ce qu'il doit être, l'échéance de son pouvoir vient rapidement résoudre la difficulté ; aussi, quoique dans notre pays une expérience suffisamment longue n'ait pas encore été faite, on peut

(1) Le nom de République sonne encore mal de nos jours aux oreilles de beaucoup, parce qu'il leur paraît que toute république doit ressembler au gouvernement qui a succédé à Louis XVI; mais c'est là une grave erreur, une simple confusion de nom ; le gouvernement de 1792 avait bien la prétention d'être une République, mais il ne l'était pas le moins du monde. C'était tout simplement une affreuse tyrannie, nommée avec raison *la Terreur*, et si Dieu a pu la tolérer pendant plusieurs années, c'est qu'elle était probablement nécessaire pour renouveler les mœurs, et aujourd'hui, il n'est certainement pas un seul républicain, qui oserait donner cette époque malheureuse, comme type de ce que doit être une République.

bien penser que le gouvernement républicain a certaines chances de durée.

Cependant, il ne faudrait pas croire qu'il est sans inconvénients, car semblable en ceci à toutes les choses humaines, il porte en lui des germes qui pourraient amener rapidement sa décadence et sa ruine, si l'on n'y apportait pas des remèdes convenables...

L'instabilité du pouvoir entretient dans les républiques une agitation et une ambition qui ne sont pas toujours sans dangers... car s'il est bon que la possibilité pour tous, d'arriver aux grandes charges de l'Etat, fasse naître chez les citoyens une salutaire émulation ; il est mauvais que les médiocrités et les ambitieux incapables aient trop l'espérance d'y arriver. Il est aussi à craindre que le Chef de l'Etat n'en prenne pas assez les intérêts, qu'il ne conduise pas les affaires publiques avec cette attention, avec cet intérêt qu'elles réclament impérieusement. En effet, l'homme a de la peine à s'occuper fortement de ce qui n'est pas à lui, de ce qui ne sera pas à ses enfants. De plus le Chef peut encore être tenté de profiter de son passage au pouvoir pour se faire un nom, pour acquérir une célébrité, peut-être une fortune, qui lui restera en mains comme compensation, lorsqu'il rentrera dans la vie privée.

XLVIII. — Des élections dans le gouvernement républicain.

Mais il est une autre difficulté encore plus considérable dans le gouvernement républicain, c'est l'élection des députés, de ces véritables chefs ou *souverains* ; car, dans

une république, ce sont les décisions des députés ou représentants du peuple qui fixent les droits et les devoirs de
chacun, qui disposent des vies et des fortunes des divers
membres de l'Etat ; sans qu'il soit possible d'en appeler à
aucun pouvoir supérieur, à aucune justice, à aucun tribunal,
puisque ce sont les députés eux-mêmes qui règlent les conditions d'existence de ces tribunaux, puisque ce sont eux,
en un mot, qui font les lois, les lois, ces *ordres* auxquels
tout citoyen doit se soumettre. Qui aura le privilège de
nommer ces députés si puissants ?

A tort ou à raison, soit sur une fausse appréciation des
républiques anciennes, soit par le fait de gens qui, à la
suite des révolutions, avaient intérêt à flatter le peuple,
comme en 1848, 1850, etc... il s'est répandu l'opinion que,
dans une république, tous les citoyens étant égaux, tous
devaient avoir les mêmes droits, et être électeurs, et que si
ce droit était enlevé à quelques-uns, alors le gouvernement n'était plus une république.

Admettons tout cela, si l'on veut, admettons qu'en effet
tous les citoyens ont, et doivent exercer les mêmes droits ;
seulement ceci admis, il reste à savoir *qui* l'on doit entendre par ce mot de *tous*. Car de l'aveu des plus purs
républicains ce mot ne s'adresse pas à *tous* ; puisque la loi
exclut d'abord toutes les femmes, même celles qui ne sont
pas en puissance de mari, ensuite les militaires sous les
armes, et enfin tous ceux qui n'ont pas 21 ans...

C'est la loi, dira-t-on, d'accord, obéissons-lui, mais cela
ne doit pas nous empêcher de nous demander si cette loi
est sage...

Ainsi on ne voit pas pourquoi on est électeur à 21 ans

plutôt qu'à 18, à 25 ou à 30 ans... On a pris 21 ans,
dira-t-on, parce que c'est l'âge du service militaire, l'âge
fixé pour la majorité; mais en vérité l'on peut être fort
capable de porter un fusil, sans être capable pour cela de
choisir les maîtres de la nation : ce qui est certainement la
chose la plus délicate, la plus difficile du monde, celle qui
entre tout ce qu'un homme peut être appelé à faire, demande le plus de maturité, d'expérience, de discernement,
d'indépendance, de désintéressement. Eh quoi, vous déclarez
infaillible dans son vote, ce jeune homme à l'âge même où
vous croyez utile de le soumettre à la plus sévère des dis-
ciplines ! En même temps que vous le remettez à l'école,
vous le déclarez capable de choisir les députés, de qui vont
dépendre la paix et la guerre, la prospérité ou la décadence du pays !... franchement il y a là une anomalie inconcevable.

Mais ce qui est encore bien plus inconcevable, c'est que
les jeunes gens qui servent leur patrie dans l'armée, ne
votent pas, tandis que les exemptés votent: or tout le
monde sait, que sauf les fils de veuve, les soutiens de
famille et les étudiants, les exemptés n'ont le plus souvent,
pour cause d'exemption, qu'une faiblesse de constitution
ou des infirmités qui ne sont pas toujours le signe d'une
bonne conduite... Pourquoi n'avoir pas fixé l'âge de la libé-
ration du service militaire, l'âge de 27 ans, au lieu de
celui de 21 ans ? C'était bien plus naturel, bien plus juste.
Il y a évidemment là une injustice criante, absurde on
peut le dire.

Mais ce n'est pas tout. Comment peut-il se faire que le
vote d'un étudiant de 21 ans, encore au pain de son père,

ait autant de valeur que le vote de ce même père, qui re
présente sa femme, ses enfants mineurs, une grande
industrie, de grands intérêts... Ce père est peut-être un
ancien fonctionnaire, un magistrat, un officier supérieur
un diplomate... et son vote est par le fait annulé par celu
de son fils, de son secrétaire, de son employé, de so
domestique.....

Et quant aux femmes : voici une veuve qui gère en tout
liberté ses propriétés, un commerce, une industrie, et ell
ne vote pas, et ses enfants, ses employés, ses ouvriers
les pauvres qu'elle assiste votent ! ...

Que dirons-nous aussi du vote des vieillards mis à la
charge de l'Etat dans les hospices... sont-ce là des homme
libres, indépendants, des citoyens dans toute la force du
terme ?

Quant aux *éligibles*, c'est-à-dire à ceux qui peuvent être
nommés, la question est encore plus importante. Ne de-
vrait-on pas exiger d'eux au moins l'âge mûr, ne devraient-
ils pas avoir donné quelques preuves authentiques de leu
capacité, soit dans le maniement des affaires publiques
soit dans celui de leurs propres affaires. Comment celui qui
n'a pas su se créer une position dans le monde, assurer sa
propre existence, celle de sa famille, saura-t-il gérer les
affaires de l'Etat ? Qui ne sait que, quatre-vingts fois su
cent, la non-réussite dans les affaires est le signe d'un
manque d'intelligence pratique, ou au moins d'un manque
d'équilibre entre les facultés... Et de plus, comment celui
qui ne possède ni commerce, ni industrie, ni propriété, n
même peut-être un métier, pourra-t-il prendre aux affaire
publiques l'intérêt qu'elles réclament ?

De plus dans cet état de chose, c'est le nombre qui est le maître. Dès lors, n'est-il pas effrayant de penser que, par une surprise, par l'entente de coteries, par une conjuration d'aspirants au pouvoir, ou de ceux qui n'ayant rien à perdre, espèrent toujours gagner quelque chose dans un changement, la liberté et la fortune des citoyens, l'existence même de la patrie peuvent se trouver tout à coup compromises.

Que l'on discute, à la majorité des voix, sur telle ou telle mesure financière, sur le tracé que doit suivre un chemin de fer, sur le plus ou moins grand nombre d'hommes qu'il faut tenir sous les armes, sur la nécessité de telle ou telle expédition, c'est bien... car ces choses peuvent être bonnes en diverses manières ; mais ce qui est une cause de ruine pour le pays, sera toujours une cause de ruine pour lui, lors même que la majorité aura dit le contraire. Il est bien clair que le *nombre* ne peut en aucun cas être le Critérium ou la Pierre de touche de la vérité. Un seul savant peut avoir raison contre mille ignorants ; un seul homme expérimenté, peut avoir raison contre mille jeunes gens.

Convenons-en : quelle que soit notre opinion, il y a, dans cette question du suffrage universel, tel qu'il est entendu aujourd'hui, des anomalies, des contradictions et des difficultés que nous n'avons certainement pas la prétention de résoudre, mais qui méritent, à coup sûr, toute l'attention du législateur et de l'homme d'Etat.

XLIX. — De ce que l'on doit entendre par le mot de Liberté politique.

Ne redouterons-nous pas aussi, sous cette forme de gouvernement, l'étrange abus qu'on y fait du mot de *liberté*. On en parle partout, on l'inscrit au frontispice des monuments, on la présente sans cesse comme un remède qui doit guérir tous les maux et compenser tous les malheurs ; de sorte que les multitudes, généralement peu éclairées, finissent par concevoir des espérances impossibles et par oublier qu'après tout la *liberté politique* n'est pas le moins du monde le droit de tout faire, ni le droit de récolter là où on n'a point semé et de prendre à celui qui a ; mais que ce mot désigne au contraire un état social dans lequel il règne un tel ordre, et l'autorité possède une telle énergie, que si chacun y trouve, toujours et partout, aide et protection contre ceux qui voudraient l'empêcher de faire ce qu'il a le *droit* de faire, il y trouve aussi, toujours et partout, une force qui *l'oblige* à faire ce qu'il *doit* faire, et à ne pas faire ce qu'il ne *doit* pas faire.

Et c'est précisément en ceci que consiste la supériorité des peuples civilisés. En effet, si je vivais seul, dans un pays désert, je pourrais peut-être avoir le droit de faire tout ce qui me passerait par la tête ; mais du moment que j'habite une ville, dans laquelle je jouis de nombreux travaux faits par d'autres que par moi, et vis à côté d'autres citoyens, il est clair qu'il en est tout autrement ; car si j'ai des droits, mon voisin en a également, et je

dois les respecter, tout comme il doit respecter les miens.
Dès lors, les droits de l'un limitent forcément les droits de
l'autre; créent ce qu'on appelle des *devoirs*, et les lois sont
précisément destinées à fixer le point où finit le droit et où
commence le devoir de chacun ; et là où il n'y aurait pas
de lois, et une force suffisante pour les faire respecter de
tous, il n'y aurait plus que désordre, anarchie, et absence
complète de liberté.

Enfin, si l'on décompose cette liberté dont on parle
tant, on arrive facilement à reconnaître que, dans notre
France, où règne en fait la plus complète égalité, la liberté
possible se résume dans cinq points.

1º Dans un tel respect de la personnalité de chaque citoyen,
et de ses droits comme chef de famille ou de maison, qu'il
puisse faire chez lui et avec les siens, tout ce qui n'est pas
opposé aux principes élémentaires de la justice et à l'existence de l'Etat.

2º Dans un tel respect du domicile de chaque citoyen,
que l'autorité, sauf le flagrant délit, ne se croie jamais le
droit d'en franchir le seuil, sans un jugement contradic-
toire rendu par les tribunaux compétents ;

3º Dans une telle organisation de la justice, qu'elle
puisse toujours être rendue au moindre des citoyens, même
contre l'Etat, même contre les plus hauts fonctionnaires
sans qu'il leur soit possible d'y échapper, sous aucun prétexte, par aucun subterfuge administratif, par aucune
fiction légale.

4º Dans une telle direction du gouvernement, qu'il ne
soit jamais demandé aux citoyens, comme impôt ou comme
service personnel, que ce qui est absolument nécessaire au

bien ou à l'existence de l'Etat, en évitant par-dessus tout de servir aucun parti, aucune idée, ou aucun intérêt particulier...

5° Dans la liberté de dire et d'écrire ce qu'on veut, pourvu qu'on ne trouble pas l'ordre, qu'on n'invite pas à le troubler, qu'on n'attaque pas la réputation des citoyens et qu'on ne corrompe pas les âmes par des écrits licencieux.

Ces cinq points réservés, on ne voit pas en quoi pourrait consister la liberté. Demander au delà, c'est demander l'absurde, c'est demander la licence, c'est-à-dire la liberté pour les méchants et la servitude pour les bons, et peu importe alors que cette tyrannie soit exercée par un seul, ou par *la souveraineté du nombre*, le mal est le même, et il devient ordinairement si intolérable, que, de lassitude, on se jette entre les bras du premier venu, qui se montre capable de rétablir enfin cet ordre nécessaire, sans lequel il n'y a pas de société et pas même de vie possible.

C'est la pensée que Cicéron, à la suite de Platon, exprimait si bien, il y a déjà deux mille ans, dans le 1er chap. de son traité « De la République », et c'est ce que nous enseigne l'histoire de tous les temps.

L. — Que la paix sociale indéfinie ne peut être espérée sous aucune forme de gouvernement et qu'elle est contre l'essence des choses.

Cette étude approfondie des diverses formes de gouvernement que peuvent adopter les peuples, doit nous convaincre qu'il n'en est pas une qui puisse donner cette paix ou stabilité sociale que tout le monde désire, et qui, en résumé, doit être le but des efforts et des travaux de tous les hommes d'Etat.

Singulière conclusion, dira-t-on ; n'est-elle pas un paradoxe ? Peut-on admettre que les progrès continuels du monde civilisé, n'arriveront pas enfin à supprimer les révolutions et les guerres, ces deux épouvantables fléaux de l'humanité.

Hélas, il serait bien à désirer qu'il en fût ainsi, mais les plus sages combinaisons, les plus éminentes qualités même, viendront toujours échouer contre la faiblesse et les passions de l'homme, contre le manque de lumière, la lutte des intérêts particuliers, les erreurs involontaires, les circonstances imprévues, et enfin, il faut bien le dire, contre l'essence ou nature des choses elles-mêmes, et, jusqu'à présent, l'on a dû considérer comme de généreux utopistes ceux qui ont rêvé la paix universelle.

En effet, quelle que soit la sagesse des institutions d'un pays, il est clair qu'il ne peut tarder à surgir des querelles, entre les membres ou les divers Corps qui le composent, c'est la loi des choses en ce monde. Dans la famille elle-même, quelle que soit l'affection qui en unisse les membres, il est bien rare que des discussions ne s'y élèvent pas tôt ou tard ; et ces discussions seraient interminables, et ne tarderaient pas à se transformer en luttes meurtrières, si une puissance supérieure, c'est-à-dire la Justice, ne venait pas les arrêter en jugeant les différends qui y donnent lieu.

Quand le frère et la sœur se disputent, le père ou la

mère peuvent les mettre d'accord; si le père et la mère se
disputent entre eux, c'est déjà plus difficile; le père peut,
en bien des circonstances, clore la discussion, en usant du
pouvoir *supérieur* que lui donne la loi; mais, si le privilège du père ne suffit pas, il faut absolument recourir aux
tribunaux. Les discussions entre les citoyens trouvent également dans les tribunaux des juges qui établissent le droit
de chacun, et obligent, par la *force*, les récalcitrants à se
soumettre à leurs décisions... mais lorsque les discussions
ont lieu entre des classes entières de la nation, ou entre la
nation et son souverain, quelle est la puissance supérieure
qui pourra les mettre d'accord ? qui pourra établir le *droit*
et forcer les récalcitrants à se soumettre ? il n'y en a évidemment pas. Certains hommes de bonne volonté ont bien
imaginé l'établissement d'un grand tribunal qui jugerait
les différends ou procès des peuples, comme nos tribunaux
jugent les procès des particuliers, mais quand ce tribunal
aura jugé, quelle est la force qui obligera le condamné à
se soumettre ? est-ce que les juges seront obligés de lever
des armées entières pour faire exécuter leurs décisions ?

Reportons-nous aux révolutions de 1830, de 1848, de
1850, est-ce que les différends qui surgirent à ces époques
entre les citoyens et le Roi, ou le Président de la République, auraient pu être portés devant un tribunal composé
des rois d'Espagne, d'Angleterre, d'Italie, etc ? ... il aurait
d'abord fallu que les citoyens et les souverains se missent
d'accord pour accepter de tels juges... ce qui était sinon
impossible au moins bien difficile...

Mais supposons que peuple et souverain se soient rendus
devant ce tribunal. Les juges déclarent que le peuple a

tort ; et cependant il ne veut pas se soumettre. Il faut l'y forcer, sans cela que signifierait le jugement ? Voici donc les rois d'Espagne, d'Angleterre, d'Italie obligés de réunir leurs armées et d'entrer en France... Qui ne voit l'impossibilité et l'odieux d'une telle mesure ?

Les juges déclarent-t-ils que c'est le roi qui a tort, la difficulté n'est pas moins grande. Le roi a ses partisans, et si les souverains étrangers s'avisaient d'entrer en France pour le contraindre à obéir, on verrait certainement alors, le peuple se réconcilier avec son propre Roi, et s'unir à lui pour chasser les envahisseurs, sauf à reprendre la querelle après leur départ.

Un seul moyen pourrait prévenir les luttes sociales. Il faudrait que les chefs d'Etat, les représentants du peuple et les peuples eux-mêmes s'*interdisent mutuellement toute discussion* sur les choses qui touchent aux fondements même de la société, sur les choses *de droit naturel*, sur *les principes essentiels*.

Mais qui fixera ces points ou principes essentiels soustraits aux droits du législateur et au-dessus de toute discussion ? Quel sera le juge de l'infraction ? Autant de questions insolubles. Il y a là comme un cercle vicieux, une pétition de principe qui ne pourrait se résoudre que par la prépondérance de l'un des pouvoirs.

Il semble, en vérité, que cette prépondérance nécessaire devrait appartenir à tout chef d'Etat, quelque nom qu'il porte, et que sa fonction essentielle devrait être de modérer les discussions, de les empêcher de s'étendre au delà des limites raisonnables, et qu'il devrait avoir toute-puissance pour cela.

En effet, la sphère élevée dans laquelle est placée le chef de l'Etat, son âge, son expérience, la haute autorité dont il est revêtu, par sa nomination elle-même, devraient lui conférer comme une espèce de pouvoir discrétionnaire dont il userait dans ces circonstances exceptionnelles que les lois les plus sages ne peuvent prévoir d'avance, et qui ne peuvent être soumises au législateur, puisque la loi ne peut faire que ce qui est injuste soit juste.

Et ce pouvoir discrétionnaire serait d'autant plus nécessaire aujourd'hui, que la souveraineté du nombre étant admise, il arrive que la moitié, plus un, des citoyens, peut opprimer outre mesure l'autre moitié tout entière ; ce qui est évidemment contre la raison, contre le droit naturel... et quel sera le frein de la majorité, si rien n'est au-dessus d'elle ? (1).

Cette convention tacite de ne pas discuter sur les droits essentiels, de mettre en dehors de toute discussion certains points ; ce pouvoir, donné au chef de l'Etat, d'arrêter les discussions dangereuses serait donc un moyen de paix sociale, mais elle nécessiterait chez les peuples tout aussi bien que chez le chef de l'Etat, une sagesse, une modération, un discernement qu'il est difficile d'en espérer.

(1) On dit qu'aux Etats-Unis, c'est au Sénat qu'appartient la prépondérance: c'est lui qui a le *dernier mot nécessaire* sur les questions importantes. De plus, il y a un pouvoir de premier ordre sur lequel le peuple n'a aucune action, c'est la *Cour suprême de l'union*, dont les membres sont inamovibles et nommés par le pouvoir exécutif. Ce pouvoir, qui garde sans être gardé, contrôle sans être contrôlé, et dont les décisions sont souveraines, est formé aux Etats-Unis de neuf juges inamovibles qui survivent à tous les autres pouvoirs, y compris celui qui les a nommés. (BOUTMY, *Des Constitutions étrangères.*) Ceux qui firent la Constitution des Etats-Unis jugèrent donc indispensable un pouvoir supérieur jugeant tous les autres pouvoirs, et les mettant d'accord en cas de conflit.

Enfin, au-dessus de ces moyens précaires et incertains, resterait la soumission de tous aux vérités essentielles, dont le dépôt et la garde sont confiés au chef de l'Eglise catholique. Cette soumission semble un rêve, une impossibilité ; et cependant, que le monde le veuille ou ne le veuille pas, il est bien certain que c'est à l'action séculaire de la Papauté que nous devons la paix relative dont jouissent nos nations modernes, si nous les comparons aux nations anciennes.

C'est qu'en effet ce sont les Papes qui, en luttant contre les erreurs et les colères des passions, en inspirant la modération aux puissants, la patience et la résignation aux faibles, ont fini par imprimer dans les âmes un respect général pour certaines idées ou principes sans lesquels rien ne peut subsister. Ce sont eux qui, en réclamant sans cesse pour la puissance spirituelle la place qu'elle mérite, ont sauvé la dignité humaine, soustrait les intelligences et les volontés à la tyrannie des intérêts, « et enfin jeté les bases inébranlables de la véritable liberté politique, liberté qui découle nécessairement de la liberté morale, puisqu'elle n'est, après tout, que le respect par l'Etat des droits sacrés de la conscience et des âmes, et la fidélité de tous, aussi bien de ceux qui commandent que de ceux qui obéissent, au droit et à la vertu.

« D'ailleurs, on le sait, au point de vue chrétien, le bien de l'individu est la loi suprême ; et l'Etat, la société, la famille elle-même, ne sont que des moyens pour lui permettre de croître et de se développer par l'accomplissement de ses devoirs ; si donc il est nécessaire qu'il y ait un pouvoir temporel pour veiller à la conservation des droits, il est encore bien plus nécessaire qu'il y ait un pouvoir spirituel pour veiller à la réalisation du devoir (1). »

Mais quel sera ce pouvoir? Il ne peut être humain, car tout homme en valant un autre, l'homme ne peut obéir à l'homme. Il faut donc que ce pouvoir vienne de Dieu, c'est ce qui nous choque, nous semble étrange et impossible. Et, cependant, ne tenons-nous pas tout de Dieu, la vie, le souffle de nos lèvres? Pourquoi celui qui veille sur l'ordre des saisons et la marche des astres ne veillerait-il pas sur l'ordre des nations?

Les païens le sentaient; le Sénat romain ne délibérait que dans les temples et sous les regards des dieux; et, quand Auguste voulut concentrer toute puissance sur sa tête, il eut bien soin de se revêtir du souverain pontificat. En homme de génie il savait que, pour être obéi des hommes, il fallait être plus qu'un homme. Et si les Empereurs persécutèrent pendant 300 ans les chrétiens, c'est qu'ils voyaient bien que la nouvelle doctrine allait leur enlever leur prestige divin; avec ce prestige, l'omnipotence dont ils faisaient un si terrible abus; et que, dans le nouvel ordre de choses, le respect de la personne humaine, et de ses droits imprescriptibles, serait imposé aux puissants comme le premier de leurs devoirs. Avouons-le, telle est encore la vraie raison des luttes modernes, c'est que, comme l'a si bien dit F. Ozanam, « il y a au fond de la nature humaine un paganisme impérissable, qui se réveille à tous les siècles, qui n'est pas mort dans le nôtre, qui retourne

---

(1) M. HEINRICH, doyen de la Faculté des lettres de Lyon. *Notice sur l'abbé Noirot*, passim.

toujours volontiers aux philosophies païennes, aux lois païennes, aux arts païens, parce qu'il y trouve ses rêves réalisés et ses instincts satisfaits. »

LI. — Que le progrès naturel des choses s'oppose à la durée illimitée de la paix sociale.

Une autre raison semble encore s'opposer à la durée indéfinie de la paix sociale. Les peuples croissent, grandissent et se perfectionnent comme les individus ; or l'on ne peut donner à un peuple ancien la même direction qu'à un peuple nouveau... dès lors, à un certain moment, les changements deviennent nécessaires et même inévitables. Mais un changement ne peut que bien rarement se faire sans détruire quelque chose, sans blesser certains droits acquis, sans troubler certaines existences ; de là résultent des oppositions intéressées, légitimes même. Les bons, partant de ce principe vrai qu'on ne doit pas faire un mal pour obtenir un bien, s'opposent généralement à tout changement, à toute destruction, et il arrive qu'ils se trouvent en réalité le plus grand obstacle au triomphe des idées nouvelles. De là, d'abord une sourde irritation contre eux, et bientôt l'emploi de la violence. En vérité les troubles, les révolutions semblent être aux peuples ce que sont ces terribles maladies qui peuvent, il est vrai, tuer celui qu'elles attaquent, mais qui le laissent plus fort, s'il a le bonheur de leur échapper... On peut en effet se demander si une paix sociale perpétuelle ne serait pas encore un plus grand mal que ces luttes périodiques dont nous sommes témoins, acteurs et parfois victimes. En enlevant les occasions de

9

lutte, la paix engendrerait fatalement un incroyable affaisse-
sement des âmes ; le bien-être développé outre mesure
livrerait l'homme en pâture à toutes les tentations, à tous
les vices. Qui sait même si, par le fait du perfectionnement indéfini des moyens de production, il n'arriverait pas
un moment où tout équilibre serait rompu entre la production et la consommation, et où par conséquent le travail de
toute nature manquerait. De là une misère effroyable parmi
ceux qui ne vivent que par le travail quotidien... Il semble
qu'alors il se produirait comme une espèce d'arrêt dans la
marche des choses ; aussi faut-il admirer peut-être, au lieu
de s'en plaindre, l'instabilité providentielle créée par le jeu
des passions humaines ; c'est elle qui, en venant troubler
périodiquement le monde, l'empêche de pousser à leurs
dernières conséquences les évolutions sociales, dont un
écrivain, qui n'est pas encore oublié, avait essayé de faire
ressortir les impitoyables contradictions.

Ne comptant donc pas plus qu'il ne faut, sur les gouvernements, pour faire le bonheur du monde, nous penserons
que tous peuvent être tour à tour bons ou mauvais, selon
les circonstances et selon les hommes qui détiennent le
pouvoir, et qu'il faut apprendre à se résigner aux troubles,
aux changements, aux révolutions elles-mêmes, comme on
se résigne aux maladies, aux changements de tempérament,
aux faiblesses et aux infirmités de la vieillesse, et qu'en
tous cas, quel que soit le gouvernement, le devoir de tout bon
citoyen est de lui obéir dans les choses licites ; par cette raison
bien simple, d'abord, que celui qui est gouverné ou conduit
ne peut jamais se poser en juge de celui qui le gouverne,
car alors il ne serait plus le gouverné, mais le gouver-

nant, et enfin parce qu'on doit penser que *ce qui est, est ce que Dieu veut*, et que Dieu peut vouloir l'existence de certaines choses mauvaises en apparence, mais bonnes en réalité, parce qu'elles servent à l'accomplissement de ses desseins (1).

LII. — Du Gouvernement actuel de la France, 1886.

Maintenant que nous comprenons bien ce qu'est un gouvernement, nous allons étudier celui que nous possédons actuellement en France. Il nous importe de le connaître, non seulement parce que nous sommes français, mais encore parce que cette étude nous donnera une idée suffisamment exacte de presque tous les gouvernements du monde civilisé (les monarchies parlementaires ne différant pas beaucoup, au moins quant à la forme, des gouvernements républicains).

D'après la Constitution, votée en l'année 1875 par la grande Assemblée nationale de 750 députés nommés après la chute de Napoléon III en 1870, le pouvoir législatif est exercé aujourd'hui par deux assemblées de citoyens : la CHAMBRE DES DÉPUTÉS, composée d'environ 500 membres, élus par tous les français âgés d'au moins 21 ans, et le SÉNAT, composé d'environ 300 membres, élus soit par la Chambre des députés, soit par les membres des Conseils

---

(1) S. AUGUSTIN, super psal. 54.— Ne putetis gratis esse malos in hoc mundo, et nihil boni de illis agere Deum.—Omnis malus aut ideo vivit ut corrigatur, aut ideo vivit, ut per illum bonus exerceatur.— Ne pensez pas qu'il y ait dans le monde des méchants qui y soient pour rien, et que Dieu ne se serve pas d'eux pour un bien. Tout méchant est là ou pour être converti, ou pour exercer les bons.

généraux, des Conseils d'arrondissements et des Conseils municipaux (1).

Nul ne peut être élu député, s'il n'a 25 ans, et sénateur s'il n'en a 40, et c'est avec raison, car le mot *sénateur* vient du mot *senex* qui veut dire vieillard.

En établissant deux Chambres pour délibérer sur les affaires publiques, la Constitution a voulu donner une garantie plus grande à la sagesse et à la justice ; il lui a paru que chacune de ces deux assemblées, apporterait d'autant plus de soin à ses délibérations, qu'elle saurait que ces délibérations devraient passer sous les yeux de l'autre.

Les Chambres nomment elles-mêmes leurs *présidents*, *secrétaires* et *questeurs*. Les présidents jouissent du pouvoir le plus complet dans l'exercice de leurs fonctions et, pourvoient eux-mêmes à la sûreté de l'Assemblée. Les sénateurs et les députés sont *inviolables* pendant l'exercice de leur mandat, c'est-à-dire que, sauf le cas de *flagrant délit*, ils ne peuvent être saisis par la police, ou poursuivis devant les tribunaux, sans la permission de l'Assemblée à laquelle ils appartiennent ; et afin que le manque de fortune ne soit pas un motif qui empêche d'accepter les fonctions de député ou de sénateur, une allocation de 25 fr. par jour, est accordée à chacun des membres des deux Chambres.

Cependant ce n'est pas tout de faire des lois ; il faut les exécuter, les appliquer. Or les Corps d'hommes ou Assem-

(1) Il est entendu que nous ne donnons ici qu'une sorte d'aperçu, car les constitutions sont comme toutes les choses de ce monde, elles changent souvent. C'est ainsi que les conditions d'élection des députés et sénateurs, ne sont déjà plus exactement les mêmes qu'en 1876.

blées ne peuvent plus rien, dès qu'il faut agir : pour l'action il faut avant tout l'*unité* de volonté et de commandement ; toutes les fois, en effet, qu'une assemblée a voulu exécuter elle-même ses décisions, ou seulement en faire surveiller l'exécution directement par des *délégués* ou *commissaires* pris dans son sein, il en est résulté les plus grands malheurs ; bientôt même rien n'a pu marcher et toutes choses n'ont pas tardé à s'effondrer, entraînant dans leur chute ceux-là même, qui avaient imprudemment violé un des principes essentiels de tout gouvernement.

La Constitution a donc réglé qu'il y aurait à la tête de l'Etat un chef ou Président, qui serait nommé pour sept années par les sénateurs et députés réunis en une seule assemblée, qui prend alors le nom de Congrès.

Le président de la République représente la nation tout entière, et résume en quelque sorte dans sa main toute la puissance exécutive ; mais comme il lui serait impossible d'exercer seul une telle puissance, il la répartit entre un certain nombre de hauts fonctionnaires ou Ministres, qu'il choisit lui-même, qui agissent en son nom, et sont, comme leur nom l'indique, ses serviteurs, ou plutôt les serviteurs de la République ; c'est-à-dire, ceux qui font ses affaires, et doivent être entièrement dévoués à son bien. Ce sont :

1° Le ministre de la guerre, qui est chargé de tout ce qui concerne l'armée, les écoles où se forment les officiers, la fabrication des poudres, les arsenaux, les forteresses, etc. La gendarmerie est également sous sa direction.

2° Le ministre de la marine et des colonies, remplissant, pour l'armée de mer, les mêmes fonctions que le ministre de la guerre pour l'armée de terre, et ayant de plus l'administration des colonies.

3° LE MINISTRE DES TRAVAUX PUBLICS, chargé de tout ce qui concerne les routes, les canaux, les eaux, les chemins de fer, etc.

4° LE MINISTRE DE L'INSTRUCTION PUBLIQUE, DES BEAUX-ARTS, ET DES CULTES, qui dirige tout ce qui a rapport à l'instruction publique et qui surveille même l'instruction privée ainsi que les choses de la religion dans ses rapports avec l'Etat. Les écoles de toutes sortes, les académies, les musées, etc., sont sous sa direction.

5° LE MINISTRE DU COMMERCE, ET DE L'INDUSTRIE.

6° LE MINISTRE DE L'AGRICULTURE. On a créé des ministres pour le commerce et l'industrie, et l'agriculture, parce qu'il a semblé qu'ils pourraient contribuer à leur progrès, en encourageant et dirigeant les efforts des commerçants et des agriculteurs, en publiant les bonnes méthodes d'agriculture, en facilitant certains travaux, certains Etablissements. Le ministre de l'agriculture administre les forêts et domaines de l'Etat.

7° LE MINISTRE DES POSTES ET TÉLÉGRAPHES.

8° LE MINISTRE DE LA JUSTICE, qui veille à tout ce qui concerne la justice. Il est considéré comme le président de la magistrature tout entière ; c'est pour cette raison qu'on l'appelle aussi le *Garde des sceaux.*

9° LE MINISTRE DES AFFAIRES ÉTRANGÈRES. Les peuples ayant des rapports souvent très importants les uns avec les autres, il fallait un fonctionnaire spécial pour veiller sur ces relations ; le ministre le fait par des agents, nommés AMBASSADEURS et CONSULS, qu'il entretient dans tous les

Etats d'une certaine importance. Ces fonctions demandent des hommes très instr..its et très habiles ; la guerre et la paix dépendent souvent de la manière dont sont conduites les relations avec les nations étrangères.

10. LE MINISTRE DE L'INTÉRIEUR. Tous les ministres dont nous venons de parler ont une fonction spéciale, quelque chose à conduire, à faire ; chacun d'eux agit de son côté et sur tous les points de la France, et souvent un même travail demande le concours de plusieurs ministères ; or les ministères étant par le fait indépendants les uns des autres il a semblé qu'il fallait un ministre particulier pour coordonner tous les divers services, et veiller partout à la marche régulière des choses : telle est la mission confiée au ministre de l'intérieur.

Pour faciliter son administration, la France est divisée en 86 parties qu'on appelle DÉPARTEMENTS ; le ministre de l'intérieur place à la tête de chaque département un fonctionnaire portant le nom de *Préfet*, lequel est comme son œil, et qui veille sur tout ce qui se fait au nom du gouvernement. Ainsi, une route est à construire dans un département, c'est le ministère des travaux publics qui dirige les travaux, mais c'est le préfet qui veille à ce qu'on y observe les lois et règlements concernant les travaux de l'Etat ; le paiement de ces travaux sera même ordonnancé par la préfecture.

Sans le ministère de l'intérieur et ses préfets, chaque ministère serait obligé d'avoir une administration complète, sur tous les points du territoire, et il n'y aurait ni surveillance ni unité de direction ; c'est encore le préfet qui surveille la marche des communes, et la rattache pour ainsi dire à l'Etat.

Afin de rendre plus facile cette direction générale, on a divisé les départements en arrondissements à la tête desquels on a placé des sous-préfets, c'est-à-dire des aides du préfet, qui résident au chef-lieu.

Le préfet est conseillé et assisté dans la direction de son département par une assemblée de citoyens élus ; cette assemblée se nomme Conseil général.

Le sous-préfet, de son côté, est assisté par une autre assemblée de citoyens également élus, qui se nomme Conseil d'arrondissement ; rien ne se fait dans un département sans que ces deux Assemblées soient consultées ; il est même beaucoup de choses qu'elles décident souverainement, et elles ont la disposition d'une certaine portion des impôts.

11° Le MINISTRE DES FINANCES. Ce ministre est chargé de recevoir tous les revenus provenant, soit des impôts, soit des manufactures ou domaines de l'Etat ; il en tient un compte exact, veille à leur rentrée par d'innombrables employés et inspecteurs disséminés sur toute la surface du territoire ; et avec ces revenus il paie d'abord les rentes des sommes empruntées par l'Etat, ensuite les pensions des anciens militaires, employés ou fonctionnaires, et enfin les sommes concédées à chaque ministère par les délibérations de la Chambre, du Sénat, et contresignées par le Président de la République.

LIII. — Des villes, villages ou communes.

Mais pour connaître le gouvernement de notre pays, il ne nous suffit pas de connaître son gouvernement *central*. En France, en effet, comme au reste, dans tous les pays du globe, la population est divisée en groupes plus ou moins considérables, formant ce que nous appelons des villes, villages, bourgs, ou COMMUNES.

Le premier noyau de ces groupes, dont quelques-uns sont si nombreux, a pu être, soit une seule famille s'augmentant peu à peu, soit quelques travailleurs attirés par la création d'une industrie, la découverte d'une mine, l'établissement d'un poste fortifié, d'un marché annuel. Les facilités et agréments qu'offrent les rivières et les fleuves ont aussi dû attirer, dès les commencements, les populations ; il en est de même des rivages de la mer : partout où l'accès était facile, où la disposition des rochers formait un abri, on a vu se former des agglomérations qui sont devenues des villes nombreuses et puissantes. Ainsi en est-il de Paris, du Havre, de Marseille, de Bordeaux, de Londres, de Lisbonne, de Naples, de Gênes, dont la fondation se perd dans la nuit des temps.

Les villes ou communes font partie intégrante de la nation, elles ne peuvent et ne doivent en aucun cas s'en séparer ; cependant l'on comprend qu'elles puissent avoir des intérêts particuliers, qui importent peu au gouvernement central, comme par exemple l'entretien et l'éclairage des rues, la circulation des voitures, l'approvisionnement, le commerce local, etc., etc... Chaque ville ou village s'administre donc, à peu près, comme le gouvernement central administre la France.

Les citoyens de la commune désignent par élection un certain nombre d'entre eux pour former une espèce de conseil, qui s'occupe des affaires de la commune de la même manière que le Corps législatif s'occupe de celles de l'Etat. Mais comme, pour en assurer l'exécution, il faut toujours que le pouvoir finisse par être concentré dans une seule main, le Conseil de la commune, qui s'appelle *Conseil municipal*, choisit dans son sein le membre qu'il juge le plus capable et le nomme *Maire*, c'est-à-dire chef de la commune.

Le Maire est donc le pouvoir exécutif de la commune, mais il ne doit rien faire sans son Conseil municipal.

C'est le Maire qui tient l'ÉTAT CIVIL, c'est-à-dire les livres ou registres sur lesquels sont enregistrés les naissances, les mariages et les décès, fonctions importantes, car ce sont les registres de l'état civil qui font foi pour les obligations des citoyens envers l'Etat, pour les héritages, les procès ; l'Etat civil est comme la base de toutes les relations des citoyens entre eux et avec l'Etat. C'est par son inscription sur les registres communaux que le nouveau-né devient membre de la Société, et qu'il acquiert le droit d'être protégé par elle, en même temps qu'il contracte l'obligation de remplir en leur temps les devoirs que cette Société impose à tous ses membres. Aussi, le père de famille qui ne fait pas inscrire son enfant à l'état civil est-il sévèrement puni par la loi ; il en est de même de l'enregistrement des décès. Quant aux mariages, ils seraient nuls devant la loi, s'ils n'étaient pas inscrits sur les registres de la mairie, et signés par les mariés devant le maire et les témoins requis ; aussi le prêtre ne doit-il pas marier des citoyens avant l'inscription de leur mariage à la mairie. Le Maire n'a évidemment pas le droit ou le pouvoir d'unir en mariage des chrétiens, puisque le mariage est un Sacrement ; mais on comprend que la loi ne permette pas de marier des jeunes gens, avant qu'elle ait examiné si leur mariage peut se faire, car c'est la justice de l'Etat qui sera peut-être elle-même obligée de faire exécuter les clauses du mariage, et de veiller aux droits réciproques des époux et des enfants.

C'est le Maire qui veille au bon ordre et à la propreté de la ville, c'est lui qui a soin des monuments communaux, de l'hôtel de ville, des halles, des marchés, des écoles, de certains hospices, des théâtres, des promenades, des eaux et fontaines ; c'est lui qui trace les rues nouvelles, veille à leur percement régulier, à l'entretien des jardins publics, en un mot à ces mille choses qui sont la vie de nos villes et villages.

Le Maire ne pourrait pas remplir lui-même tous ces devoirs, c'est pourquoi il choisit des aides dans son Conseil municipal : on les nomme ADJOINTS, c'est-à-dire *ajoutés à*, parce que ce sont des citoyens *ajoutés* au Maire pour l'aider... Leur nombre varie suivant l'importance de la ville qu'ils administrent. Les fonctions du Maire, des adjoints et des conseillers municipaux sont gratuites ; ils peuvent cependant recevoir des indemnités pour les frais auxquels les obligent leurs fonctions, et dans les grandes villes ils se font aider par de nombreux employés.

LIV. — Des dépenses de l'Etat et des impôts.

Après avoir parlé de la nécessité et de l'organisation des gouvernements, nous avons à nous demander comment on peut subvenir à leurs dépenses : dépenses nécessairement considérables, surtout dans nos gouvernements actuels qui pourvoient à tant de besoins et s'occupent de tant de choses.

Qui pourrait dire, en effet, ce que doivent coûter : l'armée de terre et de mer avec son matériel, son artillerie, ses fortifications, ses casernes, ses immenses approvisionnements, ses vaisseaux, ses ports de guerre, sans parler des 26,000 gendarmes qui veillent à l'ordre sur tous les points de la France, avec l'aide de la police, de la justice et des tribunaux. Viennent ensuite les voies de circulation, les Routes, les Chemins de fer, les Canaux, les Postes et Télégraphes, les Écoles, les Hospices, et enfin ces mille et mille choses qui dépendent du gouvernement et exigent, chacune de leur côté, de nombreux employés, d'innombrables ouvriers et des constructions de toute nature.

En France, ces dépenses se montent à environ 1,300,000,000 pour le gouvernement central. En voici le détail par MINISTÈRE (1).

Ministère de la Guerre.

Administration centrale..........................	5.800.000
États-majors	23.800.000
Écoles militaires	13.100.000
Gendarmerie, Garde républicaine de Paris...........	40.000.000
Solde des troupes, vivres, chauffage, etc. (2)......	277.800.000
Habillement, campement, lits, marches	51.700.000
Service de santé...............................	10.400.000
Chevaux et harnachements........................	80.800.000
Artillerie et Génie.............................	39.400.000
Justice, Recrutement............................	1.900.000
Invalides, secours, gratifications................	6.100.000
Enceinte de Lyon	2.000.000
	558.800.000

(1) Il est bien entendu que nous ne donnons ici que des chiffres approximatifs, car il est impossible de donner les chiffres exacts, puisque ces chiffres varient chaque année et ne peuvent même être connus qu'après le règlement définitif des budgets.

(2) L'armée compte actuellement 471,000 hommes et 26,000 officiers sous les armes, plus 25,800 gendarmes dont 788 officiers.

Ministère de la Marine et des Colonies.

Administration centrale...........................	1,800,000
Etats-majors et Equipages (1).....................	68,000,000
Hôpitaux, Ecoles..................................	3,300,000
Vivres...	19,400,000
Constructions navales............................	47,400,000
Approvisionnements	20,800,000
Artillerie maritime..............................	17,700,000
Justice maritime, frais de route.................	8,800,000
Caisse des Invalides.............................	8,600,000
	108,200,000
Service colonial.................................	48,200,000
	210,400,000

Ministère des Travaux publics.

Administration centrale...........................	1,800,000
Personnel des Ponts et Chaussées, Ecoles, Mines....	14,000,000
Surveillance des Chemins de fer, Tramways..........	1,600,000
Subventions aux Chemins de fer....................	28,700,000
Routes et Ponts, entretien........................	33,900,000
Navigation, Ports, Phares.........................	17,900,000
Travaux divers en Algérie.........................	6,470,000
Travaux extraordinaires...........................	11,000,000
	112,970,000

Ministère du Commerce et de l'Industrie.

Administration centrale	960,000
Ecoles et Conservatoires..........................	2,170,000
Encouragements et inspection......................	2,800,000
Subventions à la marine marchande.................	12,500,000
Secours et divers services........................	2,300,000
	20,730,000

(1) La marine possède 400 bâtiments de toutes grandeurs, estimés plus de 600,000,000, et compte 26,000 hommes à la mer.

Ministère de l'Agriculture.

Administration centrale...............................	900,000
Ecoles vétérinaires...................................	1,000,000
Encouragements.......................................	1,000,000
Enseignement agricole................................	2,800,000
Epizooties, Phylloxera................................	1,000,000
Haras, Industrie chevaline............................	8,200,000
Irrigations, Marais....................................	6,400,000
	22,800,000

Ministère des Affaires étrangères.

Administration centrale...............................	980,000
Agents diplomatiques et consulaires (1)..............	8,650,000
Voyages, Courriers, Présents diplomatiques...........	3,400,000
Dépenses secrètes et missions.......................	1,000,000
	14,030,000

Ministère de la Justice.

Administration centrale...............................	690,000
Conseil d'Etat.......................................	1,120,000
Cour de Cassation....................................	1,180,000
Cours d'Appel et Tribunaux...........................	17,800,000
Justices de paix.....................................	8,400,000
Frais de justice en Algérie et Tunisie...............	2,000,000
Justice Criminelle....................................	7,000,000
Divers...	270,000
	38,460,000

Ministère des Postes et Télégraphes.

Administration centrale...............................	1,900,000
Agents et sous-agents................................	76,000,000
Matériel..	9,000,000
Transport des dépêches...............................	12,200,000
Lignes télégraphiques................................	5,400,000
Subventions aux services maritimes...................	20,700,000
Services de l'Algérie.................................	4,000,000
	135,200,000

(1) La France entretient à l'étranger, 9 grandes ambassades, 24 légations, 120 consulats et 102 vice-consulats, occupant en dehors des titulaires 390 employés, soit en tout 645 personnes.

Ministère de l'Instruction publique, des Beaux-Arts et des Cultes.

Administration centrale...............................	1.000.000
Inspections générales................................	2.600.000
Facultés et Ecoles supérieures.......................	13.300.000
Observatoires, bibliothèques.........................	5.000.000
Enseignement secondaire, Lycées, etc................	11.800.000
— — de jeunes filles............	1.070.000
— Primaire, subventions aux Communes...	85.100.000
Bourses nationales...................................	2.700.000
— aux familles de 7 enfants...................	1.000.000
Dépenses diverses....................................	8.400.000
	131.970.000

BEAUX-ARTS. Ecoles, Conservatoires, Manufactures.....	12.000.000

CULTES. Administration centrale......................	230.000
Archevêques et Evêques...............................	930.000
Vicaires généraux, Curés, desservants................	36.070.000
Culte protestant	1.850.000
— Israélite	180.000
— Musulman	210.000
Edifices religieux, services divers...................	5.280.000
	45.350.000

Ministère de l'Intérieur.

Administration centrale.............................	1.640.000
Administration départementale, Préfets et sous-Préfets..	11.500.000
Journaux officiels, Elections........................	1.270.000
Police...	13.340.000
Service pénitentiaire................................	23.700.000
Subventions à diverses institutions, aveugles, sourds et muets......................................	1.100.000
Enfants assistés, Sociétés maternelles...............	2.500.000
Améliorations diverses, secours.....................	7.500.000
Dépenses similaires en Algérie......................	9.500.000
	72.050.000

Ministère des Finances.

Administration centrale..........................	3.870.000
Inspections générales, impressions, etc..............	7.600.000
Cour des comptes................................	1.600.000
Frais de perception des Contributions directes, Timbres, Enregistrement...............................	40.180.000
— indirectes.......	39.870.000
Douanes..	31.800.000
Remises, dépenses diverses.......................	7.400
	132.020.000

Si nous additionnons les dépenses de ces divers ministères en supprimant les 139 millions du ministère des Postes e Télégraphes, qui ne sont indiqués que comme renseigne ment, puisque ces 139 millions se retrouvent sur les reve nus de ce ministère, avec plus de 30 millions de *bénéfices* et enfin 100 autres millions qui ne figurent au budge que pour l'ordre, puisqu'ils rentrent, comme, par exemple les revenus universitaires, les 30 millions de revenu du seul ministère de la guerre... etc... nous voyon que les dépenses annuelles du gouvernement centra se montent à environ 1.300.000.000. A ces 1.300.000.000 on pourrait ajouter 190 millions de dépenses extraordi naires, soit 105 millions pour le réarmement, et 85 million pour les travaux publics, mais ces dépenses se couvran au moyen d'emprunts spéciaux à plus ou moins long termes, ne peuvent figurer au rang des dépenses annuelle qui doivent être couvertes par l'impôt.

LV. — Des dépenses couvertes par les emprunts.

Cependant ces 1,300,000,000 ne représentent qu'une partie des dépenses de l'Etat, les dépenses *ordinaires*, ce qu'on pourrait appeler les dépenses *d'entretien*, comme sont, par exemple, dans une industrie, les dépenses de location, d'employés, d'éclairage, de chauffage, etc... Mais si le gouvernement veut creuser des ports commerciaux ou militaires, les armer d'une puissante artillerie, tracer de longues routes, percer des rues dans les villes malsaines, établir des canaux, bâtir des casernes et des arsenaux... devra-t-il payer ces dépenses avec le même argent qui paie les autres dépenses, les dépenses annuelles, c'est-à-dire avec l'impôt? Non, ce ne serait pas juste, car ces canaux, ces rues, ces casernes, ces ports, ces routes, etc... serviront pendant des siècles, et ne sont pas à proprement parler des *dépenses*, mais bien plutôt des *échanges*, des achats de *choses* ou *propriétés* nouvelles, augmentant la fortune du pays, comme l'achat d'une maison ou d'une usine augmente la fortune ou les possessions d'une famille. Pourquoi dès lors faire payer complètement les dépenses de cette nature, par ceux qui vivent pendant qu'on les fait, et qui en profitent à peine? Il serait bien plus juste, en vérité, de les faire payer par tous ceux qui en profiteront dans la suite des années et même des siècles. D'ailleurs on ruinerait le pays, si on lui demandait d'aussi fortes sommes, il ne pourrait pas même les payer.

Que fait donc le gouvernement? Il fait tout simplement

ce qui se fait chaque jour, dans l'industrie, dans le commerce, dans l'agriculture. Un industriel veut construire une usine ou établir de nouvelles machines, il ne *paie pas* ces dépenses avec ses bénéfices ou ses revenus, ils n'y suffiraient pas. Il cherche quelqu'un qui ait de l'argent et qui ait confiance en lui, et il lui dit : prêtez-moi 100,000 fr. pour bâtir mon usine, elle me gagnera chaque année 15 ou 20,000 fr. sur lesquels je vous paierai les 5,000 ou 6,000 fr., d'intérêt que valent vos 100,000 fr. que vous voulez bien me prêter.

C'est exactement ce que fait le gouvernement pour les travaux publics : il annonce, par exemple, qu'il a besoin de 500 millions pour établir des chemins de fer, ou perfectionner son armement, et qu'il paiera chaque année 4 fr. de rente à toute personne qui lui apportera 100 francs, soit 20 millions pour les 500 millions. Il suffit donc dès lors de demander environ 0,55 cent. d'impôt par habitant, tandis qu'il faudrait demander 13 francs, ce qui serait écrasant pour la population. Il est vrai que l'on devra payer indéfiniment ces 0,55 cent., mais peu importe, d'autant plus que tout le monde profitera du travail exécuté avec les 500 millions, et on tirera bien, bon an mal an, les 55 cent. d'impôt demandés.

C'est ainsi que, grâce à l'emprunt, la France a pu, sans se ruiner, solder les frais de la malheureuse guerre de 1870... S'il avait fallu demander à l'impôt les sept milliards exigés, chaque famille française, en supposant qu'il y en ait 10 millions en France, aurait été obligée de donner en moyenne 700 fr. Quelques-unes auraient donc dû donner des sommes énormes. C'était la ruine pour beaucoup, tandis que par l'emprunt chaque famille ne paie guère en moyenne par an que 35 fr. ou 10 fr. par tête.

Notons que l'Etat ne doit jamais employer l'argent de l'emprunt pour payer les dépenses courantes, car s'il est juste de laisser aux générations futures la charge de dépenses dont elles jouiront, il ne serait pas juste de leur laisser la charge des dépenses dont elles ne jouiront pas... Il en est au reste de l'Etat comme des négociants. Un négociant peut fort bien emprunter de l'argent pour faire son commerce, parce que les bénéfices de ce commerce lui permettront de payer les intérêts de cet argent, et même de le rembourser peu à peu, mais il n'a pas le droit d'en emprunter, pour ses frais de ménage, parce que l'argent employé au ménage étant une pure dépense qui ne laisse rien après elle, il ne pourrait jamais la rendre.

Depuis le commencement du siècle, tous les Etats Européens ont largement usé de l'emprunt, et c'est par milliards qu'il faut compter les intérêts qu'ils ont à payer chaque année. Nous verrons plus tard s'ils ont bien ou mal fait ; qu'il nous suffise pour le moment de constater que la France doit payer pour son compte.

Rentes perpétuelles consolidées........................	789.000.000
Rentes à termes ou annuités........................	172.000.000
Subventions, Rachats, Canaux, Chemins de fer, etc....	93.000.000
Intérêts de la dette flottante........................	20.000.000
Soit................	1.055.000.000

On peut mettre au même rang les dépenses suivantes, puisque ce sont également : soit des rentes, soit des dépenses obligées.

Pensions militaires..................................	92.400.000
Pensions de la marine.............................	27.100.000
Pensions civiles	60.300.000
Légion d'honneur	10.200.000
Rentes viagères diverses	21.500.000
Pouvoirs publics : Présidence et Chambres...........	13.500.000
Report do ci-dessus........	1.055.000.000
Soit en tout................	1.280.000.000

Si nous ajoutons ces 1,280 millions aux 1,300 millions
ci-dessus, nous avons la somme do 2,580,000,000, à
laquelle il convient d'ajouter encore environ 950 millions
pour les dépenses communales ou départementales ne faisant pas double emploi avec celles qui sont déjà indiquées
dans les budgets des ministères, et nous arrivons ainsi à
reconnaître qu'il faut que notre Ministre des finances et
nos Receveurs des départements et communes trouvent
chaque année au moins 3,530,000,000 pour couvrir les
dépenses de la France entière. Hâtons-nous de dire que
cette somme est loin d'être demandée tout entière à
l'impôt, car l'Etat a des revenus réels, que l'on confond
trop souvent avec l'impôt.

LVI. — De la répartition de l'impôt, ou de la part que doit payer chaque habitant d'un pays.

Le chiffre des dépenses du gouvernement nous étant
connu, il nous reste à chercher quelle somme devra payer
chaque citoyen, et surtout *quand* et comment on la lui fera
payer.

D'abord, il est évident que tous les citoyens ne peuvent pas payer la même somme. Si tous les hommes sont égaux par nature, ils sont loin de l'être en intelligence, en science et surtout en force et qualités morales.

Mais comme il est toujours très difficile si ce n'est même impossible de juger un homme, de savoir quel revenu il a, quel bénéfice il fait, ce qu'il peut ou ne peut pas ; on a eu l'idée *d'imposer* non pas les personnes, mais les *choses* qu'elles possèdent, qu'elles consomment ou dont elles usent, jugeant avec raison que ces *choses sont exactement proportionnelles* à la capacité, à la puissance de travail, ou à la fortune des citoyens, et que c'est évidemment le meilleur moyen pour que chacun paye *en proportion* de ce qu'il est, et également aussi *en proportion* des avantages qu'il retire de l'Etat, car un homme use d'autant plus de la sécurité publique, de l'organisation sociale, qu'il possède plus de choses.

Les *choses* possédées sont d'abord la terre, ensuite les maisons et enfin les magasins, les usines, les ateliers, les lieux de consommation ou de plaisir, comme les hôtels, les cafés, etc.....

Pour faire payer les terres proportionnellement à leur étendue et à leur valeur, on a dressé une carte très détaillée de toutes les propriétés. Cette carte immense se nomme LE CADASTRE. On y trouve indiquées, avec leur délimitation très exacte, les plus petites parcelles de terrain possédé. — En France, la surface *imposable* a été trouvée de 49,285,000 hectares non bâtis et taxée à 250 millions, compris le centimes additionnels des départements et des communes. Il serait assez difficile de dire dans quelle proportion cet impôt se trouve avec le revenu réel des terres ; car par le fait des améliorations apportées à certaines propriétés, et de la décadence de certaines autres, cette proportion varie indéfiniment. Dans certaines communes il est de 2 °/₀ du revenu brut, dans d'autres de 10, ce qui est beaucoup trop. On parle très souvent de *l'égalisation* ou *péréquation* de l'impôt foncier ; mais comme il serait fort difficile de faire accepter les augmentations, que d'un autre côté il faudrait y dépenser des millions, on recule devant elle depuis de longues années. (1)

Les propriétés bâties sont imposées pour 123 millions, auxquels il faut ajouter 78 millions demandés sur les portes et fenêtres, soit environ 1 fr. 50 en moyenne par ouverture. Une porte-cochère paie de 30 à 40 fr.

On a également imposé les personnes selon leur position présumée, ce qui rend environ 132 millions.

Il a semblé de plus que celui qui héritait d'une propriété ou l'achetait, consentirait facilement à payer une espèce de droit d'entrée en possession proportionnelle à la valeur de cette propriété. Ce droit qui était d'abord de 4 à 5 °/₀ l'est maintenant de 10 pour les achats, et varie entre 2 et 10 ou 12 pour les héritages, selon le degré de parenté. On impose également les emprunts sur les propriétés : ces diverses taxes rendent près de 560 millions.

---

(1) Dans un examen du Budget de 1878 présenté à la Société d'Ec. politique de Lyon, M. A. GARRAUD, *professeur agrégé à la Faculté de droit*, fait ressortir toutes les difficultés de cette révision générale du cadastre. Pour en donner une idée, il suffit de remarquer que le Ministre des finances en évaluait la dépense à 250.000.000, d'autres disent que 800 millions ne suffiraient pas. Avis à ceux qui parlent légèrement de réformes dans les finances.

Dans ces derniers temps, on a mis un impôt de 3 % sur les revenus des obligations et autres valeurs mobilières ; on obtient par ce moyen près de 50 millions.

Les commerçants sont imposés selon la grandeur de leur magasin, l'importance de leur commerce, les industriels selon le nombre de leurs machines, métiers ou ouvriers... cet impôt sous le nom de *patentes* rend environ 174 millions ; l'impôt de 20 % sur les places de voyageurs en chemins de fer et sur autres transports rend 90 millions.

Mais il fallait trouver le moyen d'obtenir des sommes encore plus considérables, sans que les citoyens en fussent trop lésés, sans qu'ils s'en aperçussent, en quelque sorte... on a donc eu l'idée de faire payer un droit sur chaque feuille de papier employée pour les actes de vente et d'immeubles, pour les contrats, les conventions, les promesses, etc... c'est ce qu'on appelle le TIMBRE. Le timbre rend 100 millions. Un des plus anciens impôts est celui mis sur les marchandises étrangères à leur entrée en France. C'est un impôt que tous les peuples se sont généralement empressé d'appliquer parce qu'il semble ne rien coûter, puisqu'il est payé par les étrangers et que, de plus, il a l'avantage de protéger l'industrie nationale (question que nous aurons plus tard à traiter). En France, les douanes, y compris les droits sur les sucres, rendent environ 340 millions.

Cependant, tous ces impôts ne suffiraient pas encore ; on a donc peu à peu fini par faire payer tout ce qui se consomme : les alcools, les vins, la bière, les sucres, le café ; ensuite le papier, les huiles, les bougies, les chevaux, les voitures, les chiens eux-mêmes ; à la porte des villes on fait payer la viande, le charbon, les matériaux de construction. Ces divers impôts produisent plus de 600 millions, sans parler de 400 millions que les villes ou communes perçoivent dans leurs OCTROIS pour leur compte.

Nous discuterons plus tard ces divers modes d'impôts et verrons si l'on pourrait faire mieux. Pour le moment, détaillons et récapitulons ces recettes comme nous l'avons fait pour les dépenses.

Impôts perçus par le Ministère des Finances.

Contribution foncière, propriétés non bâties (principal et centimes additionnels)	248.400.000
Contribution foncière, propriétés bâties	123.300.000
Contribution personnelle mobilière	132.800.000
Contribution des portes et fenêtres...................	78.000.000
Contribution des patentes...........................	174.700.000
Taxe de 1er avertissement	1.000.000
Taxe des biens de main morte	6.200.000
Redevances des mines, poids et mesures, etc.........	7.600.000
Chevaux, voitures, cercles, billards..................	13.600.000
Contribution de l'Algérie............................	8.600.000
Impôt 3 °/₀ sur les valeurs mobilières...............	47.900.000
Enregistrement des ventes, héritages, actes	823.600.000
Timbre..	160.100.000
Douanes et sels.....................................	351.600.000
Alcools, vins, bières, cidres, licences...............	443.600.000
Droits sur le papier.................................	14.000.000
Droits de 20 °/₀ sur les transports à grande vitesse.....	86.600.000
Divers... huiles, stéarines..........................	46.000.000
Allumettes..	17.000.000
Sucres..	171.200.000
	2.030.400.000
Impôts et droits particuliers perçus par les départements et les communes (1).....................	450.000.000
	3.100.400.000

(1) Cette somme de 450 millions est seulement approximative ; car de l'aveu du rapport à l'*Officiel* ; il est presque impossible d'établir une exacte *séparation* entre les Budgets des communes, ceux des départements et celui de l'état.

Trois milliards et cent millions sont donc la somme demandée chaque année aux habitants de la France sous forme d'impôts de toute nature. — Ajoutons à cette somme 325 millions de bénéfices réalisés sur la vente des tabacs, 30 millions sur le service des Postes et Télégraphes, 75 millions provenant des forêts, de la vente de terrains, d'autres bénéfices et nous obtenons ainsi la somme nécessaire pour couvrir toutes les dépenses publiques, soit environ 3,530,000,000.

LVII. — Qu'il s'agit de savoir si l'on pourrait diminuer les impôts actuels.

D'après cet état des dépenses et des recettes du gouvernement, nous voyons donc que chaque habitant de la France paie environ 82 fr. d'impôt par an, somme bien inférieure à celle généralement indiquée. Cela vient de ce que l'on ne fait pas assez attention qu'il figure dans les budgets d'abord au moins 430 millions qui sont des *revenus* et non des impôts, et enfin près d'un milliard pour le bon *ordre des écritures*, c'est-à-dire porté plusieurs fois en recette et dépense; comme, par exemple, les 84 millions qui figurent en dépenses de l'Instruction primaire, au ministère de l'Instruction publique et figurent de nouveau en détail dans les budgets des communes ; les centimes additionnels sur l'impôt foncier, soit 130 millions, qui sont tout entiers remis aux départements et communes et figurent à nouveau dans leurs budgets; la part de 25 % environ remise aux départements et communes sur les contributions directes,

comme nous pouvons le voir indiqué à gauche de la
feuille d'Avertissement qui nous est remise chaque année, etc...

Mais c'est encore trop, dira-t-on, d'autant plus que les
enfants et les femmes, ne payant généralement pas, un
père de famille doit payer un grand nombre de fois ces
82 fr. C'est vrai en un sens, car lorsqu'il s'agit de donner
son argent, c'est toujours trop. Si chaque Français pouvait
obtenir pour 50 fr. ce qu'il obtient pour 80 fr. tout serait
au mieux, seulement il faut savoir si cela est possible, et si
l'on a raison de tant se plaindre.

Nous étudierons donc nous-mêmes cette question à l'aide
des connaissances que nous avons acquises, et surtout en
nous plaçant au-dessus de toute opinion préconçue, et au
seul point de vue de l'intérêt bien entendu de tous, aussi
bien des riches que des pauvres et des pauvres que des riches, et ce n'est certes pas là une étude inutile : car l'inquiétude et l'espèce de mauvaise humeur répandue dans
le pays par les plaintes sur le gouvernement contribuent,
plus qu'on ne le croit, à arrêter l'entrain nécessaire à la
marche de l'industrie, du commerce et même de l'agriculture. C'est qu'en effet toute inquiétude se traduit forcément par une diminution dans les achats, non pas, sans
doute, dans les achats des choses nécessaires, mais du superflu. Or, c'est précisément l'achat du *superflu* de toute
nature, qui seul peut répandre le travail et la vie sur ce
nombre plus ou moins grand de négociants, d'employés,
d'ouvriers qui, formant comme l'arrière-garde sociale, ne
trouvent du travail qu'après tous les autres, et n'en ont
par conséquent plus, dès que le ralentissement des affaires

supprime la moindre quantité, quantité peu considérable en réalité, et dont l'absence suffit cependant pour créer ce que nous appelons des crises, et amener souvent de grands désordres à la suite de grandes souffrances. Le superflu des uns est le nécessaire des autres, a-t-il été fort bien dit.

Cherchons donc si l'on pourrait, sans inconvénient, diminuer les dépenses de l'Etat dans une proportion suffisante pour apporter un soulagement sensible aux contribuables. Nous disons dans une proportion *suffisante*, car il est bien clair, que si l'on voulait épiloguer, sur une telle multitude de dépenses de toute nature, on en trouverait à critiquer, et à réduire, etc. La perfection n'est pas de ce monde, et il est impossible que sur des centaines de mille fonctionnaires, il n'y en ait pas quelques-uns de trop, que sur tant de travaux il n'y en ait pas quelques-uns d'une utilité douteuse. Mais que seraient de telles réductions ? Elles déchargeraient les contribuables tout au plus de quelques centimes. Ce ne sont donc pas ces réductions insignifiantes que nous avons à rechercher.

Pour faire des économies sérieuses, il faudrait donc s'attaquer aux plus grosses dépenses de l'Etat, d'abord à celles de la guerre ; car il est effrayant de penser que l'Armée et la Marine coûtent à elles seules plus de 800 millions ; sans parler de plus de 100 millions d'intérêts annuels dont elles ont chargé le budget par les emprunts, qui ont servi à reconstituer notre armement et à ces 900 millions il conviendrait encore d'ajouter les sommes incalculables de produits que perd le pays par suite de l'inaction à laquelle sont condamnés les 400 ou 500,000 hommes sous les armes.

Il est incontestable, que la suppression de ces immenses

armées permanentes est à désirer sous tous les rapports. Non seulement, elles épuisent un pays, en lui imposant la nourriture et l'entretien d'une multitude d'hommes valides forts et jeunes, transformés en êtres aussi improductifs que les enfants ou les infirmes ; mais encore en entravant les carrières, en retardant les mariages, en diminuant leur nombre et en restreignant par conséquent dans une large mesure les naissances, comme on le constate douloureusement depuis tant d'années ; et il conviendrait d'ajouter encore à ces malheurs, la corruption des habitudes et des mœurs, qu'entraîne presque forcément la vie hors de la famille, imposée plusieurs années à l'élite du pays.

On pourrait écrire un livre sur les malheurs et les inconvénients qui découlent de notre état militaire actuel. Et cependant les meilleurs esprits n'osent y toucher, on craindrait tant de se mettre dans une position inférieure à celle des autres puissances ! Quelles que soient les espérances qu'on puisse nourrir en ce sens pour l'avenir, il est certain que pour le moment, on ne peut attendre une diminution de dépenses de ce côté-là. Personne n'oserait en prendre la responsabilité.

Pourrait-on diminuer les travaux publics, délaisser nos routes, nos fleuves ou nos canaux, suspendre l' construction des chemins de fer? C'est impossible ; car dès que la circulation deviendrait moins facile, les produits se vendraient moins facilement, et les populations ne tarderaient pas à demander la reprise des travaux. « Ah ! diraient-elles, réparez cette route, entretenez ce canal, achevez ce chemin de fer, et si vous le voulez, demandez-nous quelques centimes additionnels de plus sur nos impositions. »

La preuve de ceci se trouve dans l'empressement avec lequel les communes réclament aujourd'hui le passage des chemins de fer sur leur territoire, offrant de contribuer à leur établissement par des sommes élevées qu'elles empruntent. C'est qu'elles savent bien qu'elles regagneront cent fois par la facilité des transports et sur la vente de leurs produits les quelques mille francs qu'elles paieront chaque année pour les intérêts de l'emprunt qu'elles auront fait. Que sont, en effet, les 15 ou 20 francs que paiera de plus chaque propriétaire ou fermier, en comparaison des économies et des bénéfices qu'il réalisera ?

A chaque instant, l'*Officiel* enregistre les subventions que les Conseils départementaux, les Chambres de commerce elles-mêmes, s'engagent à payer pour obtenir un canal, l'amélioration d'un port, un pont important, une gare de chemin de fer, etc...

Si l'on ne peut économiser ni sur l'armée, ni sur les travaux publics, le pourra-t-on sur les 179 millions consacrés au paiement des pensions dues aux anciens militaires et fonctionnaires ? Nous savons tous combien sont minimes ces pensions, à peine suffisent-elles à la plus modeste existence ; d'ailleurs, il ne faut pas oublier qu'elles sont le fruit de retenues opérées sur les traitements de tous les employés de l'Etat. On ne pourrait donc les diminuer sans violer toutes les lois de la justice.

Il en est de même des onze cents millions qui servent à payer les intérêts des emprunts publics, pour deux raisons : d'abord, comment refuser de payer l'intérêt de leur argent à des gens qui l'ont librement prêté, sur une promesse solennelle ? Ce serait une suprême injustice, un véritable vol.

De plus, en ne payant pas ces intérêts, on ferait à l'Etat lui-même un tort presque irréparable, car on détruirait son crédit, de sorte qu'il ne trouverait plus à emprunter lorsqu'il aurait besoin d'argent, ou il ne le trouverait à emprunter qu'à un taux très élevé et usuraire.

Peut-être pourrait-on dépenser moins pour l'instruction publique et l'abandonner davantage à l'initiative des particuliers. C'est une question à discuter, et une appréciation de plus ou moins, car il serait difficile de soutenir que l'Etat doit complètement se désintéresser de tout ce qui touche à l'enseignement à ses divers degrés. On se demande si ce ne serait pas exposer les lettres, les sciences et même les arts à un rapide et profond abaissement.

Nous sommes habitués, depuis de si longs siècles, à recevoir l'impulsion de l'autorité supérieure, qu'il serait bien à craindre que nous restions en arrière, du moment où cette impulsion manquerait.

Sans vouloir juger une question roulant sur des appréciations si abstraites et si délicates, qu'elles sont toujours contestables, et en faisant bien entendu toutes les réserves possibles sur les tendances actuelles de l'enseignement public, il ne nous semble pas que l'on puisse, par exemple, réduire de moitié le budget de l'instruction publique, sans crainte d'arrêter un mouvement où tout n'est pas à blâmer.

Il en est bien qui disent qu'on pourrait rayer du budget les 45 ou 50 millions du ministère des cultes.

Mais c'est oublier que ces 50 millions ne sont pas un don de la part du gouvernement, mais une véritable restitution. En effet, à la révolution de 89, l'Etat s'étant violemment emparé des biens appartenant à l'Eglise, le Pape consentit à ne pas les lui réclamer, à la condition qu'il subviendrait aux frais du culte catholique : et l'on peut dire que les 50 millions ne représentent pas le quart des revenus enlevés à l'Eglise en 89.

La justice la plus élémentaire ne permet donc pas de supprimer le budget du ministère des cultes. D'ailleurs jusqu'à présent, il n'est pas un pays au monde où le gouvernement se désintéresse complètement de la religion. Les églises, les cathédrales, les grands établissements de charité ont toujours été considérés comme des choses intéressant l'Etat, ou comme en faisant partie essentielle ; car, nous l'avons dit plus haut, l'on ne comprend pas un peuple sans religion.

Reconnaissons-le donc, nulle économie importante ne peut être faite sur les ministères dont nous venons de parcourir les budgets. Quant à celles qui pourraient être faites sur les autres ministères, elles seraient insignifiantes et entraîneraient également avec elles des conséquences si fâcheuses, que tout le monde s'accorderait pour les rétablir le plus promptement possible, comme cela est toujours arrivé lorsqu'on a voulu économiser.

Ce que nous venons de dire pour les dépenses de l'Etat s'applique exactement à celles des villes ou communes. Si l'on peut parfois y trouver à blâmer quelques dépenses inutiles, on ne saurait trop admirer les avantages dont on y jouit : une sécurité parfaite ; une femme, un enfant peuvent les parcourir impunément de jour et même de nuit ; de merveilleux moyens de circulation, de magnifiques promenades ornées de fleurs, arrosées, éclairées ; des marchés où l'on trouve, chaque jour, tout ce qui est nécessaire à notre alimentation. Aussi, quel est celui qui, afin de diminuer,

par exemple, notre budget de la ville de Lyon de 5 ou 6
millions, voudrait revenir à l'état de choses qui subsistait
avant les grands travaux qui ont endetté la ville? Qui voudrait revoir nos anciennes rues étroites, sans trottoirs, sans
égouts, mal pavées, mal éclairées, ou même pas éclairées
du tout; ces quais qui n'empêchaient pas le Rhône et la
Saône d'envahir périodiquement les rues et les maisons;
ces ponts étroits dont il fallait payer le passage; qui aurait
osé, à la même époque, sortir seul pendant la nuit, et
surtout parcourir certaines rues?

En étudiant ce que coûte à chaque citoyen les choses dont
il profite, on voit qu'en résumé les impôts de la ville, ne
sont guère que comme ces sous de poche, que l'on dépense
sans compter.

Nous verrions, par exemple, que nos promenades, parcs,
squares coûtent à peine 10 centimes par mois à chaque citoyen, qu'il en est de même de l'éclairage, des eaux, de
l'entretien des rues. On n'admire généralement pas assez
les merveilleux résultats qui découlent de la vie commune
ou sociale. Les moindres sacrifices individuels arrivent à
produire des avantages considérables, et si l'on voulait entrer dans quelques détails, on pourrait, pour telle ou
telle ville, indiquer une foule de travaux qui seraient
d'une grande utilité, fourniraient du travail aux ouvriers et
rapporteraient cent pour un aux habitants, si les municipa-
lités n'étaient pas, à tort, arrêtées par la vaine crainte de
mettre les légers impôts, qu'exigeraient les intérêts annuels
des emprunts nécessaires pour exécuter ces travaux.

LVIII. — De la répartition des impôts.

Les impôts ne pouvant être diminués sans un grand préjudice pour le pays, il s'agit de savoir si l'on ne pourrait pas les répartir plus équitablement, les faire porter sur les objets de luxe, sur les riches, et non sur les objets de première nécessité, et par conséquent sur les pauvres ou sur les ouvriers.

Ainsi, par exemple, ne pourrait-on pas augmenter les impôts sur les maisons, sur les portes et fenêtres, sur les propriétés, augmenter les patentes des grands négociants ou industriels, etc..., en résumé prendre où il y a, comme on dit ?

En apparence, rien de plus naturel, rien de plus simple : les impôts sur les maisons se montent à 10 %, portons-les à 20 %. C'est bien ; seulement, comme avec 10 % d'impositions les maisons ne rendent généralement que de 4 à 5 % au plus, il est bien clair que les locations augmenteront immédiatement de 10 %, autrement personne ne voudra plus employer ses économies ou capitaux à bâtir des maisons ; car enfin il faut bien que mes économies me rendent quelque chose, sans cela je ne me donnerais pas la peine d'en faire. Or, si les locations augmentent dans la proportion de l'abaissement des impôts sur les denrées, rien n'est changé, peu m'importe de payer 10 centimes sur mon vin ou sur ma chambre, c'est la même chose pour ma bourse.

Quant aux propriétés territoriales, elles ne rendent guère que 2 à 2 1/2 au propriétaire et ne laissent pas beaucoup

11

plus que sa nourriture au fermier. Augmentons l'impôt et nous verrons immédiatement monter les denrées, et si l'on voulait fixer les prix de vente, le cultivateur abandonnerait le sol, car nul ne veut travailler pour rien. Peut-on mettre des impôts plus forts sur les objets de luxe, sur les vins fins, les voitures? etc... Mais il suffit de jeter un coup d'œil sur le budget pour se convaincre que les impôts sur les objets de luxe ne rendent presque rien, par la raison bien simple que les riches sont très peu nombreux, que les consommations de luxe ne sont rien en comparaison des consommations ordinaires. D'ailleurs, si l'on taxe outre mesure les objets de luxe, on en arrête immédiatement la consommation. Ce qui enlève le travail aux ouvriers.

Quelques chiffres nous donneront une idée du petit nombre des riches en comparaison de ceux qui n'ont rien ou presque rien, sans compter même que beaucoup parmi ceux qu'on appelle riches, n'ont que des propriétés ou des commerces tellement grevés de dettes, que par le fait ils ne possèdent rien, et ne se tiennent dans leur position, *riche en apparence*, que par des prodiges d'activité et de travail, et finissent souvent par succomber et rentrer dans la classe des pauvres.

En France, il y a 2,435,000 propriétés de 5 à 10 hectares, tandis qu'il n'y en a que 636,300 de 10 à 40 hectares, et seulement 154,160 de 40 hectares et au-dessus.

A Paris il y a 435,000 loyers au-dessous de 300 fr. — 84,000 au-dessous de 500 — 68,000 au-dessous de 750. — Tandis qu'il n'y en a que 12,000 au-dessus de 6,000, et 1,800 au-dessus de 20,000 fr., et encore dans ces loyers élevés faut-il compter les magasins. Or tout le monde sait qu'un magasin est simplement un instrument de travail, et n'est pas le moins du monde une preuve de fortune. Notons de plus qu'en France la propriété est grevée de 15 milliards d'hypothèques, d'où il ressort que les propriétaires de ces biens, sont obligés de payer plus de 750 millions par an sur leurs revenus, de sorte qu'en réalité ils ne sont pas *propriétaires* de cette part, valant 15 milliards.

Si, par hasard, on arrivait à opérer les réformes que beaucoup demandent, quels désordres et quels malheurs n'en résulterait-il pas... et comme on verrait vite les ouvriers sans travail, les petits marchands sans acheteurs, tourmenter le gouvernement pour rétablir les choses en l'état où elles étaient avant la réforme. « Ah! diraient-ils, rendez-nous les beaux meubles sculptés, les belles voitures, les peintures de salon, etc... grâce auxquelles nous avions des journées de 5, 6, 7 fr., et faites-nous payer 5 cent. de plus sur le litre de vin que nous buvons, ou 10 cent. sur la benne de charbon que nous brûlons... »

LIX. — Que l'impôt est forcément proportionnel à la consommation de chacun.

Il faut en prendre son parti, l'impôt, pour chaque citoyen, sera toujours *nécessairement proportionnel à ce qu'il consomme*, et notons bien le mot, à ce qu'il *consomme* et non pas à ce qu'il *possède.*

Le riche avare, qui n'a qu'une modeste chambre pour logement et dépense 2 francs pour sa nourriture, ne payera jamais, en aucun cas, l'impôt que sur cette chambre et sur ces deux francs... et il est impossible de lui en faire payer davantage, car l'impôt sur le revenu de ses terres, de ses vignobles ou de ses maisons est *nécessairement payé* par *celui* qui en consomme les produits.

En effet, qu'est-ce qui règle le prix de vente des choses, c'est leur prix de revient; or l'impôt, entre tout naturellement dans le prix de revient, comme y entre le salaire des ouvriers ou employés. J'ai une terre de 100,000 francs, j'en tire 10,000 de blé ou autres denrées; j'ai à payer 6,000 fr. aux ouvriers qui m'ont aidé à la travailler, et 1,000 fr. d'impôt; tout compte fait, il ne me reste que 3,000 fr., c'est-à-dire 3 % de mon capital. Il est clair que si l'on me fait payer 20 % d'impositions au lieu de 10, c'est-à-dire 2,000 fr., je serai obligé de vendre mes denrées plus cher, car je ne pourrais me contenter de 2 % de mon capital. Autant vaudrait ne rien avoir; pas n'était peine de tant économiser.

Il en est de même pour les produits industriels, pour nos vêtements, nos ustensiles, etc... Augmentons les impôts de celui qui les produit, ces objets augmenteront immédiatement de prix. Ce ne sera donc pas *l'industriel* qui paiera l'augmentation d'impôt, mais ceux qui achèteront ses produits.

Peu importe dès lors la personne ou l'objet sur lequel est mis l'impôt, et l'on aura beau faire, il en sera toujours ainsi et il ne peut pas en être autrement; c'est ce qu'oublient trop les réformateurs, qui fatiguent sans cesse le pays de leurs projets, font naître des espérances qu'ils ne peuvent satisfaire, et suscitent ainsi des haines dangereuses et coupables. Ils devraient bien savoir que, sauf exception, sauf en certaines circonstances, le besoin de vendre, et le désir d'attirer l'acheteur, poussent assez le marchand à *réduire autant que possible* son bénéfice, à *n'en garder* que ce qu'il lui faut pour vivre, pour parer à ses chances de pertes, pour faire honneur à ses affaires; et quelle innombrable quantité de négociants font de fort mauvaises affaires, comme le prouve la statistique des Tribunaux de commerce! On serait effrayé et l'on abandonnerait bien des illusions, si l'on savait combien il est de négociants, petits ou grands, qui travaillent toute leur vie, sans autre résultat que d'avoir, au prix de mille soucis, gagné leur pain de chaque jour, élevé tant bien que mal une famille, et satisfait à la grande loi du travail.

Cependant, malgré leur insuccès, ces hommes ne doivent pas être sacrifiés ; ils rendent de très grands services à la société, tout aussi grands que s'ils faisaient fortune, car ils nourrissent un bon nombre d'employés et d'ouvriers, qui trouvent leur pain chez eux, tout aussi bien que dans une maison prospère. Mais il est évident que, si vous chargez leur patente ou leur impôt mobilier, cette augmentation les obligera à augmenter le prix de leurs marchandises, et, dès lors, elle tombera sur le consommateur quel qu'il soit ; et ce que nous disons là s'applique à toutes les entreprises possibles, aux chemins de fer, aux grandes usines... taxez leurs valeurs, leurs produits augmenteront forcément...

Encore une fois, il ne peut en être autrement.

En ces derniers temps, il a été proposé plusieurs fois de remplacer les impôts de consommation par un impôt sur les revenus, et, en lisant ces propositions, l'on est frappé de voir qu'à la suite de longues recherches, les auteurs de ces projets n'ont pas cru pouvoir imposer les *revenus* de plus de 140 millions, même en taxant les revenus des petits employés, ce qui est odieux. Or qu'est-ce que 140 millions pour compenser les impôts que l'on voudrait supprimer, et à quelles enquêtes pénibles et souvent tyranniques, ne seraient pas exposés les citoyens. Qu'y a-t-il de plus variable, de plus incertain que les revenus ? Un négociant a gagné de l'argent pendant trois années, il en perd la quatrième et la cinquième, faudra-t-il qu'il l'avoue... mais c'est tuer son crédit... En vain promettrait-on le secret ?... Il est impossible... Les revenus des valeurs industrielles, n'ont eux-mêmes rien de fixe. Chaque jour nous voyons de nombreuses familles presque ruinées, par la décadence de certains établissements, sur lesquels on croyait pouvoir à jamais compter.

Au reste, quel travail qu'un tel remaniement de nos impôts. Ceux qui le demandent ne savent-ils donc pas « qu'en France il y a 1,600,000 patentables, plusieurs millions de fermiers et agriculteurs, des millions d'employés, de fonctionnaires, d'artistes, d'avocats... Comment taxer ces multitudes, apprécier leurs revenus, contrôler les déclarations. Dans les pays où l'impôt sur le revenu est établi, les rapports des agents du fisc s'accordent tous pour en reconnaître les abus, les impossibilités, les vexations... nos impôts sont donc cent fois préférables (1).

Pourquoi donc toujours trouver mal ce qui est ? Pourquoi laisser le certain pour courir après l'incertain, troubler les affaires par des craintes fondées, et faire le malheur de

_____

(1) M. MATHIEU-BODET, ancien ministre des finances. *Journal des Économistes*, mai 1880.

ceux-là mêmes pour lesquels on semble réclamer les réformes.

Comme le dit M. René Garraud, que nous avons déjà cité
plus haut : s'il devenait indispensable d'augmenter les impôts, il vaudrait bien mieux développer les impôts existants,
que de les remplacer par des contributions nouvelles, d'une
répartition très difficile, probablement peu productives, et
ce n'est après tout qu'une affaire de mots, de noms, car la
taxe mobilière est en résumé un véritable impôt sur le
revenu.

Quant aux *octrois*, on trouve trop élevés leurs frais et
très pénibles leurs perquisitions... mais n'en est-il pas
ainsi un peu de tous les impôts? Quoi de plus triste que ces
innombrables douaniers qui veillent, jour et nuit, sur la ligne
immense de nos frontières et de nos côtes maritimes ? Que
ces patentes qu'il faut aller réclamer à ce malheureux
petit marchand, qui souvent n'a pas de quoi payer le billet
souscrit par lui pour la fin du mois? Que cet impôt foncier qu'il faut réclamer à ce cultivateur, qui n'a fait qu'une
demi-récolte ou possède encore ses blés dans son gre-
nier, etc...? Il est toujours dur de payer et encore plus
dur de faire payer.

On oublie que l'octroi a ce grand avantage, de percevoir
l'impôt peu à peu sans qu'on s'en aperçoive, parce qu'il
est presque toujours réuni au prix de la marchandise, et
demande, au moment où l'on a envie ou besoin d'avoir
l'objet imposé, au moment où l'on a, pour ainsi dire, dans
la main de l'argent destiné à être dépensé.

Demandons directement à un vigneron les 700 fr. de droit
que devront payer les 50 hectolitres qui forment sa récolte,

nous le mettons dans le plus grand des embarras ; car, après tout, tant que le vin est dans sa cave, il n'est qu'une valeur *morte*, qui n'est rien pour lui... Tandis qu'au contraire, dès que son vin est vendu, peu lui importe de payer en passant, à l'Octroi, 12 ou 15 francs par hecto-tre, puisque l'instant d'après son acheteur les lui rendra.

LX. — Des Emprunts de l'Etat ou des Rentes.

Mais venons aux Emprunts qui chargent le budget de plus d'un milliard. Beaucoup s'en plaignent encore plus que des impôts et vont prophétisant sans cesse la ruine et même la banqueroute de l'Etat. « On n'a pas le droit, disent-ils, de laisser des dettes à ses descendants. »

Cela serait vrai, si on ne leur *laissait* pas en même temps des valeurs ou travaux considérables, qui leur per-mettent de payer facilement ces dettes, et qui font même qu'ils sont bien plus riches que s'ils n'avaient pas ces dettes. Ceux qui se plaignent des Emprunts, raisonnent exactement comme le jeune homme inexpérimenté, qui, héritant du commerce paternel, se plaindrait des centaines de mille francs que ce commerce doit à des prêteurs ou com-manditaires, ne réfléchissant pas que, grâce à ces capi-taux empruntés, il peut gagner deux ou trois fois les *intérêts* qu'ils coûtent.

Il nous semble même que, si l'on pouvait établir un *in-ventaire* des propriétés de l'Etat, on trouverait qu'il pos-sède un capital réel et productif bien supérieur à tout ce

qu'il doit ; et si nous portions à son compte les chemins de
fer qui lui reviendront à peu près dans 60 ou 65 ans, en
vertu de leur acte de concession, nous serions forcés de
convenir que sa situation ne doit donner aucune inquiétude, puisque les revenus de ces chemins suffiraient à
eux seuls pour éteindre la dette publique. Aussi la banqueroute de l'Etat n'est-elle nullement à craindre, *tant qu'il*
ne tombera pas sous la main de malheureux qui, se faisant
un jeu de toute honnêteté, croiront enrichir les pauvres en
ne payant plus les dettes de l'Etat, tandis qu'au contraire,
ils ne feront que les appauvrir davantage, puisqu'ils arrê-
teront les affaires, et par conséquent ces ventes, ces achats,
ces échanges, par *lesquels seuls*, les choses nécessaires à
la vie, peuvent *arriver* chaque jour à chacun, même aux
riches. Au lieu de faire de *l'égalité* dans le *bien-être*, ces
insensés auront fait de *l'égalité* dans la *pauvreté.*

Est-ce à dire pour cela, que tout est pour le mieux, dans
la gestion de nos finances ? Non sans doute. Ainsi, par
exemple, nous croyons, avec M. Leroy de Beaulieu, qu'il
est grandement à regretter que les caisses d'épargne, fondées
seulement pour faciliter les petites économies, en soient
arrivées à être de véritables banques de placement, qui
soutirent ou *drainent* une foule de capitaux qui iraient
très utilement féconder mille petites industries ou commerces de second ordre, et que l'on ferait par conséquent
très bien de ramener les dépôts à 1,000 fr. et même de
ne recevoir à la fois que des sommes très minimes.

Selon l'observation de M. Mathieu-Bodet, pourquoi avoir
avancé l'âge de retraite des fonctionnaires, et augmenter
ainsi, dans une forte proportion, les dépenses de l'Etat,

sans parler de l'inconvénient de se priver des services
d'hommes mûris dans les affaires, et éprouvés. Quels services
précieux ne rendraient pas ces instituteurs que l'on met à
la retraite à 50 ans, juste à l'âge où ils rempliraient le
mieux une fonction dans laquelle il faut tant d'expérience,
de vertu et même d'habitude. Ces retraites prématurées
sont aussi nuisibles aux divers services qu'onéreuses au
trésor, et sont cause d'un véritable énervement dans l'administration.

Nous croyons encore que l'Etat doit laisser agir les particuliers toutes les fois que cela est possible, et que, par
exemple, pour les Ecoles, il ferait mieux de s'en tenir à
une surveillance bien organisée, que de chercher à les
absorber comme il le fait. Malheureusement, il cède souvent, en ceci, à d'autres considérations que des considérations financières.

Et cependant en se substituant ainsi de partout à l'initiative des particuliers, non seulement il multiplie outre
mesure ses dépenses, mais il s'expose encore à des plaintes
et des revendications sans fin. Pourquoi vouloir se faire
maître d'apprentissage de toutes sortes d'états, même pour
les filles, inventer mille moyens pour remplacer les mères,
on devrait bien savoir qu'on ne les remplace pas. On se
trompe bien, si l'on pense faire ainsi de bonnes ménagères.
C'est là une chose à laquelle il faut plus que des leçons,
plus que des maîtres savants, il y faut de la vertu, et ce
je ne sais quoi qui ne s'acquiert qu'au foyer domestique,
qu'auprès d'une mère. Ne nous donnons donc pas tant de
peine, ne nous engageons donc pas dans des dépenses incon-
sidérées pour faire, en résumé, une fort mauvaise besogne.

LXI. — Qu'il faut se demander si les impôts sont bien réellement une perte pour les citoyens, et savoir d'abord en quoi consiste le bien-être réel d'un pays.

Maintenant que nous avons bien compris qu'il est impossible de faire de sérieuses économies sur les dépenses de l'Etat, et que les impôts sont à peu près ce qu'ils peuvent être, nous avons à chercher si nous devons simplement regarder ces dépenses comme une nécessité malheureuse à laquelle on doit se résigner, de même qu'on se résigne à toute nécessité, ou si nous ne devons pas, au contraire, les regarder comme une *source réelle* de prospérité sociale, comme un véritable bien, *même* lorsqu'elles sont employées à des choses inutiles, à des choses de luxe, à des choses *ne rapportant rien* comme par exemple à de beaux monuments, inutiles ou faits en trop grand nombre, à des chemins de fer n'ayant que peu de trafic, etc...

Question importante qui va nous ouvrir des vues toutes nouvelles sur la marche économique des sociétés, et que nous n'abordons cependant pas sans crainte, car nous sentons que nous allons choquer bien des préjugés, bien des opinions reçues, et que nous abordons néanmoins, car après tout un livre n'est rien, s'il n'apporte pas d'idées nouvelles, s'il ne suscite pas quelques discussions...

Mais avant de nous prononcer pour ou contre cette opinion, consentons à raisonner un instant, et comme, en résumé, c'est la fortune ou l'intérêt de chacun que l'on

considère dans ces questions d'impôts, cherchons d'abord
en quoi consiste réellement la fortune d'un pays, c'est-à-
dire son bien-être, non le bien-être de quelques-uns, mais
*le bien-être général, cet état dans lequel chaque habitant
trouve à peu près le moyen de gagner, chaque jour, un
salaire en rapport avec sa position.*

Il est évident, dira-t-on, que ce bien-être dépend de la
quantité de produits, ou plutôt de la puissance des moyens
de production que possède un pays. C'est vrai, car, pour
que dans un pays chacun puisse avoir les choses nécessaires à la vie, il faut, d'abord, qu'il existe une quantité
suffisante de ces choses. Rien de plus clair, et, cependant,
ce n'est que la *moitié de la vérité.*

En effet, dans nos sociétés civilisées, où chacun ne produit
généralement qu'un seul objet, et souvent un objet qu'il ne
consomme pas lui-même, ou un objet de luxe, il arrive que
les produits *ne sont rien en eux-mêmes,* et qu'ils tirent toute
leur valeur de ce qu'ils donnent la *possibilité* d'acheter
avec eux, par l'échange, les produits nécessaires a la vie.

Ainsi par exemple, moi, cultivateur, j'ai entassé du
blé dans mes greniers, ou tisseur, j'ai tissé une robe de
soie, ou bijoutier, j'ai sculpté des boucles d'oreilles, ou
même boulanger, j'ai pétri et cuit cent pains ou brioches...
il est évident que ces produits, en eux-mêmes, ne sont rien
pour moi, et que je pourrais mener bien triste vie avec
ma femme et mes enfants auprès de mes tas de blé ou
mourir de faim à côté de ma robe de soie, ou de mes boucles d'oreilles, ou de froid ou de soif, à côté de mes pains
et brioches, s'il ne se trouve pas continuellement autour de
moi de nombreuses personnes pour me donner en échange

de ce blé, ou de ces tissus, ou de ces bijoux, ou de ces pains et brioches, les nombreux produits ou denrées qui me sont nécessaires.

Il en est de même, et à bien plus forte raison, pour ceux qui n'ont que leurs bras, ou leur talent, ou leur art, ou leur science ; car ces forces ou capacités restent inutiles et sans valeur si personne n'en a besoin, et ne consent à les échanger ou acheter avec des choses nécessaires à la vie. C'est ainsi que l'on voit fréquemment des hommes forts et valides, ou des artistes, et des savants manquant de tout.

Les riches eux-mêmes n'échappent pas à cette loi ; leurs domaines, leurs maisons, leurs actions, obligations, argent monnayé n'ont de valeur qu'autant qu'il se trouve autour d'eux des gens pour louer leurs appartements, acheter leurs denrées ou les produits des établissements dont ils possèdent les actions ou obligations, et enfin faire *valoir* par le travail leur argent ou leurs capitaux, car les capitaux restent également sans valeur, s'il ne se trouve pas des hommes intelligents pour les emprunter, et les employer dans des entreprises commerciales, industrielles ou agricoles. C'est ce qui arrive dans les pays primitifs, le riche Arabe possède de l'or, des diamants, des vêtements de prix, de nombreux troupeaux, et cependant au milieu de ces richesses, il ne vit guère mieux que le mendiant auquel il jette les débris du mouton qu'il a tué pour son repas, car il ne trouve personne autour de lui pour faire valoir son or, et lui fabriquer et vendre mille et mille objets avec lesquels il pourrait mener une vie moins différente de la nôtre.

LXII. — Que le bien-être d'un pays dépend surtout de la diffusion et de la circulation de ses produits.

Il ressort clairement de ces observations que l'abondance des produits ne suffit pas pour créer et maintenir le bien-être général dans un pays, mais qu'il faut encore que ces produits puissent être *échangés* entre ceux qui les possèdent, et surtout *arrivent* à ceux qui n'ont que leurs bras ou leurs talents.

Or cette *diffusion* ou *circulation* des produits ne s'opère que par les achats, les ventes, les échanges, les transports, les voyages, les fêtes même que suscitent les besoins, les désirs et les passions de chacun... et si une seule de ces opérations s'arrête, pour n'importe quelle raison, il en résulte immédiatement qu'il est une foule de personnes qui souffrent, parce que les produits nécessaires à l'existence ne peuvent plus leur arriver.

On peut donc dire que celui qui trouve le moyen d'exciter les achats, les échanges, les transports, etc... rend un aussi grand service que celui qui trouve le moyen de produire davantage... Ainsi par exemple, si un missionnaire ou un civilisé peut amener le serviteur inactif d'un riche Arabe, à produire, des parures, d'élégantes chaussures que son maître serait enchanté de pouvoir donner à ses filles, alors ce maître consentira facilement à donner à ce serviteur, en échange de ses chaussures nouvelles, un des vêtements qui gisent inutiles dans ses coffres... de sorte que, par le fait de l'*ini-*

tiative et du travail de ce serviteur, le maître sera plus riche, puisqu'il aura une chose agréable et *utile* pour ses filles, au lieu d'un vêtement qui lui était *inutile*, et le serviteur aura un vêtement plus propre et plus commode, qu'il n'aurait jamais pu avoir, s'il n'avait pas consenti à sortir de son oisiveté pour confectionner ces nouvelles chaussures.

Que tous les serviteurs ou clients inoccupés de notre riche Arabe en fassent autant que leur compagnon ; que les uns se fassent maçons, les autres charpentiers, menuisiers, forgerons, d'autres tisseurs, corroyeurs, etc..., et avant peu la tribu sera installée dans une ville, où l'on trouvera tous les avantages que nous trouvons dans les nôtres.

Or, quand un gouvernement demande par l'impôt à chaque citoyen une petite somme avec laquelle il exécutera tel ou tel travail, et paiera tel ou tel employé, que fait-il ? si ce n'est précisément activer le travail de tous, et développer la circulation et la diffusion des choses nécessaires à la vie, en suscitant des travaux qui probablement ne se feraient pas sans son intervention.

Nous disons donc que, loin d'être une perte, comme on le dit trop souvent, l'impôt est au contraire un heureux échange pour celui qui le paie, et qu'il lui revient intégralement et même avec bénéfice, comme va nous le prouver un exemple bien simple.

LXIII. — Que, par le travail, les impôts reviennent à ceux qui les paient.

Supposons que, dans une ville de 300,000 âmes, le trava
manque aux ouvriers, pour une raison ou pour une autre
peu importe. Le gouvernement, ému de cet état de choses
veut y porter remède, il se décide à construire une digu
qui coûtera environ 1,200,000 fr., mais où prendre ce
1,200,000 francs. Les impôts ordinaires ont tous leur em
ploi, il se décide donc à demander à chaque habitant u
impôt de 4 fr. par tête.

On ouvre les travaux, et voici qu'une foule de terrassiers
de maçons, de tailleurs de pierres, de conducteurs de tra
vaux, etc... ont de l'ouvrage, et dès lors au lieu de vivre de
quelques bons de pains du bureau de bienfaisance, de faire
des dettes de ci, de là, achètent régulièrement leur nour
riture, leurs vêtements, mille petits objets d'agrément
paient leur location, etc... mais à qui achètent-ils? à qu
paient-ils leurs loyers, si ce n'est, précisément, à ceux
qui ont payé l'impôt de 1,200,000 fr., c'est-à-dire aux
propriétaires, aux petits commerçants, aux boulangers,
aux bouchers, aux merciers, etc..., et par ces petits com
merçants aux grands commerçants, aux banquiers.

Les habitants de cette ville seront donc bien réellement
rentrés dans les 4 fr. ou 1,200,000 fr. qu'ils ont donné en
impôt; et *de plus ils possèdent une digue* qu'ils n'avaient
pas, et sont préservés des inondations. Ils ont donc fait une
excellente affaire, et si, au lieu de construire une digue,

le gouvernement avait employé ces 1,200,000 fr. à un monument de luxe, à un monument complètement inutile, si l'on veut, alors l'affaire serait certainement moins avantageuse, puisque les habitants de cette ville n'auraient acquis qu'une chose ne rendant rien, mais en résumé, ils n'auraient rien perdu en payant ces 4 fr. d'impôt, et ils auraient encore eu l'avantage d'avoir fourni du travail à des citoyens pauvres, et de posséder quelque chose d'agréable, sinon utile ou nécessaire.

Ceci semble un paradoxe, une impossibilité, une contradiction, et cependant si l'on veut se donner la peine de suivre la marche de ces 1,200,000 fr. distribués en salaires, journées, ou appointements, on ne peut s'empêcher de reconnaître, qu'ils n'ont *pu moins faire* que de retourner aux habitants qui les ont fournis, et que bien plus, ils leur sont revenus *augmentés de tout le travail exécuté par ceux qui les ont reçus en salaire.*

Merveilleuse loi économique, qui glorifie et justifie le travail à tous les degrés de l'échelle sociale, depuis celui de l'industriel courbé sur ses chiffres ou ses plans, jusqu'à celui de l'humble terrassier qui reprend chaque matin son rude labeur, soutenu par le désir de gagner le pain de sa femme et de ses enfants.

Notons que si ce remarquable phénomène est généralement peu compris, c'est que l'on s'obstine toujours à comparer la fortune d'un pays à celle d'un particulier ; tandis qu'il n'y a aucune analogie entre ces deux genres de fortune. Ce qui se dit de l'une ne peut absolument pas se dire de l'autre.

Il est bien clair, en effet, que le particulier qui dépense

12

au delà de ses revenus ou de sa puissance de travail, se
ruine nécessairement, et que bientôt il ne pourra plus payer
ses dettes... Mais il ne peut point en être ainsi d'un pays,
car l'argent que dépense un gouvernement est bien perdu
si l'on veut pour la caisse de l'Etat, mais *il n'est pas
perdu* pour les habitants du pays, comme nous l'avons vu
ci-dessus. C'est que la caisse de l'Etat n'est pas, en réalité,
la fortune des citoyens, elle n'est même pas à proprement
parler une caisse, puisqu'elle n'a pas à s'enrichir elle-même.
Elle semble être comme ces caisses de banquier, qui ne
font que faciliter la circulation de l'argent et l'échange des
produits, sans rien garder pour elles-mêmes, si ce n'est
une légère commission.

Par le fait, la caisse de l'Etat ne fait que prendre à *tous*
pour rendre à *tous*, sous une autre forme, tout ce qu'elle a
reçu. C'est, il semble, ceci qui peut expliquer comment le
le pays n'a jamais souffert, à l'époque des grands travaux
de l'empire ou même de ses guerres. En résumé, ces travaux
et ces guerres *utilisaient* les forces, *mettaient* l'argent en
circulation, tout le monde y trouvait son compte. Les économistes soutiennent généralement le contraire, mais c'est
précisément parce qu'ils comparent à tort la fortune de
l'Etat à celle d'un simple particulier. Une ville souffre de
manque de travail, qu'elle emprunte demain quelques millions pour encourager le percement d'une nouvelle rue à travers les vieux quartiers, qu'elle permette, si elle ne veut le
faire elle-même, de construire de nouveaux ponts, ou d'é-
tablir de nouveaux moyens de transport, et l'on verra
de suite reprendre le travail, et l'aisance renaître à tous les
degrés de l'échelle sociale.

Bastiat, dans un petit livre intitulé *Ce qu'on voit et ce qu'on ne voit pas*, a voulu démontrer, sous une forme humoristique, que le citoyen qui payait par exemple 50 fr. d'impôt, perdait tout ce qu'il *aurait pu faire* lui-même avec ces 50 fr. ; mais ce livre n'est qu'un vain jeu de mots, car on pourrait faire *voir* à l'auteur que le gouvernement fait avec ces 50 fr., dans *l'intérêt* et pour le service de l'imposé, beaucoup plus que l'imposé n'aurait pu faire lui-même, et surtout des choses qu'il lui est impossible de faire, et qui cependant lui profitent et lui sont même nécessaires.

Ceci étant, il est clair dès lors, qu'il n'y a pas à tant s'inquiéter des dépenses plus ou moins grandes, que fait un gouvernement, puisque ces dépenses, *même infructueuses*, ne sont pas un malheur pour le pays, car si elles ne l'enrichissent pas, elles ne le ruinent pas, et elles ont au moins cet excellent résultat, d'abord de donner à beaucoup le moyen de gagner leur vie, sans qu'il en coûte un centime à personne, et ensuite de créer dans le pays un certain mouvement, une certaine vie qui pousse les particuliers à dépenser et à faire eux-mêmes travailler.

Il semble, en vérité, que l'on peut aller jusqu'à dire qu'il faut considérer les recettes et les dépenses de l'Etat, le mouvement des capitaux qui passent dans ses caisses, ses institutions, établissements, etc... comme une partie essentielle et *réelle* du TRAVAIL NATIONAL, partie utile, importante, nécessaire, qui fait ce que les individus ne peuvent pas faire, qui suscite, féconde et rend en quelque sorte possible toutes les autres parties du *travail national*. Et l'on peut dire que tous les citoyens sont comme les associés de ce grand *travail* auquel ils concourent, comme mise de fonds, par l'impôt, et dont ils confient la gestion à cet ensemble de fonctionnaires, d'employés, d'ouvriers de toutes sortes qu'on appelle le *gouvernement*.

Soutenir une telle doctrine, dira-t-on, c'est ouvrir la porte toute grande à ceux qui prétendent que l'Etat doit tout faire, qu'il doit être le seul entrepreneur, le seul propriétaire, le seul industriel, et distribuer à chacun le travail et le bénéfice selon ses forces, ses besoins et ses capacités, c'est, en un mot, tomber dans le socialisme d'Etat.

Sans entrer ici dans une réfutation inutile et cent fois refaite du Socialisme, nous répondons tout simplement qu'en ceci comme en tout, le bien est dans la mesure, et qu'il serait tout aussi absurde de ne rien confier à l'Etat que de tout lui confier.

Après tout, si nous voulons jouir des avantages de cette vie sociale dont nous avons ci-dessus tracé le tableau, il faut bien que l'Etat absorbe ou prenne pour lui une partie de notre vie, c'est-à-dire de notre initiative, de nos moyens d'action, de nos forces, de notre liberté ; sans cela l'Etat ne pourrait ni exister, ni agir, il disparaîtrait en quelque sorte et chacun de nous rentrerait dans son individualisme, il n'y aurait plus qu'une multitude sans direction, sans liens, sans action ; en un mot, il n'y aurait plus une Patrie.

En France, avons-nous dépassé la mesure? Peut-être, en certaines choses, mais en général, non ; et il faudrait parfois entendre combien se plaignent ceux qui, après avoir joui de l'ordre qui règne dans nos pays, tombent dans la *liberté* absolue des pays moins civilisés, comme dans certains Etats de l'Amérique. Oui, c'est vrai, là, l'administration et

l'Enregistrement ne nous harcèlent pas de leurs règlementa-
tions, mais que de querelles et de procès onéreux y surgissent à chaque instant.

Quels travaux pénibles ne doit pas exécuter chaque particulier pour remplacer ce que ne fait pas l'Etat ! Aussi ra-
conte-t-on comment un échappé à ce désordre, en arrivant
en France, alla payer d'un seul coup ses impositions, en re-
merciant le percepteur de ce que, pour une si minime
somme, l'Etat lui procurait les immenses avantages dont
jouit tout Français, grâce à cette administration qu'il est de
mode de tant critiquer.

Nous ne savons également rien de plus injuste que de se
plaindre du chiffre actuel des budgets, en les comparant à
ce qu'ils étaient il y a 40 ou 50 ans. Eh quoi ! l'argent a
diminué de valeur, tout a augmenté dans une large proportion, et vous voudriez que le budget fût resté stationnaire ;
mais c'est impossible.

L'employé qui, en 1840 se contentait de 1,200 fr. d'appointements, a besoin du double aujourd'hui. Les domestiques recevaient de 80 à 150 fr. de gages. 500 fr. ne
satisfont plus les ambitieuses, et encore ne se soumettent-
elles pas aux travaux pénibles de jadis. Le manœuvre, qui
gagnait 1 fr. 50 en 1850, gagne, en 1886, 3 fr. 50, et travaille deux heures de moins. Le maître-ouvrier qui se trouvait très heureux de pouvoir mettre le pot-au-feu le dimanche, n'a maintenant que trop souvent de la viande sur sa
table sept jours par semaine. L'ouvrière qui venait chercher son ouvrage au magasin, en jupon de grosse laine et
en sabots, ne sort aujourd'hui que mise à la dernière mode.
Le jeune garçon qui faisait sa première communion en

blouse et en galoches, rougirait de n'avoir pas un habit
noir et même souvent une montre. Enfin, le bourgeois qui
tenait honorablement sa maison avec 7 ou 8,000 fr., a de la
peine à joindre les deux bouts avec 15 et 20,000 fr. ; et il
en est ainsi du haut en bas de l'échelle sociale.

Sans parler des services publics, qui imposent au gouvernement des dépenses bien plus considérables qu'autrefois, il est certain que son budget ne peut moins faire que
d'augmenter dans la mesure exacte de celui des particuliers.

Dites, si vous le voulez, qu'on n'en est pas plus heureux
pour cela, et vous aurez raison, car ce n'est pas le bien-être
matériel, quel qu'il soit, qui peut contenter l'homme, mais
du moment où l'augmentation des dépenses de tous est un
fait, ne vous plaignez pas de l'augmentation de celles du
gouvernement.

Enfi   nous ne devons pas non plus comparer légèrement
nos budgets avec ceux des autres peuples, car c'est une
comparaison difficile à établir, beaucoup de dépenses faites
en France par le gouvernement, étant souvent laissées dans
les pays étrangers à la charge des particuliers, comme par
exemple en Angleterre, où les vaisseaux paient dans les
ports plus de 75 millions à des Compagnies, sans parler
des péages établis sur les routes, etc...

LXIV. — Que la prospérité publique ne dépend pas, autant qu'on le croit, des questions d'impôt.

Mais ne prolongeons pas davantage cette longue discussion sur le budget, car il suffit de songer un instant aux

centaines de millions et même aux milliards qui, dans
notre grand pays, se dépensent chaque année en choses
inutiles, superflues et même nuisibles, pour comprendre
que la prospérité de la France ne peut dépendre de quelques centaines de millions d'impôts de plus ou de moins.

En effet, que sont les impôts en comparaison du milliard qui se boit inutilement dans les 300,000 cabarets,
comptoirs et cafés qui couvrent le territoire ; des 380,000,000
de tabac qui se fument encore plus inutilement ? Or il n'est
jamais venu à l'esprit de personne de dire que ces 1,380
millions étaient une perte pour le pays... et cependant
l'argent bu en eau-de-vie, en bière, en verres de vin,
l'argent fumé en cigarettes ou cigares est tout aussi bien
perdu que s'il était donné en impôt, et même mille fois plus
perdu ; car il tue, ou à tout le moins diminue, dans une
proportion considérable, la valeur intellectuelle et morale
de ceux qui le dépensent si follement.

Avouons-le, toute la question des impôts se résume en
ceci, c'est que l'impôt, quelque avantageux qu'il soit, n'a
pas le charme d'une dépense *volontaire*, et a, par malheur,
tout l'odieux d'une dépense *imposée*, *exigée*, absolument
exigée, de par la loi et la contrainte. Le même homme qui
paie sans sourciller 50 fr. pour une canne de fantaisie,
3,000 fr. pour des diamants, 10,000 fr. pour un meuble
antique ou un vase de Sèvres que lui cassera peut-être
demain le plumeau maladroit d'un domestique, crie comme
un aigle si on lui augmente sa cote de 150 fr. L'ouvrier
qui dépense chaque jour 25 ou 50 centimes au *comptoir*,
se révolte à la pensée de payer quelques centimes de plus
le vin salutaire qu'il boit à son repas, ou des parcelles de

centime sur le sucre de son café ou sur les autres denrées.

Singulier travers d'esprit, peu digne d'un peuple éclairé ; amère ingratitude envers la Providence elle-même, qui nous a fait naître à une époque aussi calme, aussi heureuse sous tant de rapports...

Tout homme qui aime vraiment sa patrie, devrait au moins, avant de se plaindre, se donner la peine d'étudier ces questions d'impôts, parcourir les rapports si lucides, si détaillés qui se publient chaque année sur le budget, alors il ne serait plus exposé à adopter sans contrôle les plus singulières assertions qui, répétées chaque matin, par les mille voix de la presse, troublent les esprits, découragent les entreprises, et exercent sur le travail national une influence bien plus considérable et bien plus désastreuse qu'on ne le pense généralement.

A qui fera-t-on croire, par exemple, que le pays serait fort soulagé par la diminution de l'impôt qui grève le papier du livre que je lis, ou le cahier de l'écolier, qui en déchire chaque jour de si belles pages pour en faire des pantins, ou qu'une augmentation de quelques centimes sur le sucre serait une charge réelle (1) ? Qui, cette augmentation empêche-

---

(1) Il est bien entendu que, dans ces questions d'impôt il faut toujours savoir distinguer l'impôt intérieur qui ne grève que la consommation intérieure, et l'impôt qui grèverait un produit qui doit soutenir une concurrence à l'étranger... Comme nous le disions plus haut, il importe de demander l'impôt en temps et lieu opportuns. C'est ce qu'on faisait remarquer à M. Thiers lorsqu'il s'obstinait à mettre des impôts sur les matières premières... « Mettez, lui disait-on, des impôts, il le faut, mais ne les mettez pas sur la matière, au moment où je l'achète pour en former un produit qu'il faudrait pouvoir vendre au plus bas prix possible ; augmentez plutôt ma patente... En fait, ce sera la même chose, mais pour l'apparence, pour l'effet produit, non... Ma

rait-elle de prendre son café ou de faire des bonbons et des confitures ? Et cependant cette augmentation produirait des millions...

Non, la prospérité de la France ne dépend pas de quelques centaines de millions d'impôt de plus ou de moins, elle dépend de la bonne volonté de ses enfants, de leur ardeur au travail, de leur intelligence des choses, d'une espèce de bonne grâce ou bonne humeur, tout aussi utile dans la vie sociale que dans la vie de famille.

LXV. — Budget d'une grande ville.

Après avoir étudié le budget général de l'Etat, il nous semble intéressant d'étudier le budget particulier d'une ville ou commune. Nous prendrons celle de Lyon, qui compte environ 380,000 habitants.

Les dépenses de cette ville se montent à environ 16,117,000 francs. Ce sont d'abord 4,213,000 fr. pour les intérêts et annuités d'une dette qui fut contractée surtout vers 1854 et 1856, à l'époque où de grands travaux furent entrepris pour transformer la ville. Cette dette, unifiée en 1879 par un emprunt de 68,507,000 fr. au Crédit Lyonnais, emprunt remboursable en trente-quatre années par des annuités, sera donc éteinte dans un délai assez rapproché, y compris l'emprunt de 5,000,000 fait au Crédit foncier en 1861.

La justice et la police de la ville coûtent 680,579 francs,

patente entre dans mes frais généraux, tandis que votre droit porte en particulier sur tel tissu ; l'effet est tout autre... », car plus je travaille, moins ma patente est lourde, tandis qu'avec l'impôt sur la matière première, plus je travaille, plus je paie, je ne puis donc me rattraper sur la quantité.

mais cette somme serait très insuffisante, si le gouvernement ne prenait pas à sa charge la plus grande partie de ces frais de police, en raison de l'importance politique de la ville de Lyon.

La voirie urbaine, c'est-à-dire l'entretien des rues, du pavage, des trottoirs, des promenades, des égouts, l'arrosage et l'éclairage coûtent 2,423,380 francs.

Les écoles de toute nature coûtent 2,445,982. Sans parler des intérêts payés pour les emprunts, qu'a nécessités la construction des nouveaux bâtiments scolaires, de la Faculté, etc. Il faut placer dans la même catégorie de dépenses 332,000 fr. consacrés aux belles-lettres, sciences et arts, et enfin 350,000 fr. aux théâtres ; dépense, il faut l'avouer, qu'il est bien fâcheux de trouver à la charge d'une ville, comme si ceux qui veulent se procurer ce plaisir, ne devraient pas eux-mêmes le payer..., mais cette discussion nous mènerait trop loin.

1,108,342 fr. sont, chaque année, dépensés en distributions de pain ou secours aux malheureux, et en subventions à divers hospices.

L'administration coûte 417,174 fr., et les frais de perception 1,138,420, sur lesquels l'octroi prend à lui seul 870,000 fr., avec un personnel de 592 employés ; c'est presque 10 % de la recette. On a donc raison de se plaindre de ce que coûte la perception de cet impôt; mais, quelque effort qu'on ait pu faire, on n'a pas encore pu trouver le moyen de faire mieux. Comme atténuation, nous avons à noter que la part qui revient au gouvernement sur les droits étant perçus également par l'octroi, il en résulte que la proportion des frais est bien au-dessous de 10 %.

Parcourons maintenant les principales ressources de la
ville. Au premier rang, il faut placer l'octroi dont nous
venons·de parler, environ 8,300,000 fr., plus 1,600,000 fr.
produits par la surtaxe de 2 fr. 40 sur le vin, et de 7 fr.
par hectolitre sur l'alcool, accordée par la loi du 28 dé-
cembre 1882, soit en tout 9,900,000 fr.

Ensuite le produit des centimes ordinaires ou additionnels sur les contributions générales, 2,728,000; le produit
de quatre centimes affectés aux écoles, soit 254,000 fr. ; le
produit de quatre autres centimes, affectés à la construction
des groupes scolaires, soit encore 254,000 fr. Les marchés,
locations, permissions de voirie, cimetières, etc., rendent
2,372,000 fr. etc.

Pour plus de clarté, nous allons établir une liste des
dépenses et recettes de la ville de Lyon. 175,000 fr. y figurent seulement pour le bon ordre des écritures ; notons que
pour mieux juger d'un coup d'œil la situation, nous avons
compris sous le même titre, ce qui est ordinairement porté
dans les budgets, sous les deux titres de DÉPENSES et RECETTES
ORDINAIRES et EXTRAORDINAIRES. Distinction qui tend à deve-
venir de plus en plus inutile, les dépenses *extraordinaires*,
c'est-à-dire accidentelles, finissant par devenir *ordinaires*,
à cause de leur répétition chaque année.

Recettes de la ville de Lyon, 1886.

Centimes communaux ordinaires et extraordinaires. . . .	2,728,000
—　　　—　　　pour les écoles.	508,000
Rentes diverses.	33,250
Octroi.	9,000,000
Locations et fermes.	507,400
A reporter.	13,738,650

	Report.	13,738,650
Produits des marchés.		530,450
— de la voirie.		720,705
— des rivières.		65,550
— des cimetières.		413,900
— des permis de chasse, chiens.		71,000
Amendes, produits divers, intérêts.		236,190
Subventions de l'Etat et du Département		113,430
Recettes d'ordre.		175,000
Vente de terrains.		100,000
		16,170,875

Dépenses.

Frais d'administration.	417,174
Intérêts et amortissement des dettes.	4,223,799
Frais de perception.	1,138,420
Justice et police.	680,879
Sapeurs-Pompiers.	234,975
Cimetières.	166,960
Architecture.	381,642
Voirie urbaine et vicinale.	2,423,380
Dépenses militaires, logement des troupes.	136,900
Ecoles maternelles.	344,848
Instruction primaire.	1,725,037
— supérieure, Facultés.	375,800
Belles-Lettres, Sciences, Arts.	323,000
Théâtre.	350,000
Agriculture, Horticulture, Exposition, Tir.	24,100
Assistance publique.	1,108,342
Travaux publics, Ecoles, Rues, Pavages.	1,584,889
Divers.	201,028
Dépenses d'ordre.	175,000
	16,117,070

D'après cet état, si nous sortons de ces 16,117,000 fr.
environ 600,000 fr. qui ne sont pas des impôts, nous voyons
que la ville demande environ 40 francs à chaque habitant.
Les petites villes demandent beaucoup moins : Paris de-

mande infiniment plus, puisqu'il a un budget de 250 millions... Mais ses habitants, de même que ceux des villes de premier ordre, retrouvent largement dans le commerce et dans l'affluence des étrangers, ce qu'ils paient de plus que les autres communes.

Notons que si nous avons étudié le gouvernement, et le budget de la France, c'est moins pour les juger que pour nous faire une idée plus exacte de ce que peut être le gouvernement et le budget d'un grand pays, notre intention n'étant nullement de faire de la politique ; seulement, quand on étudie, il n'est pas toujours possible de se tenir dans la théorie, il faut de temps en temps, comme en médecine, opérer sur le vif. Maintenant nous rentrons dans les généralités.

LXVI. — Des lois et de la nécessité et de l'origine des plus essentielles.

Nous avons longuement parlé plus haut de la nécessité, dans tout Etat ou société, d'un chef respecté, et d'assemblées ou conseils qui l'éclairent et l'assistent. Mais est-ce bien là tout ce qu'il faut pour qu'un pays puisse se dire vraiment civilisé, et pour que la justice et le bien soient assurés d'y être toujours protégés et défendus ? Après tout, ce chef est un homme, ces assemblées elles-mêmes sont composées d'hommes, qui sont souvent aveuglés par leurs intérêts ou leurs passions, mais qui de plus peuvent ignorer beaucoup de choses nécessaires ; le gouvernement d'un peuple est chose si difficile, si compliquée, et la science

humaine est si limitée, tellement subordonnée aux circonstances.....

Dès lors, le sort des multitudes peut-il et doit-il être
abandonné à l'omnipotence des pouvoirs publics? N'y
aura-t-il rien au-dessus d'eux? Les hommes au pouvoir
seront-ils donc leur propre loi?... leur sagesse sera-t-elle
donc tenue pour la véritable sagesse, leur volonté ou leur
bon plaisir devra-t-il remplacer la volonté de tous, être la
loi de tous, s'imposer à tous? Mais alors, s'il en est ainsi,
moi, simple citoyen, sans défense, sans recours, je ne suis
plus un homme libre, indépendant, maître de lui-même,
responsable de ses actes, pouvant compter sur l'avenir ; qui
me dit que demain il ne plaira pas à ces chefs, ou à ces
assemblées toutes-puissantes, de m'imposer telle ou telle
obligation arbitraire ou inutile, de se mêler de mes affaires, de porter le trouble dans ma famille, dans mon chez
moi, dans ce petit monde que j'ai créé, que je soutiens par
mon travail, où j'ai mis tout mon sang et tout mon cœur,
sans lequel la vie ne me serait rien ? Et n'est-ce pas précisément là ce qui arrive à chaque instant chez certains
peuples. Qu'on abandonne aux discussions des assemblées
les lois secondaires qui règlent la marche du gouvernement,
qui ont rapport à l'administration, aux finances, aux travaux publics, rien de mieux. Mais qu'on leur abandonne
les bases essentielles de la vie civile, la liberté et l'honneur des citoyens, ce qui touche à leur vie personnelle, à
leur vie de famille et de cœur, à leurs enfants. Non, cela
ne peut s'admettre.

Pour que la dignité et la liberté de chaque citoyen,
des faibles comme des forts, des riches comme des pauvres,

soit garantie, pour jqu'un peuple soit véritablement un
peuple libre et civilisé, il faut donc qu'au-dessus des pouvoirs publics, au-dessus des assemblées électives, au-dessus
des droits des majorités, au-dessus des intelligences ins-
tables et vacillantes des hommes qui gouvernent, il y ait
dans un pays comme une espèce d'obéissance de la
part de tous à un certain nombre de principes ou lois qui
règlent les conditions *essentielles* de la vie publique et de
la vie privée, et dont il ne soit pas possible de s'écarter
sans être accusé d'injustice, de violation du droit, et
réprimé comme apportant le mal, et avec le mal le malheur et bientôt la décadence et la ruine.

Mais qui a pu trouver ces lois essentielles ? Quel est celui
qui, à un jour donné, a pu tracer à d'autres hommes la
route qu'ils devaient suivre dans la vie, les devoirs qu'ils
devaient remplir, les droits qu'ils devaient respecter ; leur
faire accepter *l'inviolabilité des personnes, le respect
de la propriété et du domicile, régler les conditions du
mariage, les droits et les devoirs réciproques des époux
et des enfants, la tutelle des faibles et des incapables,
et surtout obtenir de tous l'obéissance à ces prescriptions.*

Ces lois ou coutumes essentielles que l'on trouve plus ou
moins déformées et plus ou moins observées chez tous les
peuples, viennent-elles d'une convention volontaire ? Sont-ce
quelques hommes qui se rencontrant un jour au bord d'une
forêt, se sont mis à discuter sur ces choses, ont rédigé un
Code de lois, et ont décidé que désormais tous seraient obligés de s'y soumettre sous peine d'amende, de prison ou de
mort ?

On a beaucoup écrit pour expliquer cette origine hu
maine de nos principales lois; on a tracé le récit touchan
de bons sauvages renonçant tout à coup à leurs coutumes
sanguinaires pour adopter les mœurs si douces de notre
temps... mais, franchement, ce sont là des rêves, car il
est impossible de comprendre comment des populations
vivant sans lois pendant des siècles, et dans tous les
désordres qui sont la conséquence de cette absence de lois,
auraient cependant pu conserver une telle sagesse, une
telle moralité, un tel instinct du bien, qu'elles se soient
un jour trouvées tout à coup capables d'édicter, par exemple, les lois qui établissent l'indissolubilité du mariage, l'inviolabilité des personnes, le respect de la propriété, la
tutelle des incapables... Si cela s'était fait une fois, cela
se ferait encore.

Or, si l'on observe ce qui se passe chez les sauvages
ou même les demi-sauvages comme les Tartares, les
Kabyles, les Arabes, on reconnaît que jamais ces peuplades
ne sortent, par leurs *propres* lumières, de l'état précaire
dans lequel les a laissées une législation trop imparfaite.
Mais bien mieux, leurs intelligences et leurs cœurs sont
dans un tel affaissement, qu'elles ne comprennent pas même
la beauté de notre législation, ou civilisation. N'en faisons-
nous pas une triste expérience en Afrique depuis plus de
cinquante ans? Les Arabes pas plus que les Indiens ne se
laissent séduire par la douceur de nos mœurs et de nos
institutions.

En vain leur a-t-on fait visiter à grands frais nos pays et
nos villes, exposé ce que nous appelons les prodiges de nos
sciences. Ils ont ordinairement regardé avec indifférence,

sinon même avec dédain, pensant que c'était nous qui
étions les barbares et non pas eux, et plutôt que de changer ils' ont presque toujours mieux aimé s'expatrier ou
mourir.

La religion seule est parfois assez puissante pour les
réformer peu à peu, et les plier à nos idées. Et encore
est-on forcé de reconnaître que, sauf.de rares exceptions,
il n'y a de peuples véritablement chrétiens et civilisés que
les peuples qui, par une destinée singulière, avaient conservé
les lois, les lettres et les arts qui firent Athènes et Rome,
lois, lettres et arts qui sont encore les nôtres, tellement il
est vrai que pour saisir les beautés et éprouver le besoin
de nos mœurs, de nos coutumes, de nos lois, l'esprit doit
avoir conservé les clartés qu'il avait reçues au jour de la
création, ou les avoir reconquises par un long travail sous
la main et la direction de ceux qui les possèdent.

Fait inexplicable, triste même si l'on veut, car il est
effrayant de penser que les trois quarts du genre humain,
vivent encore sous l'empire de coutumes barbares et avi-
lissantes, foulent inconsciemment aux pieds tous les principes de l'humanité, surtout envers les faibles, se font un
jeu de ce que nous considérons comme des crimes ; mais
enfin c'est là un FAIT, et les raisonnements, les négations,
les systèmes ne peuvent rien contre un fait ; ce qui est,
est. Au reste, convenons-en, et convenons-en même avec
un noble et salutaire orgueil, ce fait est la conséquence
forcée de la grandeur native de l'homme. L'homme est le
fils de ses œuvres, de ses études, de son désir du bien, de
son amour de la vérité, de ses efforts, de ses vertus. Son
Créateur, comme dit l'Ecriture, l'a laissé dans la main de

son conseil, après lui avoir donné des lois et des préceptes. *Deus ab initio constituit hominem, et reliquit illum in manu consilii sui. Adjecit mandata et præcepta sua.* (Eccl. XV, 14-15.)

LXVII. — Que les lois essentielles ou fondamentales ont une origine surnaturelle.

Mais si l'homme n'a pu inventer ces lois essentielles, de qui les tient-il? qui les lui a données? car tout a une origine ou une cause. Dans ce monde, rien ne se fait de rien : tout fruit sort d'un arbre, tout arbre d'une graine ; tout enfant a un père. Ces lois viennent donc de quelqu'un.

Si nous remontons au commencement des choses, nous rencontrons le premier homme. Etait-il ignorant comme les sauvages de nos jours ? Mais alors il serait toujours resté ignorant et sauvage, comme nous venons de le prouver , et comme il n'aurait pas pu apprendre à ses enfants ce qu'il ne savait pas, ses enfants auraient été sauvages comme lui, et seraient allés toujours en se dégradant de plus en plus.

Mais non, dira-t-on, le premier homme n'était pas un sauvage, il savait beaucoup de choses. C'est bien. C'est ce que nous croyons ; mais si il n'était pas sauvage, alors il avait des connaissances déjà étendues, surtout celle des lois essentielles dont nous venons de parler...

Seulement d'où tenait-il cette science ?.. La possédait-il *naturellement ?..* C'est ce qu'on répète communément, mais sans réfléchir ; en effet, tout ce qui est *naturel* à un être, se retrouve chez tous les êtres qui descendent de lui ; ainsi par exemple, comme il est *naturel* à l'homme de pouvoir parler, tous les hommes peuvent apprendre à parler ; mais savoir lire ou chiffrer, n'est pas naturel à l'homme, les enfants des plus grands savants ne savent donc ni lire ni chiffrer, si on ne le leur apprend pas tout comme on l'apprend aux fils des simples ouvriers ou paysans. Or, nous ne trouvons jamais la connaissance et le respect des lois ou du droit imprimés dans l'âme des enfants, même des enfants les mieux doués ; donc cette connaissance et ce respect ne sont pas *naturels* à l'humanité.

Si donc le premier homme possédait cette connaissance et ce respect, c'est que quelqu'un les lui avait enseignés. Or, avant le premier homme, il n'y avait que son Créateur ; c'est donc le Créateur et uniquement le Créateur qui a pu donner à nos premiers parents la connaissance et le respect des lois qui font la base de toute vie civilisée, c'est-à-dire les lois sur le mariage et sur la propriété, sur la tutelle, etc... (1).

(1) Quand l'on dit que l'homme a été doué du langage par son créateur, ou que Dieu lui a appris à parler, lui a donné des lois, révélé la religion, le culte qu'il lui devait, etc., cela ne veut pas dire que Dieu s'est mis devant nos premiers parents comme un maître devant ses élèves, et leur a donné des leçons ; cela veut simplement dire que Dieu a inspiré ces connaissances, au premier homme et l'on dit que ce sont des connaissances surnaturelles ou au-dessus de la nature, parce qu'en effet l'homme ne les possède pas naturellement, et ce qui le prouve, c'est que l'enfant, qui possède évidemment tout ce que possède *naturellement* ou de *naissance* son père, ne possède ni le langage, ni aucune idée, et, arrivé à l'âge voulu, n'a d'autre langage, d'autre science, que le langage et les sciences qui lui ont été appris.

L'Ecriture sainte nous apprend cette grande vérité lorsque au chap. 17, v. 9 de l'Ecclésiastique, elle nous dit que Dieu donna la règle à l'homme, et le chargea de la transmettre à ses enfants comme un héritage. *Addidit illis disciplinam et legem vitæ hæreditavit illos.* Le mot addidit veut dire *ajouter,* ce qui marque clairement que Dieu donna cette connaissance des lois essentielles, comme *en surplus* de ce qui était dû à Adam en raison de sa nature.

La tradition, les monuments, les recherches des savants, la philosophie, et enfin le bon sens ou raisonnement confirment cette vérité. Laissant même de côté les juifs, qui reconnaissent que leur législation tout entière leur a été donnée directement par Dieu, l'histoire nous montre que tous les peuples donnent à leurs lois une origine surnaturelle ou divine.

« Chez les Grecs et chez les Romains, comme chez les Hindous, nous dit M. Fustel de Coulanges, dans *la Cité antique*, la loi fut d'abord une partie de la religion. « Non, l'homme n'a pas eu à étudier sa conscience et à dire : ceci est juste, ceci ne l'est pas. Ce n'est pas ainsi qu'est né le droit. Les anciens disaient que leurs lois leur étaient venues des dieux, et ils ne se trompaient pas. Les anciens codes des cités étaient un ensemble de rites, de prescriptions liturgiques, de prières, en même temps que de dispositions législatives. Les règles du droit de propriété et du droit de succession y étaient éparses au milieu des règles relatives aux sacrifices, à la sépulture et au culte des morts. L'œuvre de Solon était à la fois un code, une constitution et un rituel. » Quand on lit les anciennes lois égyptiennes on croit lire le décalogue donné à l'homme dès le commencement, rappelé à Moïse sur le Sinaï et complété par l'Evangile.

Aussi, quelle que soit l'époque à laquelle l'histoire saisisse un peuple, elle le trouve en possession de lois dont l'origine se perd dans la nuit des temps, ou qui sont attribuées à des hommes divins, à des dieux.

Rome disait que Numa, son premier législateur, avait écrit sous la dictée de la déesse Egerie, dont les voyageurs vont encore visiter la fontaine ; et quand, déjà grande, elle reconnaîtra la nécessité de se donner des lois plus fortes, elle ne croira pas pouvoir les inventer, elle chargera dix magistrats d'aller étudier la législation des Grecs, et l'œuvre de ces dix magistrats sera ce droit romain qui est encore celui des trois quarts des nations du globe, et que notre grande révolution n'a osé modifier qu'en quelques points, sans qu'il soit possible, après un siècle d'essai, de dire si ce sont d'heureuses modifications.

Les Grecs avaient placé dans le ciel Minos, leur législateur ; il en est de même pour Confucius, législateur de la Chine, et pour tant d'autres. Et il y a du vrai dans ces traditions ou légendes, dit encore M. Fustel de Coulanges ; le véritable législateur chez les anciens, ce ne fut pas l'homme, ce fut la croyance religieuse que l'homme avait conservée en lui à travers les siècles, malgré les malheurs des guerres et des émigrations.

« Il y a, disait, M. Toullier, cité par le cardinal Gousset, il y a une alliance réelle et nécessaire entre le droit civil, la morale et la religion. » Pour les anciens, la jurisprudence était la connaissance des choses divines et humaines. La loi, dit Aristote, ne tient pas sa force de la volonté du peuple ou du souverain, mais de sa *conformité* avec la loi éternelle, ce qui veut dire qu'elle n'est que l'expression de la sagesse éternelle, ou de la volonté divine.

Le premier homme a donc été doué exceptionnellement par son créateur de la connaissance des principes essentiels du droit et de la justice, comme il a été doué exceptionnellement du langage et des principes généraux des sciences. Dès le premier instant de son existence il a trouvé en lui la conviction qu'il devait respecter la vie, la liberté et la propriété de son semblable, qu'il devait aimer et respecter sa compagne, s'attacher indissolublement à elle, lui être fidèle, aimer ses enfants, être leur père et non leur maître absolu, comme le croyait la loi romaine. Il a transmis ces notions à ses enfants, les leur a même imposées, et elles sont venues jusqu'à nous, plus ou moins pures, mais toujours les mêmes quant au fond.

Profonde vérité que nous devions tenir à mettre en lumière, parce qu'elle seule peut imprimer dans nos âmes ce respect sacré du droit, sans lequel il n'y a pas de paix sociale réelle. Combien il est en effet beau et salutaire pour un peuple, de savoir qu'il marche à l'abri des lois dictées par la Vérité elle-même, que ces lois sont par conséquent la juste expression de ce qui *doit* être ; qu'elles n'ont pas été faites par des hommes faillibles, souvent intéressés, mais par le Père de tous les hommes, par le Père des lumières, par Dieu qui est la sagesse, la justice, et par-dessus tout la bonté elle-même ; et qu'il n'est pas plus possible de les changer, sous prétexte d'améliorer la société, qu'il n'est possible de changer les lois de la mécanique ou de l'architecture. Le mécanicien et l'architecte peuvent certainement modifier leurs machines ou monuments dans leurs détails, mais ils ne peuvent contrevenir, aux lois physiques ou mathématiques, à celles de l'équilibre ou de la poussée des voûtes, sans compromettre la solidité de leurs édifices. Ces lois sont au-dessus de leur science et de leur génie.

Ceci admis nous comprenons assez comment ces lois premières et essentielles interprétées par les législateurs des peuples, appliquées par eux selon les mille cir-

constances de temps, de lieux, de mœurs, de personnes,
sont arrivées à 'former ce que nous appelons nos CODES
ou recueils de lois nombreuses, mais qui toutes, sous
peine de ne plus être des lois justes et concourant
au bien, doivent découler des lois premières, comme
les conséquences découlent des principes.

Enfin l'on appelle l'ensemble de toutes ces lois, de
toutes ces prescriptions, le DROIT, parce que ce sont
elles qui consacrent les *droits* de chacun, qui les garantissent ; car lorsqu'un citoyen réclame contre une
décision du gouvernement, ou attaque un autre citoyen
en justice, il le fait au nom de son *droit*, pour venger son
droit, *se faire rendre justice*, comme on dit. En latin,
le droit se nomme *jus*, racine du mot *justice ;* la JURIS-
PRUDENCE est la science du droit, la science des hommes
qui savent raisonner sur les lois, les interpréter, donner des conseils à ceux qui leur en demandent ; c'est
pour cela qu'on les appelle *jurisconsultes* ou *conseillers*
sur le *droit*, sur ce qui est juste.

LXVIII. — Que les lois ne seraient rien sans une magistrature.

Mais des lois ne sont rien par elles-mêmes. Quoiqu'inscrites sur le marbre ou sur les parchemins des
archives nationales, elles ne sont qu'une lettre morte, si
une main puissante ne les applique et ne les défend pas.

Or, quelle sera cette main ? Sera-ce celle du chef
de l'État ? Non, puisque les lois sont au-dessus de lui,

et qu'il doit s'y soumettre comme tout citoyen. Seront-ce les assemblées électives? Non, car le citoyen doit pouvoir en appeler à la justice, même contre ces assemblées.

Pour que la justice règne dans un pays, pour que le moindre de ses citoyens puisse y vivre en sûreté à l'abri des lois, et dans l'assurance que son droit sera toujours respecté, il faut donc qu'il existe dans l'Etat un corps d'hommes, solennellement constitué gardien et défenseur de ces lois.

Les hommes choisis pour constituer ce corps, devront se trouver, par leur nomination elle-même, comme investis d'un caractère nouveau, qui les mette en quelque sorte au-dessus de la nation tout entière, les rende inviolables, abaisse toute puissance devant eux, et leur laisse ainsi la plus complète indépendance dans l'exercice de leur fonction.

Le chef de l'Etat doit lui-même reconnaître leur supériorité dans les choses qui touchent à la justice. C'est lui qui les nomme, mais quand il les a nommés, à cet instant même ils ne dépendent plus de lui, il s'est donné des maîtres. Il dit en quelque sorte ceci a l'élu : « Un tel...., Moi, chef de l'Etat, Président ou Roi, je vous choisis pour rendre la justice à tous ; prenez possession de tel siège ; et souvenez-vous que dans l'exercice de vos fonctions, vous devez être la voix de la vérité elle-même, que rien ne doit l'arrêter sur vos lèvres ; et la puissance publique, dont je suis le dépositaire, veillera jour et nuit à côté de vous, soit pour vous défendre, soit pour exécuter vos arrêts.

Rien de plus beau que cette conception. Tous les

peuples civilisés ont eu des magistratures respectées. Les anciens obéissant aux traditions primitives, considéraient comme divin le droit de rendre la justice. Les Pontifes furent longtemps chez eux les seuls jurisconsultes, l'élection d'un magistrat était considérée comme une cérémonie religieuse : « Que le Magistrat, dit Cicéron, soit nommé selon les rites », c'est-à-dire après avoir fait les prières prescrites, immolé les victimes, pris les auspices. On y voulait l'assentiment des dieux. « Il fallait encore qu'il fut d'une famille pure », écrit Platon dans son livre des lois (1).

On pourrait dire de la Magistrature ce que Royer-Collard disait éloquemment de la légitimité en 1820. « Elle rend sensible à tous, dans une image immortelle, le droit, ce noble apanage de la race humaine, le droit, sans lequel il n'y a rien sur la terre, qu'une vie sans dignité, et une mort sans espérance. »

En effet, comme nous le disions plus haut, ce qui rend la vie digne et tranquille, ce qui encourage à fonder une famille ou un commerce, à travailler avec ardeur, c'est la conviction ou pensée que tous ceux qui m'entourent respecteront mes droits, c'est-à-dire ma personne, et celle de ma femme et de nos enfants ; que nul n'envahira ma propriété, ne pourra me prendre le fruit de mon travail ; qu'après ma mort mes enfants seront protégés par la loi, que ce que j'ai leur reviendra tout comme si j'étais là pour le leur transmettre ; que si quelqu'un me fait du tort, je trou-

(1) M. Fustel de Coulanges, la *Cité antique*.

verai toujours des juges pour juger mon différend et
m'assurer une réparation.

Or, pour que cette conviction ou pensée du respect
des droits existe toujours chez tous, pour qu'elle ras-
sure les bons et effraye les méchants, il faut que
quelque chose la représente *visiblement*, la matérialise
en quelque sorte, car une pensée ne se se voit pas.
Eh bien, la Magistrature, c'est-à-dire ce corps d'hommes
éminents, instruits, intègres, choisis avec soin, que nous
voyons sur chaque point du territoire, siéger dans les
tribunaux, entourés et appuyés par la force armée toujours prête à faire exécuter leurs décisions, est précisément comme la matérialisation ou *incarnation* ' cette
pensée du droit et du respect qui lui est dû. Si ce
respect du droit se perd dans un pays, la vie y devient impossible, sans dignité ; nul n'est plus assuré de
rien pour le lendemain, et l'on y meurt sans espérance
puisque l'on sent que ceux que l'on a aimés, que ces
enfants pour lesquels on a tant travaillé, ne jouiront
pas après nous du fruit de notre travail.

Si maintenant nous jetons les yeux sur la France, nous
pouvons dire que nous avons encore le bonheur d'y posséder
une magistrature qui a conservé cette élévation, et même
quelque chose de ce caractère sacré qui lui est nécessaire
pour remplir ses fonctions. Nos Magistrats ne commencent
pas leurs travaux annuels sans avoir invoqué les lumières
d'en haut, dans des prières solennelles et publiques ; ils ne
prennent place sur leurs sièges que revêtus de la toge antique ou de la pourpre romaine, et il est difficile de ne pas
être ému, lorsque dans un tribunal un huissier annonce :

la Cour... On sent alors comme apparaître le droit lui-même dans toute sa majesté. De plus, malgré quelques atteintes qui lui ont été portées, nos juges jouissent et jouiront toujours, il faut l'espérer, de cette inamovibilité, ou droit à leur siège, qui est nécessaire à leur indépendance, et si de malheureuses distinctions légales, qui mettent en quelque sorte l'administration au-dessus des lois, ne venaient pas trop souvent soustraire les particuliers à leurs juges naturels, nous n'aurions qu'à nous féliciter de l'organisation de la justice dans notre pays.

Cependant, il ne faut pas se le dissimuler, les idées actuelles sur l'égalité tendent à détruire rapidement ce bel état de choses. En effet, si dans l'intérêt de questions de parti, si sous le faux et vain prétexte de détruire tous les privilèges, même ceux que créent nécessairement et quoi qu'on fasse, les travaux et l'illustration des ancêtres, l'on continue à exclure de la magistrature les jeunes hommes auxquels leur position de fortune et leurs traditions de famille permettent d'y chercher plutôt l'honneur que des moyens d'existence ; comme, en résumé, les traitements des magistrats ne peuvent en aucune manière donner la fortune, il est bien à craindre que nous ne retombions peu à peu dans les abus si criants que la Révolution se flattait d'avoir supprimés. Ce serait un grand malheur, car on peut dire avec un certain orgueil national, que tous les pays nous enviaient notre magistrature. On aura beau faire, beau parler d'égalité, beau la décréter, le sang sera toujours quelque chose. Les enfants hériteront toujours des vertus de leurs pères, car les familles ne s'élèvent que peu à peu, ce n'est que peu à peu qu'un sang de plus en plus purifié et spiritualisé

coule dans les veines de leurs enfants, et crée des hommes
dont les cœurs vibrent à toute grande pensée, qui ne rêvent
que dévouement, pour lesquels le devoir et l'honneur sont
tout ; et c'est grâce a cette hérédité que l'homme non seulement existe, mais qu'il a le suprême privilège de se surexis-
ter, c'est-à-dire de ressusciter en quelque sorte dans ses enfants et ses petits-enfants, et c'est là le sommet des choses
créées et incréées. Tous les raisonnements du monde n'y
feront rien ; c'est tout à la fois la grandeur et l'essence de
l'humanité, nous vivons cent fois plus dans nos enfants que
dans nous-mêmes, cent fois plus de leurs désirs et de
leurs besoins que de nos désirs et de nos besoins, car nous
ne vivons réellement que par l'affection ou le dévouement,
ce qui est tout un.

LXIX. — De l'organisation de la Justice en France.

Pour bien comprendre ce qu'est la MAGISTRATURE, il faut
d'abord observer que l'exercice de la justice demande deux
actions très différentes l'une de l'autre. En effet, avant
qu'un tribunal puisse juger un différend entre deux personnes, ou un homme accusé d'un crime, il faut d'abord
que ce différend ou ce criminel lui soient présentés. De
plus, lorsque deux personnes assistées de leurs avocats
viennent se disputer, c'est-à-dire plaider devant des juges,
il semble qu'il doit y avoir là, comme une troisième personne qui se présente, après les deux personnes qui se disputent, et parle au nom du droit, de la justice elle-même,
éclaire les juges, leur demande de juger selon la justice,

selon la vérité, selon la loi. Il en est de même si c'est
un criminel. Il faut qu'il y ait dans l'Etat quelqu'un qui le
poursuive, le recherche, l'amène devant les juges, l'accuse
et réclame sa condamnation, au nom de la justice et de
la société dont il fait partie, au nom de l'Etat et de la
patrie qu'il est venu troubler.

Il y a donc dans la *Magistrature*, d'abord les magistrats
qui sont chargés de ce ministère, on les nomme PROCUREURS,
des mot latin *pro* pour, et *cura* soin, parce qu'ils prennent
soin des intérêts de l'ordre et de la justice, et AVOCATS
GÉNÉRAUX, parce qu'ils doivent plaider pour la justice
dans toutes les causes et affaires. Et l'on nomme cette
première partie de la Magistrature, *Magistrature debout*,
parce que les Procureurs et Avocats généraux se tiennent
debout lorsqu'ils parlent, soit par respect pour les magistrats qui jugent et ne se lèvent jamais de leur siège, soit
pour indiquer qu'ils sont toujours prêts à agir, à signaler
le mal et les coupables, et à défendre le droit par tous
les moyens en leur pouvoir.

Ces magistrats ne sont pas *inamovibles*, c'est-à-dire que
le chef de l'Etat qui les nomme peut les révoquer ou les
changer quand il le veut, puisqu'ils ne sont en réalité que
ses représentants, d'autres lui-même ; le chef de l'Etat
étant le dépositaire de la puissance publique, le représentant même de la loi, celui qui est chargé de la faire observer
en tout et partout. Ces magistrats ont à leur disposition
pour les aider et leur prêter main-forte, d'abord les commissaires de police, ensuite les agents, les gendarmes, et
enfin l'armée elle-même, lorsqu'elle en est légalement
requise.

La seconde partie de la magistrature, qui, en fait, passe avant la première et lui est supérieure en dignité, se compose des véritables juges, des magistrats, qui, après avoir entendu les parties ou les accusés, leurs accusateurs et leurs défenseurs, doivent décider de quel côté est la vérité, et si les personnes qui leur sont présentées, tombant sous telle ou telle loi, doivent être condamnées ou renvoyées absoutes.

Ces magistrats forment ce qu'on appelle la *Magistrature assise*, et possèdent l'*inamovibilité*, garantie de l'indépendance de leurs décisions.

Etudions maintenant la marche de la justice. Le premier degré de juridiction, c'est-à-dire le premier magistrat devant lequel peuvent se porter les affaires ou discussions, c'est le JUGE DE PAIX. Il en existe en France 2,968 devant lesquels il passe plus de trois millions et demi d'affaires; ils en concilient plus des deux tiers. Ce sont encore les juges de paix qui président les conseils de famille pour les tutelles de mineurs, les partages d'héritages. Dans une seule année, ils en président environ 82,000 et veillent à l'apposition des scellés, formalité destinée à protéger les biens de ceux qui ne sont pas là pour les défendre. On peut dire vraiment que dans un pays il n'est pas de fonction plus respectable et plus utile que celle des juges de paix.

Après la justice de paix vient le TRIBUNAL DE 1re INSTANCE. Il en existe un dans chaque chef-lieu d'arrondissement. Il se compose de trois JUGES dont l'un est Président, et d'un PROCUREUR. Dans les arrondissements très populeux on augmente le nombre des juges, et le tribunal

peut alors se diviser en plusieurs Chambres ayant chacune
son président. Il existe en France 360 tribunaux de 1re
instance qui jugent environ 125,000 affaires, et procèdent à
plus de 250,000 actes légaux, testaments, séparations de
biens, déclarations, etc. Cependant il est des affaires qui
se traitent tout autrement que les affaires qui touchent à la
propriété, ce sont les affaires commerciales. Un mot, un
simple écrit de quelques mots suffit souvent pour engager
des sommes considérables. Il a donc semblé qu'il fallait des
tribunaux particuliers qui pussent juger les commerçants
selon leurs coutumes. On a donc établi des Tribunaux de
commerce dont les membres sont nommés par les commerçants eux-mêmes. Il en existe en France 220, qui
voient passer devant eux 270,000 affaires sur lesquelles
70,000 sont conciliées, 62,000 jugées, et les autres aban-
données. Les fonctions de juge dans ces tribunaux sont
gratuites.

Enfin, on a voulu établir aussi des Tribunaux particuliers pour juger les querelles qui surgissent entre les ouvriers, ou entre les ouvriers et leurs patrons. Ce sont les
Tribunaux des Prud'hommes (*Prud'homme veut dire honnête homme*). Il en existe 115 en France, et il passe devant
eux environ 43,000 affaires, sur lesquelles 25,000 sont
conciliées, 3,000 jugées et le reste abandonné.

Mais un procès peut être mal jugé, pour une raison ou
pour une autre, la loi a donc voulu donner aux perdants le
moyen de faire réviser les jugements. Le Procureur peut
même souvent penser que le procès n'a pas été bien compris,
la loi bien appliquée. Il existe donc au-dessus de ces Tribunaux de *première instance* des Tribunaux d'un ordre plus

élevé qui se nomment COURS D'APPEL, parce que c'est à c[...] qu'on peut en appeler du premier jugement. Nous poss[...] dons en France 26 COURS D'APPEL comprenant 59 Chambre[...] Chaque Cour d'appel possède à sa tête un PREMIER PRÉS[...] DENT qui est le chef supérieur de la justice dans tout [...] ressort de sa Cour. Le PROCUREUR près la Cour d'appel e[...] également le chef de la Magistrature debout dans tout s[...] ressort. On appelle *ressort* d'une Cour le territoire s[...] lequel s'étend sa juridiction. Les Cours d'appel jugent e[...] viron 12,000 affaires.

Les jugements des Cours d'appel sont définitifs et irréfo[...] mables quant au fond, c'est-à-dire quant à ce qui fait [...] matière du procès, mais si les formalités à suivre devant [...] justice ont été négligées, si un texte de loi a été mal appl[...] qué... alors on peut en appeler à un autre tribunal à [...] COUR DE CASSATION. Tribunal suprême chargé de veiller [...] l'interprétation et à l'application stricte des lois.

Il n'existe en France qu'une Cour de cassation, ell[...] siège à Paris, se compose de 3 chambres et compte 5[...] membres. Le Premier Président et le Procureur général [...] cette Cour, sont considérés comme les chefs de la Magis[...] trature française.

L'organisation de ces divers tribunaux semble en vérit[...] offrir toutes les garanties possibles, cependant la loi n'a p[...] cru devoir leur confier le jugement des accusés de crim[...] graves, en raison des peines infamantes auxquels ils peu[...] vent être condamnés ; elle a voulu leur donner une garant[...] de plus, en statuant qu'ils seraient jugés par un Tribun[...] particulier, composé de juges choisis quatre fois par a[...] par le chef de l'Etat, parmi les membres des Cours d'appel[...]

Et que chacun de ces tribunaux nommés Cour d'Assises seraient assistés par douze citoyens tirés au sort, sur une
liste préparée avec soin ; lesquels assisteraient à tous les dé-
bats des procès criminels et seraient chargés, après avoir
prêté serment, de déclarer si l'accusé était coupable de tel
ou tel crime.

Les jugements des Cours d'assises sont définitifs, sauf
les appels en Cour de cassation, pour défaut de forme.

Notons que les accusés ne sont envoyés devant les tribunaux qu'après une longue et minutieuse enquête conduite
par un Magistrat particulier qui prend le nom de *Juge
d'instruction*, parce que c'est lui qui *instruit*, c'est-à-dire
étudie l'accusation qui lui est transmise par le Procureur de
la République.

C'est le Juge d'instruction qui cherche les témoins du
crime, qui convoque devant lui toutes les personnes qui
peuvent le renseigner, et lorsqu'il se croit suffisamment
éclairé, il rend une *Ordonnance* par laquelle il déclare
que l'accusé doit ou ne doit pas être poursuivi. — Mais ce
n'est pas encore tout, cette Ordonnance est revisée ou jugée
par une Chambre particulière qui existe dans chaque Cour
d'Appel et se nomme *Chambre des mises en accusation*.
Cette Chambre a pour mission de statuer sur le caractère
des affaires, et elle peut renvoyer les prévenus soit devant
la Cour d'Assises, soit devant le Tribunal de Police correctionnelle.

Le Tribunal de Police correctionnelle est un Tribunal
particulier composé de Magistrats désignés pour cet office
parmi les membres des Tribunaux de première instance.
Il ne juge pas les *Crimes*, mais seulement les *Délits*, c'est-

à-dire les fautes qui ne peuvent être punies que de cinq années de prison au plus.

Dans chaque canton, le Juge de paix tient aussi un tribunal qu'on appelle *Tribunal de simple police*. Ce tribunal juge les petits délits nommés *Contraventions,* et ne peut condamner à des peines au delà de 5 jours de prison ou de 15 fr. d'amende. Remarquons encore que l'on peut toujours *appeler* des jugements d'un tribunal au tribunal qui lui est supérieur.

Tels sont les tribunaux qui règlent les affaires ordinaires des particuliers entre eux, et répriment les criminels, mais les particuliers peuvent avoir des discussions avec l'État au sujet de leurs propriétés, ou des travaux qu'ils font pour lui. Sous prétexte qu'il fallait dans ces procès des connaissances spéciales, que l'État ne pouvait être assimilé à un simple citoyen, ou pour des raisons qu'il est assez difficile d'expliquer, on a cru qu'il fallait porter ces discussions devant un Tribunal spécial, qu'on nomme CONSEIL D'ETAT.

Ce Tribunal siège à Paris, et il faut bien avouer qu'il est toujours très pénible et très dispendieux d'avoir à s'adresser à lui, et que comme il est présidé par le Ministre de la Justice, il arrive que par le fait, dans les procès qui sont portés devant lui, l'État se trouve tout à la fois juge et partie, ce qui est contre les éléments mêmes de la justice.

Quoi qu'il en soit, c'est devant lui que sont portées toutes es affaires qui touchent à l'administration. Ajoutons que c'est le CONSEIL D'ETAT qui prépare les lois, les étudie avant de les présenter aux Chambres, que c'est lui qui rédige les règlements d'administration publique, est en résumé comme le Conseil et le secrétaire général des ministres, pour tout ce qui a rapport aux travaux publics, à la procédure administrative, etc.... Il se compose de 62 membres, plus 31 *Auditeurs* c'est-à-dire aspirants ou aides. Au reste, composé d'hommes ayant fait des études spéciales, et déjà donné des garanties de capacité et d'honorabilité, le Conseil d'Etat est un moyen puissant de bonne administration.

Enfin, il est encore un autre tribunal peu connu, parce que les simples citoyens n'ont que rarement à s'adresser à lui. C'est la Cour des Comptes. Ce tribunal composé de 127 membres est chargé de vérifier tous les *Comptes* de tous les services du gouvernement, afin de s'assurer qu'on n'y a pas commis des erreurs, et qu'il n'y a pas eu de soustractions.

Ce Tribunal est une garantie de la bonne gestion des finances de l'Etat, et de plus les recettes et les dépenses sont faites par des agents responsables, c'est-à-dire dont la probité est garantie par des cautionnements ou dépôts d'argent qui ne leur sont pas rendus tant qu'ils n'ont pas justifié devant la Cour des comptes de l'emploi régulier des sommes reçues par eux.

Cependant il serait difficile aux particuliers de poursuivre eux-mêmes leurs procès devant les tribunaux, ou même de parfaitement régler les affaires concernant les immeubles, pour cela il faudrait connaître les lois. Il a donc été créé quatre ordres d'officiers ministériels qui sont comme des intermédiaires entre le simple citoyen et la justice. Ce sont d'abord les Notaires et les Avocats, ensuite les Avoués et les Huissiers.

Les Notaires sont établis pour passer tous les actes et contrats auxquels il faut donner une forme *authen-*

tique, c'est-à-dire une forme telle, qu'ils puissent servir de titres *incontestables*. Les notaires conservent les Souches ou *Minutes* de tous les actes qu'ils passent, et ils n'en délivrent que des Copies.

Il existe en France 9,180 notaires qui passent, chaque année environ 6,500,000 actes.

Les Avoués sont chargés de représenter devant les tribunaux les simples citoyens, ce sont eux qui dirigent en quelque sorte les procès dans l'intérêt de leurs clients, et en rédigent les pièces.

Les Huissiers sont spécialement chargés de signifier les actes nécessaires à un procès. Il fallait en effet que l'on pût savoir si les Assignations avaient été reçues par ceux auxquels elles étaient destinées; de simples lettres ou billets n'étaient donc pas suffisants. C'est pour cette raison que nous lisons sur les actes d'huissier la formule bien connue : « *parlant à lui-même ou à son domestique... Nous lui avons remis le présent acte... afin qu'il ait à...*

Enfin quand l'affaire est bien préparée, il s'agit de l'exposer convenablement devant les juges, c'est l'office des Avocats.

Ces quatre fonctions, surtout celles des Notaires, nous semblent presque faire partie de la Magistrature elle-même, car elles sont, comme elle, constituées gardiennes, surveillantes et avocates de la Justice, du Droit.

Le Notaire est le témoin ou garant juré de la position civile des familles; c'est lui qui rédige, contrôle et conserve leurs titres de propriété, leurs contrats de mariage, leurs testaments; il est parfois le dépositaire

des secrets les plus intimes; sa parole fait foi dans
les affaires les plus importantes, dans les circonstances
les plus solennelles, et les intérêts des veuves et des
mineurs lui sont tout entiers confiés... Quant aux Avocats
et aux Avoués, ils ont également bien souvent la fortune
et l'avenir des familles entre leurs mains : un conseil
hasardé, parfois intéressé, peut entraîner les plus grands
malheurs, faire naître et perpétuer indéfiniment des
procès désastreux, entretenir des inimitiés pendant des
générations entières... Aussi l'opinion publique entoure-t-
elle d'une véritable vénération les hommes qui savent
occuper avec honneur de telles positions; et les Notaires,
les Avocats et les Avoués forment entre eux comme de
véritables corporations ou familles qui se nomment un Président auquel chacun reconnaît le droit de surveillance et
de réprimande, c'est ce qu'on appelle *Chambre des Notaires*,
Chambre de discipline des Avocats, des Avoués..., etc...

Telles sont les nombreuses fonctions nécessaires pour
que, dans un Etat, le droit de chacun soit parfaitement
garanti ; et il serait certainement impossible d'en supprimer une seule, sans qu'il en résultât immédiatement
un grand désordre.

LXX. — Du Code ou recueil des lois françaises.

Maintenant nous avons à expliquer ce qu'on doit entendre
par le mot Loi. Une loi est un ordre donné, pour le bien
général, par celui qui a le droit de le donner, et obligatoire
pour tous.

D'après cette définition, il est clair qu'une loi, qui aurait un but *notoirement* mauvais, ne serait pas une loi, et que dès lors on ne devrait pas lui obéir ; mais en dehors de ce cas, il est certain que les lois obligent en *conscience*, c'est-à-dire devant Dieu, au point de vue moral, et qu'il est mal de s'y soustraire. C'est la doctrine de l'Eglise, c'est celle qu'enseigne le cardinal Gousset dans son commentaire sur le Code civil. *Celui qui résiste au pouvoir, résiste à Dieu*, dit saint Paul. La loi étant faite pour le bien, il est évident que celui qui la viole ou l'élude, empêche le bien et souvent fait même du mal à son prochain, comme par exemple, quand il s'agit du service militaire, et des impôts. *Rendez à chacun ce qui lui est dû, l'impôt à qui il est dû*, dit encore saint Paul. De plus on ne peut se soustraire aux lois sur l'impôt, sans se mettre dans le cas de dire une foule de mensonges, et sans mettre dans le même cas les employés, les domestiques, tous les gens qui dépendent de nous, ce qui est profondément immoral, complètement contre la *Justice* : or la Justice formulée dans l'ensemble des lois, qu'est-elle? si ce n'est une imitation de la Justice absolue, qui est l'attribut de Dieu, « et l'on est fondé à croire, disait M. Gilardin, premier Président de la cour d'appel de Paris, que Dieu a délégué aux sociétés humaines, la partie qu'il fallait de sa justice, pour qu'elle maintînt dans leur sein, les rapports moraux, sans lesquels le bien social ne saurait exister. »

Un des caractères essentiels de la loi, est encore la *stabilité*, c'est-à-dire qu'une loi, pour être véritablement une loi, ne doit pas pouvoir être changée par les souverains ou

les législateurs élus, sans de très graves motifs, et même
sans une nécessité absolue.

En effet, la loi étant ce qui règle les rapports sociaux,
les droits et les devoirs des citoyens les uns envers les
autres, les conditions de la vie sociale et même de celle
des familles, il est clair que si elles peuvent être changées
à chaque instant, les citoyens ne peuvent plus savoir sur
quoi compter. Comment dès lors entreprendre de grands
travaux, chercher à fonder un commerce, à établir sa
famille?... Et il n'est certainement rien qui puisse troubler
plus profondément un pays que le changement continuel
des lois.

La loi ne doit également avoir aucun effet *rétroactif*,
c'est-à-dire qu'elle ne peut en aucun cas atteindre des
actes qui ont précédé sa *promulgation* ou *publication* : car
il serait souverainement injuste de me condamner pour ce
que j'aurais fait *avant* la loi. On pourrait même dire que,
par exemple, la loi sur le divorce ne devrait s'appliquer
qu'aux mariages conclus *depuis* sa promulgation ; et que les
époux mariés sous le règne de l'indissolubilité, n'ont pas le
droit, d'user l'un *contre* l'autre, d'une loi qui n'existait pas
lorsqu'ils se sont mariés, car celui qui se trouverait lésé
par la séparation pourrait dire avec raison qu'il ne se serait
pas marié, s'il avait su que son conjoint *pouvait* le quitter.

Avant la Révolution de 1793, la France était régie par
une foule de Lois et de Coutumes variant les unes des autres, selon les provinces : de là résultaient de très grands
inconvénients ; les procès étaient interminables, le droit de
chacun toujours douteux. Il fut donc nommé une commission de jurisconsultes, chargés de fondre ces lois en un

seul Code ou recueil. Ce fut un long et grand travail auquel prirent part des hommes remarquables. A son avènement, Napoléon trouva ce travail très avancé, il eut l'honneur de le faire terminer et de le promulguer, c'est pour cela que l'ensemble de nos lois se nomme CODE NAPO-LÉON.

Le Code général des lois françaises est divisé en cinq parties qui portent elles-mêmes le nom de Code : la première partie s'occupe des personnes et de leurs relations en ce qui concerne la famille, la propriété et sa transmission, elle se nomme *Code civil* et se compose de 2,281 articles, compris dans trois livres divisés en titres et chapitres.

Mais dans les affaires ou procès que suscitent les droits des familles, et la propriété, il y a des règles à suivre, pour arriver à une solution ou à un jugement, la deuxième partie du Code fixe ces règles et pour cette raison elle se nomme *Code de procédure civile*, et contient 1,042 articles compris dans trois livres divisés en titres et chapitres.

Les affaires commerciales ne pouvant se traiter comme les affaires de famille ou de propriété, et étant confiées à des tribunaux spéciaux, la troisième partie du code contient les lois qui régissent le commerce, elle se nomme *Code de commerce*, et compte quatre livres et 645 articles.

Cependant la poursuite des criminels, la constatation de leurs délits et la préparation de leur mise en jugement, nécessitent de nombreuses lois, la quatrième partie du code contient ces lois et se nomme *Code d'instruction criminelle*, et se compose de 643 articles divisés en deux livres.

Enfin la cinquième partie fixe les peines qui doivent être

infligées aux criminels, se nomme *Code pénal*, et compte 484 articles divisés en quatre livres.

A ces cinq codes principaux, il convient d'ajouter le *Code forestier*, qui contient sous XV titres, 226 articles réglant l'aménagement et la coupe des forêts, soit de l'Etat, soit des particuliers.

Enfin, en tête des cinq codes on trouve généralement ce qu'on appelle la *Constitution*, c'est-à-dire l'espèce de Contrat ou Acte solennel qui établit les pouvoirs publics, règle ses rapports avec les citoyens, et trace les principaux devoirs et droits de ceux-ci.

Les cinq codes qui comprennent 5,095 articles ne sont cependant que le résumé des lois essentielles, des lois qui ne changent pas. Quant aux lois qui se font journellement à la Chambre ou au Sénat elles sont contenues dans le *Bulletin des lois*. Leur nombre est illimité, s'augmente tous les jours, car actuellement le chef de l'Etat n'ayant pas à proprement parler la Souveraineté, rien d'important ne se fait sans que la décision en ait été prise par les Chambres *sous forme de loi.*

LXXI. — De deux lois essentielles entre toutes.

A la suite de cette étude sur la justice en général, nous avons eu, un moment, l'intention de donner ici un aperçu des lois les plus nécessaires, surtout de celles concernant la famille et la propriété, mais nous avons craint de créer en quelque sorte un hors d'œuvre dans notre travail, et de détourner trop longtemps l'attention du véritable objet de ce livre, qui est la description raisonnée de nos sociétés. D'ailleurs, le code de nos lois est dans toutes les mains, et il existe une foule de petits traités sur celles qu'il importe de connaître.

Notons seulement en passant combien sont importantes les lois qui règlent les conditions du mariage et celles de la possession des biens meubles et surtout immeubles. Toucher aux lois qui régissent ces deux points, c'est toucher aux fondements même de la vie, de la société, de la civilisation, de tout, c'est vouloir ramener la barbarie.

Le but premier et essentiel du mariage étant le bien des enfants qui peuvent venir aux époux, il est certain que ce but serait complètement manqué, si sous un prétexte ou sous un autre, les pères et mères pouvaient se séparer, partager leurs enfants et créer de nouvelles familles. La plume se refuse à décrire les désordres qui résulteraient d'une pareille possibilité. Et si l'on parle de la cruauté qu'il y a, à forcer de vivre ensemble des êtres qui se détestent, on peut répondre que pour qui connaît le cœur humain, la possibilité de se séparer ferait qu'un nombre d'époux infiniment plus grand qu'aujourd'hui, se *laisseraient* aller à se détester, tandis qu'au contraire la conviction qu'ils sont unis pour toujours, les fait ordinairement passer par dessus beaucoup de petits défauts, qui sans cette conviction deviendraient facilement des motifs de séparation, et l'âge venant, l'habitude aidant, on finit, tout en souffrant peut-être encore un peu de ces défauts, par être mille fois moins malheureux que si l'on s'était séparé. D'ailleurs, il ne faut pas l'oublier, le mariage n'est pas seulement fait pour les époux, il est encore et surtout fait pour les enfants ; or le divorce sacrifie complètement les enfants ; cette considération suffit à sa condamnation.

« Pour soutenir le divorce, disait M. Constans député en 1876, après avoir démontré qu'il était faux qu'on puisse l'offrir au nom de la liberté, « pour soutenir le divorce, il faut méconnaître les besoins les plus intimes et les plus impérieux du cœur humain. L'union de l'homme et de la femme est de droit naturel. Pour que cette union existe il faut qu'elle ait devant elle la certitude et la durée, il faut qu'elle soit entretenue par une égale dignité, une égale sécurité, par une égale confiance. L'indissolubilité dans le mariage peut seule réaliser toutes ces conditions. Ce n'est pas l'Eglise catholique qui a décrété qu'il est de l'essence du mariage d'être indissoluble, ce décret est aussi vieux que le monde, les jurisconsultes Romains donnaient du mariage cette définition aussi juste aujourd'hui qu'il y a deux mille ans. *Consortium omnis vitæ. — Union ou sort commun de toute la vie.* » Et quand Rome eut foulé aux pieds le respect du mariage, elle n'eut bientôt plus la force de fermer ses frontières aux barbares, et c'est ce qui nous arriverait si le divorce parvenait à s'implanter dans nos mœurs, mais cela ne sera pas, car l'idée de l'indissolubilité du mariage a pris de si profondes racines dans les âmes, que le divorce ne sera jamais en France, qu'une triste et douloureuse exception.

Quant à la propriété et aux lois qui la régissent, il est également certain, qu'il est excessivement dangereux de les attaquer et de les bouleverser, comme on ne le projette que trop. Nous avons dit plus haut, ch. xxi, ce qu'était le droit de propriété, ajoutons encore que si le respect des liens du mariage est la condition indispensable de l'existence de la famille, et du monde, la propriété est la condition indispensable de l'existence de la famille. Il faut à la famille un lien stable, or c'est le respect du droit de propriété qui seul peut assurer ce lien stable. Détournons les yeux des familles éphémères de certaines de nos grandes villes, de ces familles égoïstes qui ne sont pas à proprement parler des familles, puisqu'elles redoutent les enfants et sont la ruine du pays qui les porte, mais jetons les yeux sur les vraies familles, sur ces familles nombreuses ou germe la vie, sur celles ou le père et la mère considèrent l'éducation de leurs enfants comme le but de leur existence ; avouons-le, nous ne comprenons pas ces familles sans la propriété et l'hérédité.

Quel est donc l'homme de cœur dont le rêve ne sera pas d'assurer à la mère de ses enfants un domicile et un morceau de pain que nul ne puisse enlever. Eh quoi, moi père de famille, je ne serais plus le maître de faire jouir mes chers petits enfants des fruits de mon travail et de mes privations, je ne pourrais plus leur le transmettre après ma mort, me survivre encore auprès d'eux par cette belle et sainte loi de l'hérédité ? Mais alors, je ne ferais plus rien, je vivrais au jour le jour, je déplorerais la naissance de mes enfants, je ne ferais aucun cas de leur vie... tout le monde fera de même, et ce sera l'état sauvage, sauf les apparences civilisées. Ce l'est déjà pour bien des familles qui brillent un jour derrière les banques de nos magasins, dans les appartements microscopiques de nos villes, et qui s'évanouissent sans laisser après elles plus de souvenir que ces météores qui sillonnent les espaces célestes à certaines époques de l'année.

Nous ne croirons donc pas les aveugles qui regardent nos

lois sur le mariage et sur la propriété comme de vieilles
institutions qu'il faut savoir remplacer. Ce qui est la vérité,
est toujours et partout la vérité. Depuis le commencement
du monde la propriété est ce qu'elle est aujourd'hui ; dès
qu'un peuple veut sortir de la barbarie il est obligé
d'adopter nos lois dans ce qu'elles ont d'essentiel, et la
propriété collective qui existe encore chez certains peuples
est un obstacle insurmontable à tout progrès, à toute civilisation. Les faits le prouvent surabondamment.

LXXII. — Du travail et de ses conséquences.

L'Economie sociale, comme nous l'avons dit en commen-
çant, embrasse la vie entière de l'humanité. Après avoir
étudié le gouvernement et jeté un coup d'œil sur cet
ensemble de choses, d'institutions et de fonctionnaires qui,
d'une multitude, crée ce qu'on appelle un peuple, tient ce
peuple dans l'ordre, veille à ses intérêts et dirige sa marche ;
nous avons donc à étudier diverses questions qui touchent,
non plus au gouvernement, mais au travail particulier, c'est-
à-dire à cet effort que fait chaque jour chaque citoyen pour
gagner son pain, pour augmenter et conserver sa fortune
et pour parer aux mille difficultés et aux mille accidents
de la vie.

Pour comprendre cette étude, il faut se représenter par
l'imagination le lever quotidien de ces millions d'âmes qui
peuplent le monde... La nuit se retire, l'homme secoue le
sommeil et se dispose au travail... Chacun, depuis l'écolier
jusqu'au chef de l'Etat, reprend l'outil ou les soucis qu'il a
déposés pour un moment.

Que de désirs et que de passions agitent déjà chacune des âmes composant ces foules qui, dès le matin, se précipitent dans les champs, dans les rues de nos villes, dans les marchés, dans les ateliers, les usines, les bureaux, les magasins, les chemins de fer, les embarcations et navires qui sillonnent les fleuves, les canaux et les mers ! Chacun est au service de tous, tous au service de chacun. Du haut en bas de l'échelle sociale, ce n'est qu'un échange mutuel de services... Le pauvre commissionnaire du coin de la rue accueille ce commerçant qui lui présente sa chaussure, avec autant d'empressement que ce commerçant accueillera tout à l'heure celui qui viendra choisir, dans ses magasins, pour des milliers de francs de marchandises ; car, pour l'un comme pour l'autre, c'est le combat pour la vie, combat sans repos, combat dans lequel il faut vaincre ou mourir, car il ne s'y agit pas seulement de sa vie à soi, mais de celle de sa femme, de ses enfants, de l'honneur, de la réputation, de tout ; combat souvent terrible qui a ses blessés, ses mourants et ses morts.

Et cependant si, nous élevant par la pensée au-dessus des apparences et du bruit matériel, nous considérons les conséquences de cet immense mouvement de choses, si nous songeons aux admirables sentiments de toute nature, qu'il fait naître dans les âmes, aux actes de courage, de vertu, de persévérance, d'honnêteté, de dévouement et de sacrifice auxquels il donne lieu, à cette vie morale et intellectuelle qu'il suscite et entretient dans le monde, nous ne nous plaindrons pas des douleurs de la lutte, et nous admirerons sans réserve les œuvres merveilleuses de Celui qui a tout bien fait, tout prévu, et qui sait faire sortir d'une graine imperceptible, tout aussi bien les grands arbres de nos forêts que les fleurs de nos jardins.

Le travail est donc cet effort pénible et souvent douloureux auquel est poussé l'homme, depuis le jour de sa naissance jusqu'à celui de sa mort, par les besoins et désirs que font naître en lui la faim, le froid, l'ambition et l'amour du bien-être, et même du beau pour lui, mais surtout pour ceux qu'il aime. Or, par le fait de sa grandeur native, il se trouve que ces besoins et désirs sont insatiables et ne font même que croître à mesure qu'on les satisfait, de sorte qu'ils l'entraînent sans cesse à des efforts de plus en plus grands... efforts qui ont, il est vrai, cet admirable avantage de ne jamais lui permettre le repos, et de lui fournir à chaque instant de nouveaux motifs d'activité, mais qui, d'un autre côté, ont l'inconvénient de faire continuellement surgir de nouvelles difficultés et de nouveaux problèmes qui troublent le monde, et sont parfois cause des plus grands malheurs, jusqu'au jour où de nouveaux efforts auront enfin fait découvrir les remèdes nécessaires.

Nous avons à étudier les conséquences sociales du mouvement continuel produit dans le monde par le travail.

LXXIII. — Des grands établissements industriels et de leur influence.

De nos jours, une des conséquences sociales les plus graves des progrès de la science et de la nécessité de produire plus vite, davantage et à meilleur marché, a été la création d'un nombre de plus en plus considérable d'Usines, Manufactures ou grands Ateliers.

Disons-le d'abord, la création de ces établissements est un progrès réel, non seulement au point de vue matériel, mais même, en un sens, au point de vue intellectuel ou moral.

C'est grâce à ce grand développement donné au travail que tant de produits sont devenus si abondants et à si bon marché, qu'au lieu d'être seulement à la portée d'un petit nombre de bourses, ils sont à la portée de presque tout le monde; et l'on peut dire qu'aujourd'hui, en beaucoup de choses, les pauvres connaissent des délicatesses dont les riches n'avaient pas même l'idée, il y a cinquante ans. C'est grâce encore au puissant outillage que nous admirons dans ces grands établissements que l'on a pu créer les chemins de fer, construire leur matériel, ainsi que les immenses vaisseaux qui vont chercher jusqu'aux extrémités du monde les choses nécessaires à la vie, et rendent ainsi bien difficile le retour des famines qui affligeaient si souvent le monde, même au commencement de ce siècle.

Enfin, l'emploi de la puissance de la vapeur et des machines-outils, affranchit peu à peu l'homme des travaux les plus pénibles, lui permet un travail moins assidu, et lui laisse, par conséquent plus de temps pour la culture de son âme et de son intelligence.

Les grandes usines, comme nous l'avions au reste déjà vu, ch. XIII, sont donc un bien, un bien réel aux yeux de tous ceux qui savent voir les choses dans leur ensemble, et au point de vue général, mais c'est un bien, comme tous les biens de ce monde, un bien mélangé de beaucoup de maux. Ce sont ces maux que nous avons à signaler.

Le premier mauvais résultat que l'on attribue aux

grandes usines, c'est d'avoir profondément troublé les
mœurs d'une partie considérable de la population.

Autrefois, sauf exception, l'ouvrier travaillait chez lui,
auprès de sa femme et de ses enfants, commandait souvent
à un ou deux ouvriers, initiait peu à peu ses fils à son métier, et entrevoyait, toute sa vie, le moment où il pourrait se
reposer sur eux de la partie la plus pénible de son labeur...
Si, au contraire, il n'avait pu devenir maître, il travaillait
au moins à côté d'un patron qu'il connaissait, avec lequel
il traitait presque d'égal à égal ; il mangeait ordinairement
à sa table et faisait comme partie de la famille...

L'usine a changé tout cela. En France, il est à cette heure
plus de 1,200,000 ouvriers qui abandonnent, dès le matin,
leur foyer, pour aller se presser à la porte des ateliers ; le
père de famille confondu avec les jeunes gens, avec les enfants, parfois avec les siens. Cet homme, qui avait sa vie à
lui, sa responsabilité propre, n'est plus, dans les pays de
grandes manufactures, qu'un être anonyme dont on a besoin ou pas besoin, qu'on a pris hier, qu'on peut renvoyer
demain sans qu'il sache pourquoi... se croyant toujours la
victime d'un maître inconnu, dont il ne peut ni savoir ni
comprendre les tourments, les ennuis ou les difficultés. D'un
autre côté, ses enfants ne sont plus témoins de ses efforts et
de ses peines ; au lieu d'être encouragé par leur présence,
égayé par leurs propos, ses oreilles sont trop souvent souil-
lées par le langage le plus grossier, et ses idées perverties
par les mauvais, qui ne peuvent moins faire que de se trouver dans une grande agglomération d'hommes, et possèdent
par un singulier mystère de l'esprit humain, une influence
presque toujours refusée aux bons.

De là un profond abaissement dans les âmes, un moindre amour d'un foyer et d'une famille qu'on abandonne dès le matin, qu'on ne voit plus qu'à l'heure des repas, et encore pas toujours.

Nous dirons tout à l'heure quels moyens peuvent neutraliser, dans une certaine mesure, ce premier inconvénient des grandes usines. Après tout, l'homme est organisé pour la lutte morale, tout aussi bien que pour la lutte matérielle. Il peut et il doit savoir rester bon, dans toutes les circonstances et positions possibles ; il possède même en lui un tel ressort, que les difficultés et les contradictions, au lieu de l'abattre, ne font, le plus souvent, qué l'exalter et le rendre capable de ce qui, d'abord, lui semblait impossible. Le mal que lui font les grandes usines serait donc presque réparable, si elles n'avaient pas centuplé et rendu ce mal presque incurable, en attirant à elles les femmes elles-mêmes, soit parce qu'elles réclament un salaire moins élevé, soit parce que les machines, faisant le travail pénible, il n'y avait plus besoin de la force de l'homme. Or, rien ne peut atténuer le mal qui résulte de la désertion du ménage par la mère de famille, et si ce fait se généralisait, ce serait la fin de tout ; ce l'est déjà, partout où il se produit avec intensité.

LXXIV. — Des maux produits par le travail des femmes hors de chez elles.

En effet, si nous considérons le monde, nous voyons que la véritable vie n'est pas la vie des affaires, du travail, du commerce ou du gouvernement, mais la vie de

famille, cette vie toute intérieure et toute de cœur, qui
s'écoule autour du foyer et se compose des repas pris en
commun, de l'entretien et de l'éducation des enfants, de
ces visites, de ces jeux, distractions, fêtes, promenades
et loisirs qui font tout le charme de l'existence, et en sont,
pour ainsi dire, le fond ou la raison d'être.

Il nous semble que lorsqu'on s'occupe des mœurs sociales, on ne tient jamais assez compte de cette importance absolue de la vie de famille... Et cependant il suffit d'observer
ce qui se passe continuellement sous nos yeux, pour comprendre qu'en réalité la vie si bruyante du monde, des affaires
et des intérêts, n'est que secondaire pour l'homme, et qu'elle
n'est qu'un moyen pour soutenir la vie intime... C'est le
matin : je vois un ouvrier, encore couvert de la poussière de
la veille, s'acheminer vers son atelier... Il est triste, ne dit
rien... Pourquoi?... Un camarade le lui demande... Ah !
dit-il, c'est que la petite est malade... Pauvre petite !.. Je
l'aime tant ! Elle est si gentille ! Si elle meurt, ma femme
en mourra...

Bagatelle, dira-t-on... Non, vous vous trompez, l'homme
est tout là, le pauvre comme le riche, le riche comme le
pauvre... Un officier supérieur brave sans hésiter la chance
des combats et s'expose à la mort, c'est bien pour remplir
son devoir et servir sa patrie, si vous voulez ; mais regardez
plus au fond de son cœur... Il veut peut-être mériter la main
d'une personne aimée, laisser un peu de gloire à ses enfants... Un grand négociant est assis à la table des délibérations de la chambre de commerce, la séance se prolonge...
Il regarde la pendule monumentale qui orne la cheminée...
Pourquoi?.. C'est qu'il pense que c'est l'heure de partir

pour la campagne, où l'attend le baiser de la petite fillette qui lui viendra au-devant dès qu'elle entendra ouvrir la barrière... Et si cette chère petite était malade, en danger, oh ! alors, adieu la chambre de commerce et ses graves délibérations ; plus rien n'intéresse ce grand-père... Et il s'étonnerait, si ses collègues ne lui demandaient pas avec intérêt des nouvelles de sa malade... Et si elle meurt, il voudrait mourir et meurt souvent avec elle... *Voici que cette maison ne s'ouvrira plus joyeuse devant toi, ces doux enfants ne voleront plus au-devant de tes pas pour s'emparer de tes premiers baisers, et pénétrer ton cœur d'une joie intérieure et secrète... Malheureux ! un seul jour fatal t'enlève toutes ces douceurs de la vie...* Ainsi chantait, il y a dix-huit cents ans, le poète latin ; et ce qui était vrai de son temps, l'est encore aujourd'hui et le sera toujours (1).

La vie intérieure, la vie de famille, cette vie qui s'écoule dans l'intimité et le silence, entre un père, une mère et leurs enfants, est donc bien la véritable vie. Or, la femme, épouse, mère, fille ou sœur, est la base, l'auteur, la raison d'être de cette vie intérieure, et si le travail l'enlève dès le matin à sa maison, à sa chambre ou à sa mansarde, cette vie disparaît tout entière, et par là même tout est perdu.

En vain me direz-vous que la mère rentre pour faire son

---

(1)   At jam non domus accipiet te læta, neque uxor
Optima, nec dulces occurrent oscula nati
Præripere, et tacita pectus dulcedine tangent.
· · · · · · · · · Miser ! o miser !... Omnia ademit
Una dies infesta tibi tot præmia vitæ.

LUCRÈCE.

dîner, que le soir elle a du temps, que ses enfants sont reçus à la crèche et à l'asile... Vous figurez-vous cette chambre abandonnée dès le matin, cet enfant qu'on lève à la hâte,
ces repas mal préparés, souvent pris séparément par le mari
et la femme, peut-être au restaurant ; et le soir, si le mari
est libre avant sa femme, rentrera-t-il dans une chambre
froide et solitaire, dont le lit n'est peut-être pas seulement
fait?... Et si sa femme rentre avec lui, lui demanderez-
vous, à cette malheureuse, de travailler encore au lieu de se
reposer comme son mari? Faudra-t-il qu'elle prépare la
nourriture, raccommode, lave, allaite ou couche son enfant
qu'elle a pris en passant à l'asile?.. Quelle vie épouvantable !.. Et comment espérer, chez cette femme, la bonne humeur et l'amabilité qui sont absolument nécessaires à la vie
de famille?.. Qu'on se représente par la pensée un tel intérieur, et l'on conviendra que le travail des femmes hors
de chez elles est une chose contre nature, qu'il détruit en
quelque sorte l'humanité et ne peut jamais être qu'un pis
aller, une triste nécessité qu'il faut combattre par tous les
moyens possibles.

LXXV. — Qu'en travaillant hors de chez elle, la mère de famille perd plus qu'elle ne gagne.

Mais, dira-t-on, il faut bien vivre ; si le salaire du mari
ne suffit pas, il faut absolument que la femme travaille.
Erreur ! D'abord il est certain que l'emploi des femmes
a fait baisser le salaire des hommes ; le ménage n'y
a donc rien gagné. De plus, il est facile de démontrer,

comme cela a été fait cent fois (1), que la femme qui gagne,
hors de chez elle, 2 fr. par jour, perd largement ces 2 fr.,
car, en résumé, il faut bien que quelqu'un fasse ce que ne
font pas la mère et ses filles ; il faut bien qu'on raccommode,
lave, repasse, confectionne les vêtements, que l'on achète et

(1) « Dans un ménage de trois ou quatre personnes, on ne peut estimer à
moins de 50 cent. par jour le raccommodage, le lavage, la confection des vêtements, etc,; c'est même peu si l'on considère que la mère de famille ménage son linge en le lavant, raccommode et fait servir des choses qu'elle
n'oserait pas confier à raccommoder à une étrangère. La préparation convenable des aliments est chose longue ; il faut aller le matin au marché,
sous peine de payer cher.…. On peut donc affirmer que la nourriture des divers membres de la famille coûtera au moins 75 cent. de plus s'il faut la préparer à la hâte; et ces 75 cent. ne suffiront pas si on va au restaurant. Si le
mari, n'ayant plus son coin du feu, sa maison propre, va au café, si, comme
cela arrive presque toujours, la femme, énervée par le travail, devient plus
difficile, alors ce ne serait plus 75 cent. qu'il faudrait compter, mais 1 fr. 25,
1 fr. 50, 2 fr. peut-être.…. ; mais enfin, pour ne rien exagérer, tenons-nous à
75 cent. C'est donc déjà 1 fr. 25 que perd la ménagère qui va travailler
dehors.

« Mais, de plus, obligée de sortir plusieurs fois par jour, elle dépense davantage pour ses vêtements, son linge, sa chaussure ; mettons 25 cent. de
perte pour cela, ce n'est pas trop.

« Enfin, une femme, après avoir fait son ménage, peut facilement gagner
de 50 à 75 cent. à de petits travaux d'aiguille, confections bon marché… Avec
un peu d'ordre, elle aura pu s'acheter une machine à coudre.…. La ménagère
qui va travailler dehors perd donc bien réellement 2 fr. 25 cent. au mini-
mum, c'est-à-dire 50 à 60 francs par mois. Son salaire de l'atelier rem-
place-t-il ces 50 à 60 francs ? Rarement.

« En effet, supposons qu'elle gagne 2 fr. 50 par jour. Comme il est difficile
qu'une femme ne soit pas fatiguée de temps en temps, ou obligée de manquer
son travail pour une raison ou pour une autre, il arrivera que ses mois, au
lieu de se monter à 65 fr., ne se monteront généralement qu'à 50 ou 55 fr.,
sauf exception, c'est certain.

« C'est donc en pure perte que cette pauvre femme aura déserté son ménage, puisqu'elle aura été obligée de donner ou perdre plus qu'elle n'aura pu
gagner ; et encore faudrait-il ajouter à ce mécompte tous les inconvénients
moraux qui résultent du travail d'une femme hors de chez elle.…. l'impossibilité de nourrir et d'élever les enfants.…. de là nouvelle source de dépenses et de dépenses incalculables… »

(*La Mère de famille ou Maitresse de maison.* — Ville et Perrussel.
Lyon, 1886.)

prépare les aliments... Souvent la journée n'y suffit pas. Qui n'a vu de pauvres mères reprendre chaque soir l'aiguille, après avoir fait souper et coucher tout leur monde ?

Ceci étant, il est clair que le travail des femmes hors de chez elles, est la ruine des familles, tant au point de vue matériel qu'au point de vue moral, et qu'il faut tenir grand compte de ce fait lorsqu'on s'occupe des questions qui touchent à la marche et à la prospérité d'un pays.

Quel remède apporter à ce mal ? Pourrait-on refuser les femmes qui s'offrent en si grand nombre à la porte des ateliers ? C'est impossible, le pli en est pris, les maris eux-mêmes, mus par un sentiment d'intérêt qu'on ne saurait trop blâmer, se sont habitués à compter sur le salaire de leurs femmes ; mais ce que l'on peut, c'est réagir de tout son pouvoir contre cette malheureuse coutume, c'est écrire dans ce sens, éclairer les ouvriers sur leurs véritables intérêts, encourager et même récompenser les mères qui se consacrent tout entières à leur ménage, qui nourrissent et élèvent elles-mêmes leurs enfants, gardent leurs grandes filles chez elles et les y occupent ; et il est certain que ces efforts ne sont pas toujours sans résultats, et l'on peut espérer qu'un certain nombre de jeunes gens mieux éclairés sur leurs propres intérêts, auront assez d'intelligence et de cœur pour renoncer enfin à cette détestable coutume.

En se mariant, ils auront le noble orgueil de vouloir suffire seuls à l'entretien de leur ménage, ils ne voudront pas exposer leur jeune compagne aux fatigues et à l'énervement des ateliers, ils sauront lui demander seulement de rendre leur intérieur agréable, afin qu'ils puissent s'y plaire, parce qu'ils comprendront bien que le moindre écart d'un mari, hors de chez lui, enlève au ménage dix fois ce que peut gagner une femme.

Il est bien entendu que ce que nous disons ici pour le travail des femmes s'applique surtout aux femmes mariées ; ajoutons cependant que toute jeune fille étant destinée à être un jour mère de famille, l'on ne peut que déplorer comment, dans ces derniers temps, les hommes les mieux intentionnés ont cru faire œuvre méritoire, en leur ouvrant une foule de carrières qui, jusqu'à présent, leur étaient fermées.

Y ont-elles gagné ?.. Les familles sont-elles plus à l'aise ? C'est au moins douteux... Le ménage, il est vrai, a encaissé une semaine plus élevée, il a vu plus d'argent ; mais, sauf exception, il a rarement été plus à l'aise. La jeune fille qui gagnait humblement 0 fr. 75 centimes ou 1 franc en travaillant à côté de sa mère, qui aidait celle-ci, réjouissait son père et ses frères par sa bonne grâce et son entrain, rapportait peut-être plus au ménage qu'en sortant chaque jour pour gagner 2 fr. ou 2 fr. 50. D'abord, elle dépensait infiniment moins, etfaisait elle-même une foule de choses qu'elle est obligée d'acheter : « Mes filles gagnent bien de l'argent, disait un pauvre père qui avait eu le tort de mettre les siennes au travail, mais je crois qu'elles en dépensent encore davantage ; dans la maison, plus rien n'abonde. » — Il semble, en vérité, que ce travail des femmes, en se généralisant, a créé un nouvel ordre de choses, dans lequel on vit de choses *achetées*, au lieu de vivre de choses *faites par soi-même*.

Le résultat matériel est peut-être supérieur. Ma robe, achetée au magasin de confection, est certainement bien

plus élégante que si je l'avais faite moi-même ; mais à coup
sûr le résultat moral et social est désastreux. Le plus souvent, c'est la destruction complète de la famille. Les jeunes
filles habituées au travail des ateliers, y jouissant déjà d'une
certaine liberté, disposant même d'une partie de leur
salaire, tiennent moins à se marier, font rarement de bonnes
mères, et ne veulent plus de nombreux enfants ; d'ailleurs,
elles n'ont pas ce calme, cette paix, cette retenue qui sont
la force de la femme mariée et de la mère, elles ignorent
complètement la science du ménage, et, trompant toutes les
espérances, sont, la plupart du temps, incapables de fonder
une véritable famille.

LXXVI. — Qu'on ne saurait trop s'élever contre le travail des femmes.

On trouvera peut-être que nous nous sommes arrêté plus
qu'il n'était utile et convenable, sur cette question du travail
des femmes ; mais ce n'est pas sans une intention préconçue, car nous croyons qu'elle a une bien plus grande importance qu'on ne lui en accorde généralement, et que l'abandon du foyer domestique et la dépopulation qui en résulte,
entrent, pour une large, très large part, dans les phénomènes
sociaux actuels et dans les troubles qui agitent, depuis
tant d'années, nos pays civilisés.

Dans les questions économiques, on oublie trop que l'état
moral de la population est tout. Aussi n'est-il pas évident que
dans une population où l'on compte beaucoup d'enfants, et
par conséquent bientôt beaucoup de jeunes gens capables de
travail, il y aura plus d'aisance que dans une population,

où il finit par n'y avoir plus que des hommes d'âge mûr,
et bientôt des vieillards, ou les jeunes travailleurs sont
presque tous des étrangers, épuisant le pays au lieu d'y
laisser le fruit de leur travail, comme cela se ferait dans une
population normale. On a toujours peur d'un trop grand
nombre de bouches à nourrir, mais on a tort, grand tort,
car ce sont ces bouches qui fournissent et suscitent le travail et qui activent les échanges... Les populations vivent
par elles-mêmes, d'elles-mêmes.

Tout ce qui diminue les naissances est donc une cause
profonde de faiblesse et de ruine pour un pays. Et si quelque chose tient encore debout, dans cette société qui s'agite
autour de nous, s'il y reste encore quelque moralité, quelque
foi, quelque ressort pour le bien, c'est que de partout, il y a
derrière ces foules bruyantes, dans l'obscurité de la vie intérieure, un bien plus grand nombre, qu'on ne le croit, de
bonnes et simples mères de famille, de dignes femmes qui
défendent leurs enfants contre les instincts barbares de leurs
maris, qui, à un jour donné, n'en pouvant plus, épuisées de
larmes, arrachent ceux-ci aux folies des rêves sociaux et les
renvoient au travail... « Il faut bien que les petits mangent...
ta politique ne leur donnera pas du pain. »

D'ailleurs, il est une chose qui est au-dessus de toutes
les autres, c'est la vie elle-même... La vie, ce premier des
biens... Celui qui la possède donne tout pour la conserver...
L'enlever à un homme, même à un enfant à peine né, est
un crime capital. Cela étant, quel crime n'est-ce pas, que
d'empêcher les êtres d'arriver à l'existence, en organisant
la société de telle sorte que les mariages y soient de plus
en plus retardés, les familles presque sans enfants... Là

est en résumé la grande question du monde, la question sociale par excellence... Dès lors, comment pouvons-nous nous résigner si facilement à voir nos populations urbaines disparaître après une ou deux générations, et nos villes et usines dévorer littéralement ces innombrables enfants et jeunes gens qui leur viennent sans cesse, soit des campagnes, soit des pays étrangers?

Nous savons qu'on accusera l'air... L'air des villes peut y être pour quelque chose, mais la détestable coutume de considérer les femmes comme des instruments de travail, au même titre que les hommes, y est pour cent fois davantage. On oublie trop que ces idées sur l'égalité des droits et des obligations des hommes et des femmes nous viennent des Saint-Simoniens, de si triste, pour ne pas dire de si honteuse mémoire... Ce sont eux qui avaient inventé la *femme libre.*

Que la femme ait les mêmes droits que l'homme, qu'elle lui soit égale, c'est incontestable : il y a deux mille ans que le Verbe de Dieu est venu l'apprendre au monde, qui l'avait oublié; mais être *égal,* et être *identique* ou *semblable* est bien différent. Je puis être en tout l'égal d'une personne, en dignité, en force, en honneur; et je puis en même temps, en être complètement différent en capacités, en talents, goûts, aptitudes, désirs, etc... Ne cherchons donc pas à faire remplir nos fonctions par nos compagnes, nos filles ou nos sœurs, parce qu'alors il faudrait que nous remplissions les leurs... Serons-nous mères?... Hélas! il n'est déjà pas mal de familles où le mari fait le ménage pendant que sa femme travaille.

Souvenons-nous donc que la plus grande révolution qui

ait jamais bouleversé le monde, a été la révolution qui a réhabilité celles qui sont nos mères. Elle s'est opérée le jour où Dieu lui-même a voulu naître d'une FÉMME, bénie entre toutes et à jamais glorieuse. Et, à partir de ce jour, les sociétés semblent se relever ou s'affaisser, en proportion du respect dont nous savons entourer nos épouses, nos sœurs et nos filles, en proportion des égards que nous avons pour elles et du soin que nous prenons de ne pas les troubler dans la mission toute de grâce, d'affection, de paix et de tendresse, qui leur est échue dans le partage que le Créateur a fait entre elles et nous, des occupations et des travaux de la vie terrestre.

LXXVII. — De ce qui peut être fait pour contrebalancer les inconvénients des grandes usines.

Quant aux hommes, nous avons dit plus haut qu'ils devaient avoir le courage de rester bons, malgré les mauvaises conditions dans lesquelles les place le travail en commun ; cependant, il faut reconnaître que les chefs d'industrie peuvent, de leur côté, combattre, dans une large mesure ces mauvaises conditions.

D'abord, ils peuvent aimer à connaître au moins un certain nombre de leurs ouvriers, ils peuvent surtout avoir l'air de vouloir les connaître tous...

En résumé, la grande question, dans les usines, est d'essayer d'y rétablir un peu d'esprit de famille, d'esprit de paternité. Mais à cela l'action personnelle du chef est indis-

pensable, il faut qu'on le voie, qu'il ne se retranche pas
derrière des antichambres, des subalternes, des formalités ;
qu'il considère comme une chose importante ses rapports
ou relations avec ses ouvriers, qu'il croie très bien employé
et non perdu le temps qu'il leur consacre.

Il semble, et cela a déjà souvent été dit, il semble qu'un
chef devrait profiter avec soins des jours de paie, pour essayer
d'entrer en relation avec son personnel.

Ce jour-là, les cœurs sont ouverts, la joie de recevoir le
fruit de son travail les dilate, pourquoi ne pas en profiter?..
N'est-il pas absurde, précisément à ce moment, de laisser
des hommes attendre à une porte, dans une allée, se
presser à d'étroits guichets par lesquels on les voit à peine,
comme si on les redoutait. N'y a-t-il pas mille autres
moyens de maintenir l'ordre...

Un grand industriel se faisait un devoir d'assister à la paie
de tous ses ouvriers... Et il en a eu jusqu'à mille et douze
cents. Dans un vaste bureau se tenaient plusieurs compta-
bles, séparés de la foule, mais par une simple boiserie à
hauteur d'appui... Il était là, se promenant de long en
large, surveillant chacun, disant un mot aux ouvriers qu'il
connaissait, demandant à l'un des nouvelles de son enfant
malade, à l'autre, de sa femme. Si une discussion s'élevait
il s'avançait et tranchait d'un mot la difficulté... Aussi,
vingt ans après sa mort, son souvenir est-il encore vivant
dans ses ateliers. « Ah ! l'on pouvait toujours lui parler,
disent les ouvriers... Il écoutait tout le monde... En
effet, ses employés et ses domestiques avaient l'ordre de
laisser parvenir jusqu'à lui les ouvriers qui désireraient
le voir, qui avaient quelque chose à demander, et il

n'abandonnait à personne le soin de leur donner une réponse...

Quoi de plus noble, de plus digne, de plus chrétien, et de plus humanitaire, si on le veut? Dans de tels ateliers, tout ouvrier se sent encore un homme, c'est-à-dire un être connu, auquel on s'intéresse, qui peut parler, s'expliquer, obéir en connaissance de cause, par respect, par dévouement quelquefois, et non pas seulement parce qu'un règlement est affiché contre un mur, pour lui, comme pour tout autre... Il peut se dire : « *Moi, le patron me connaît.* » Quand celui-ci passe dans les ateliers, il échange avec lui un regard ami... Et si, à un jour donné, faute de travail, on est obligé de le diminuer, peut-être même de le renvoyer, il se dit que c'est parce qu'on ne peut pas faire autrement... Il souffre en silence, rentre chez lui résigné... Ah! pense-t-il : *Si le patron pouvait, ce ne serait pas comme cela...* Et il attend patiemment des jours meilleurs... C'est que l'homme ne vit pas seulement de pain, mais de toute parole bonne... C'est que la vie du cœur est mille fois plus pour lui que la vie matérielle... Voyez avec quelle facilité, quelle inconscience même, un homme supporte les privations les plus grandes, lorsqu'il est entraîné par une idée ou par un amour... Alors rien ne lui coûte.

Ces simples et faciles rapports des patrons avec leurs ouvriers, opèrent entre eux un si salutaire rapprochement, ont une si grande importance, que l'on a vu les malheureux agents de désordre, qui cherchent, par tous les moyens possibles, à entretenir la haine et l'esprit de révolte, pousser les meneurs de grèves à réclamer le droit d'être payés à un *guichet*, au lieu d'être tenus d'entrer de leur personne dans le bureau pour y faire leur compte et y recevoir leur argent (1).

Il est certain que rien ne peut remplacer les rapports personnels du chef avec ses employés et ouvriers... En vain aura-t-on des sociétés de secours mutuels, des caisses de secours et de retraite. Ces institutions, bonnes en un sens, ont cependant ce grand inconvénient de remplacer les *devoirs* par des *droits*... Le patron de telle grande usine verse 10,000 fr. par an à la société de secours, dans laquelle chaque ouvrier doit verser 1 franc par mois... Voyez ce qui se passe, l'ouvrier a *droit* aux secours, et, de son côté, le patron a le *droit* de ne rien lui donner en dehors des cas prévus par le règlement... De plus, l'ouvrier nomade ou inférieur ne peut faire partie de ces sociétés. Combien j'aime mieux cet ouvrier venant frapper à la porte de votre bureau ! — Ah ! bonjour mon ami, qu'y a-t-il ?... — Monsieur, ma femme est malade. — Ah ! vraiment ! Causez quelques minutes, ou plutôt quelques secondes avec ce pauvre garçon, donnez-lui 5 ou 10 francs, selon l'occasion, et je vous garantis que vous lui aurez fait mille fois plus de plaisir, et mille fois plus de bien que s'il avait dû aller s'adresser à un guichet ou à un employé quelconque, pour y faire inscrire sa femme. Et cependant il aurait reçu davantage, mais moins promptement, moins *à point*, seulement après une enquête. Et, encore une fois, il aurait reçu, en vertu d'un *droit*. Il n'aurait donc contracté aucune obligation de reconnaissance : et cependant, il la devait cette reconnaissance, car

(1) *La Réforme sociale*, 1er octobre 1886. A. RONDELET.

en donnant volontairement 10,000 francs par an, le patron paie bien au delà de la moitié des secours..... D'ailleurs, encore une fois, ces institutions n'atteignent généralement pas les ouvriers vraiment malheureux, les souffreteux, ceux en résumé dont il faudrait le plus s'occuper.

Nous croyons qu'il y a là tout un ordre de pensées, tout un ensemble de choses auxquelles il conviendrait de s'arrêter plus qu'on ne le fait en ce moment. Cependant, les événements sont venus démontrer que les meilleures volontés avaient souvent fait fausse route, qu'à force de vouloir réglementer, assurer le secours, se préserver des abus, s'enlever peut-être à soi-même, avouons-le, la peine de s'informer et de donner de la main à la main, on avait fini, tout en dépensant beaucoup, par enlever à la charité son plus beau résultat, qui est l'union des âmes et des cœurs, union qui découle non seulement de la reconnaissance de celui qui reçoit, mais encore de l'attachement réel que nous prenons pour ceux auxquels nous faisons du bien ; sentiment admirable entre tous les sentiments que nous pouvons éprouver, sentiment qui nous place au-dessus de toute la création et nous rend semblables à Dieu ; car il n'y a rien de plus élevé que de trouver son bonheur dans le bonheur des autres... C'est là ce qu'on appelle l'affection ou l'amour. Le bonheur des mères qui voient leurs enfants heureux est le plus frappant exemple que nous en ayons sur la terre.

LXXVIII. — De l'observation du Dimanche, et merveilleuse beauté de cette loi du repos.

Ce qu'il faudrait encore dans les usines, dans les travaux, dans tout sans exception, c'est respecter, envers et contre tout, le repos du dimanche, c'est laisser au travailleur ce jour de répit, ce jour où il peut être un homme, être libre, quelle que soit la fonction qu'il remplisse dans l'ordre social.

Tout a été dit sur la nécessité de cette belle loi d'un jour de repos sur sept. Celui qui la formulait, dès le jour de la création, voyait l'avenir, et il savait bien qu'il viendrait un temps où la plus grande partie du genre humain, surtout chez les peuples civilisés, serait courbée sous le travail le plus pénible et le plus absorbant, et tomberait ainsi fatalement dans l'oubli de ses destinées, et dans tous les maux qui sont la suite de cet oubli, s'il ne lui était pas accordé de temps en temps un répit qui lui permette de relever la tête, de se retrouver, de s'occuper de son âme, de son intelligence, de converser avec les siens, de rester chez lui, dans sa famille, avec cette femme, avec ces enfants qui sont plus que la moitié de lui-même, qui sont le but unique de son travail, de ses efforts et même de ses vertus... Aussi a-t-il voulu qu'après six jours de servitude tout homme ait le droit de redevenir un homme... un homme libre, ayant son temps à lui... Quelle chose admirable ! Un pauvre père de famille a travaillé pendant toute la semaine dans un noir atelier, dans un égout, si vous le voulez... Voici le samedi soir : « Ah ! c'est demain dimanche, se dit-il... J'ai trente-six

heures de repos devant moi... Trente-six heures ! Un jour
et demi sur sept !.. C'est énorme !.. Cet homme rentre chez
lui, jette de côté ses outils, ses vêtements sordides, et pense
à ce qu'il va faire de ce grand jour de liberté. Il fait beau :
« Allons, petits, demain, je vous mène à la campagne...
Nous ne revenons que le soir... Maman, tu prépareras le
panier, c'est entendu... En passant nous achèterons ceci,
cela. C'est fête dans la pauvre chambre, les enfants n'en
dorment pas... Et combien c'est encore plus fête, si la famille
est chrétienne et sait remplir ses devoirs. Quel repos, quel
rafraîchissement pour l'âme, que la prière, qu'une messe
bien entendue, que les offices de l'Eglise, avec leurs chants
et leurs cérémonies !

Aussi, combien sont insensés, coupables et criminels au
premier chef (le mot n'est pas trop fort), ces patrons ou administrateurs qui ne tiennent aucun compte du dimanche.
Les malheureux ! Ils ont reconnu qu'il fallait faire reposer
les animaux, les machines elles-mêmes, et, par une aberra-
tion inconcevable, ils ne font pas reposer les hommes !
Quelle horreur que la vie de ces employés ou ouvriers qui,
dans les Compagnies de transports, n'ont jamais un dimanche à eux... Quelle destruction voulue de tout ce qui est
l'homme !.. Que devient la famille, la paternité, l'affection,
avec cette absence continuelle du foyer domestique ?..

Mais, dira-t-on, ils ont la semaine entière quand ils ont
le service de nuit... telle demi-journée, dix jours par an,
s'ils le veulent...

Erreur ; autre chose est d'être oisif un mardi ou un mer-
credi ; autre chose est de l'être un dimanche. La semaine,
les enfants ne sont pas là, la femme a son ouvrage ; on rou-

girait de se promener désœuvré... Le dimanche, c'est tout
le contraire ; on s'est fait beau, on a fait beaux les enfants ;
il y a un air de fête dans l'air, on sort sans motif, on se
promène, on se visite, on cause de riens, on se sourit presque avec les inconnus, on dîne mieux et tranquille, rien ne
presse, il est même bien, ce jour-là, de se passer quelques
douceurs... Pourquoi ce jour-là plutôt qu'un autre ? Je n'en
sais rien... Que voulez-vous ? C'est dimanche, cela suffit...
C'est fête... C'est la fête de l'humanité... Mais, non, en vérité, c'est plus que cela, c'est la fête du Créateur même de
l'humanité. Le dimanche est son jour, le jour qu'il s'est ré-
servé, qu'il a réservé pour les faibles, pour ceux qui ne sont
pas *leurs maîtres*... Et il y a soixante siècles qu'il en est
ainsi... Et nous, il n'y a pas encore cinquante ans, qu'ont
commencé nos machines et nos réglementations, et déjà notre œuvre craque de toutes parts et nous sentons qu'elle
nous échappe.

Ah ! c'est que Celui qui a fait la loi du repos en savait
plus que nous, il savait les lois fondamentales des choses.

« Il savait que toute société qui mépriserait cette loi
s'attaquerait à la dignité, à l'intelligence, à la liberté, à
la santé même du peuple, et le livrerait pieds et poings
liés à la cupidité de ses maîtres, jusqu'à ce que, perdu de
corps et d'âme, il tombe aux mains du premier conquérant,
qui, en respectant le septième jour, aura tenu ouverte la
source de la religion, des bonnes mœurs et de la puissance
militaire... Et qu'on ne vienne pas parler de liberté au sujet du dimanche...

« Demandez à l'ouvrier s'il est libre d'abandonner le
travail à l'aurore du jour qui lui commande le repos. De-

mandez au jeune homme qui consume sa vie dans vos bureaux, s'il est libre de respirer une fois par semaine l'air du
ciel et l'air encore plus pur de la vérité. Demandez à ces
malheureux enfants qui aident vos ouvriers, s'ils sont libres
de déserter les ateliers le dimanche matin. Qu'ils le sachent,
ceux qui l'ignorent, entre le riche et le pauvre, entre le maître et le serviteur, entre le gouvernement ou les compagnies
et les individus, c'est la *liberté* qui opprime et la *loi* qui
affranchit (1). » Le *droit* des faibles ne peut être préservé
que par le sentiment du *devoir* chez les forts et les puissants,
or c'est le caractère et le but de la loi de préciser le devoir.
Là où il n'y a pas de loi, le devoir reste incertain, douteux,
dépendant des idées, des tendances, des passions et des
intérêts de chacun. Dès lors, ce n'est plus un devoir et il
n'oblige et ne *protège* personne.

« Le septième jour est un jour saint, lit-on en langage
acadien, sur les débris d'un temple de Ninive qui ne remonte
pas à moins de 1700 ans avant notre ère. « Ce jour-là, le
« prince ne mangera rien de cuit, ne se revêtira pas de ses
« ornements, ne montera pas sur son trône, n'exercera pas
« ses fonctions de législateur, et le général ne donnera pas
« d'ordre à ses soldats. »

LXXIX. — Que le travail du Dimanche détruit l'équilibre entre la production et la consommation.

Mais le travail du dimanche a probablement encore d'autres conséquences. Qui sait si ce n'est pas lui qui rompt, au

(1) P. LACORDAIRE, 30e et 52e Conf.

moins en partie, l'équilibre entre la production et la consommation. Pourquoi n'y aurait-il pas, en effet, un certain
rapport entre les forces productives de l'homme et sa consommation ; car tout est en ordre et harmonie dans la nature, les saisons se font à peu près en leur temps, les lois
qui président aux phénomènes hygrométriques nous donnent à peu près les pluies et l'humidité nécessaires à la vé-
gétation. N'y aurait-il donc que le travail de l'homme qui
serait abandonné au hasard.

Or, il est évident que si l'homme augmente la production
d'un septième en travaillant le dimanche, il enlève du
travail à un ouvrier sur sept. C'est une conséquence
rigoureuse ; on peut donc croire que l'observation du
repos du septième jour suffirait pour rendre du travail
à beaucoup... D'ailleurs, n'est-ce pas ce moyen qu'emploient les ateliers qui n'ont pas assez de travail pour
occuper tout leur monde et qui cependant ne veulent
renvoyer personne... Ils font la fête un jour, comme
on dit ; de cette manière, il y a de l'ouvrage pour tous
pendant les cinq autres jours de la semaine... Que de raisons militent donc en faveur de ce grand précepte du
repos hebdomadaire ; que chacun y songe sérieusement.

Il faudrait que tous imitent ces industriels qui sacri-
fient tout pour laisser la liberté du septième jour à
leur personnel, qui n'hésitent pas à établir dans leurs ateliers, des chaudières et des machines supplémentaires, afin
de ne pas être obligés de faire travailler le dimanche, même
pour les réparations les plus urgentes ; qui exigent que les
surveillants des feux, pendant cette journée privilégiée,
soient en habits propres et non en costume de travail, qui

font fermer de bonne heure le samedi les ateliers où ils sont
obligés d'occuper des femmes, et n'acceptent à aucun prix
un travail qui les obligerait, même exceptionnellement, à
violer de si excellentes coutumes.

LXXX. — Du chômage ou suspension du travail industriel.

Les grandes usines, et le développement considérable de
l'industrie ont un second inconvénient : les interruptions du
travail, sont devenues plus fréquentes et surtout beaucoup
plus douloureuses.

Autrefois, lorsque pour une raison ou pour une autre le
travail se ralentissait, on ne s'en apercevait presque pas ;
l'ouvrier étant seul chez lui, ou n'occupant que quelques
ouvriers et apprentis, s'arrangeait tant bien que mal,
cherchait une autre occupation, renvoyait ses apprentis
à la campagne... vivait sur ses petites économies ou sur
son crédit, et, sauf exceptions, il attendait ainsi sans trop
souffrir le retour de temps meilleurs.

Mais aujourd'hui lorsque le travail s'arrête, les ouvriers
des usines se trouvent dans une position bien difficile.
N'ayant presque pas de chez eux, habitués à recevoir régulièrement une paie qui tout à coup leur manque, ils se
voient de suite presque sans ressources, désœuvrés dans la
rue ou sur la porte de ce restaurant où ils mangent, et qui
bientôt leur refusera le crédit, et si leurs femmes et leurs
enfants eux-mêmes travaillent dans la même usine, on com-

prend assez dans quel désarroi se trouve cette famille.
De là des souffrances considérables, des murmures et bien
souvent d'injustes accusations.

De nos jours, et il faut le dire à l'honneur de notre époque, on se préoccupe beaucoup de ces suppressions de travail qui viennent périodiquement affliger nos villes industrielles ; les intéressés se réunissent, tiennent des assemblées
et des congrès, pour en chercher les causes. Mais ces causes sont si cachées, si difficiles à définir, que la plupart du
temps les hommes les mieux intentionnés finissent par s'é-
garer dans des récriminations toujours inutiles, souvent
bien injustes et bien dangereuses, et l'on peut affirmer
qu'il n'a encore jamais été proposé aucun moyen sérieux et
efficace, et que même si les moyens proposés étaient appliqués, ils seraient cause de maux presque irréparables.

Ainsi par exemple, à Lyon, les tisseurs en soie, se sont
plaints de la concurrence que leur faisaient les ouvriers de
la campagne, comme si eux-mêmes n'étaient pas, presque
tous, fils de pères et mères venus depuis peu à Lyon, ou
même habitant encore la campagne ; comme si il ne serait
pas malheureux pour les ouvriers de la campagne d'être
privés à leur tour, d'un travail qui leur permet de ne pas
émigrer et de vivre plus nombreux sur le même espace de
terrain.

A ces objections qu'ils ne peuvent s'empêcher de trouver
raisonnables, les tisseurs répondent qu'alors il faut égaliser
les positions en supprimant les octrois ou droits d'entrée
qui rendent la vie si chère dans les grandes villes — Au
premier coup d'œil cette réclamation semble juste.

Mais comment supprimer l'octroi ? Si on le supprime, il

faut supprimer en même temps toutes les dépenses auxquelles il pourvoit, ce qui est impossible, car les grandes
villes exigent une organisation, une surveillance, et des
soins sans lesquels elles seraient des foyers d'infection et de
désordres, et nous avons reconnu, en parlant des impôts,
que leur perception sur les denrées, à leur entrée dans les
villes, était encore un des moyens les moins vexatoires,
pour obtenir les sommes indispensables à une bonne administration, et qu'en fait, quelle que soit *l'assiette* de l'impôt,
c'est-à-dire *l'objet sur lequel il est placé*, il retombe toujours et *nécessairement toujours*, sur chaque individu,
juste dans la *proportion de sa consommation*.

Mais bien plus, il est reconnu que vu l'abondance de
tout dans les marchés des villes, la vie finit par ne pas y
être sensiblement plus chère qu'à la campagne, si l'on
consent à ne manger à la ville que ce qu'on mange à la
campagne ; à ne pas s'y habiller mieux... etc., mais ce
n'est généralement pas là ce que l'on fait, on voudrait unir
ensemble deux choses incompatibles, les agréments de la
ville avec la vie à bon marché de la campagne, et c'est
toujours ainsi que procède notre pauvre humanité.

Alors les mêmes tisseurs se rabattent sur la concurrence
des fabriques étrangères. A ce mal il n'y a aucun remède,
si ce n'est de faire mieux que les étrangers, car on ne
peut les forcer à acheter nos marchandises, si ils peuvent
les acheter ailleurs ou chez eux à meilleur marché,
c'est contre la loi des choses ...on l'a dit dans un Rapport
présenté à la Société *d'Economie politique* de Lyon, le
26 janvier 1883, il n'y a de salut pour l'industrie, que
dans une instruction supérieure, et dans un amour plus

grand du travail ; que dans des efforts persévérants qui mettront un grand nombre d'hommes à la hauteur des difficultés que présentent les affaires.

LXXXI. — Que la production ne peut être toujours la même et que l'on ne peut la régulariser.

D'ailleurs, on ne fera jamais que la production puisse toujours marcher d'un pas égal... Comme l'a dit à l'enquête de 1884 M. Person, président de la *Chambre du commerce d'exportation :* « Il est presque inévitable qu'il y ait une crise industrielle tous les quatre ou cinq ans, et cela se conçoit. Après deux années prospères, les fabricants, dans le but de réduire leurs prix de revient et de maintenir la vente par ce moyen, cherchent à produire davantage ; il en résulte un excédant de la production sur la consommation... Les acheteurs s'aperçoivent de l'encombrement des magasins ; ils craignent une baisse, achètent moins... Dès lors le fabricant réduit sa production... etc... De là une crise, et cependant il ne peut faire autrement. En continuant à travailler il se ruinerait et augmenterait le mal.

Evidemment, il n'y a aucune mesure sociale, aucune loi qui puisse s'opposer à cette évolution toute naturelle... Comment empêcher à un fabricant d'améliorer ses moyens de production, afin de pouvoir donner sa marchandise à meilleur marché ? On ne le pourrait qu'en revenant aux anciens règlements des corporations ou corps de métiers. On en parle, et nous ne pouvons certainement qu'admirer les efforts

généreux qui se font dans ce sens... Mais y a-t-on bien réfléchi ?.. Peut-on organiser ainsi nos industries ?.. L'a-t-on
même jamais pu ?.. A-t-on oublié ce que nous révèle l'histoire sur les difficultés inextricables dans lesquelles se
débattaient les anciens corps de métiers ?..

« A peine constitués, les corps de métiers commençaient
contre les seigneurs féodaux la lutte séculaire qui devait les
affranchir de l'obligation d'acheter le métier... Alliés avec
la royauté, ils voulurent, après la lutte, conserver au sein
de l'Etat une complète indépendance... La royauté l'enten-
dant autrement, les corps de métiers étaient, au xive siècle,
en lutte ouverte ou sourde avec les Valois. Louis XI,
Henri III affirmèrent la supériorité royale. Ce dernier rem-
plaça les corps de métiers par les MAITRISES et JURANDES qui
arrêtaient tout perfectionnement, immobilisaient le travail
industriel en France, créaient de vrais monopoles (1). »

Depuis Henri IV jusqu'à Louis XVI, l'école réglemen-
taire s'épuise en vains efforts... Mais les règlements s'oppo-
saient, par leur nature même, à tout progrès, ils empêchaient toute initiative... Il suffit, pour s'en convaincre, de
lire les anciens règlements de la Fabrique lyonnaise... Tel
fabricant achetait le droit de fabriquer tel ou tel article, par
exemple des taffetas de 18 *pouces* de largeur, ayant tant
de fils de chaîne et tant de coups de trames au pouce, et pesant tant l'*aulne*..., et il ne lui était pas permis de modifier
en quoi que ce soit la composition de cette étoffe... Et de
temps en temps des surveillants ou inspecteurs venaient
voir si le règlement était observé, et, s'il ne l'était pas, les

---

(1) *Journal officiel*, 1875. Rapport de M. Ducarre.

étoffes étaient confisquées ou détruites et le délinquant payait une forte amende...

Voici un exemple frappant des inconvénients de cette organisation :

En 1765, la corporation des chapeliers de Paris fit trois saisies chez un nommé Prevost, chapelier du roi, qui avait substitué la soie à la laine ou au poil d'animaux dans la fabrication des chapeaux. En une seule fois, la Maîtrise détruisit 3,171 chapeaux, et il fallut à Prevost quatre années de procès pour obtenir enfin l'autorisation de fabriquer des chapeaux de soie, et il en était ainsi pour tout le reste.

De ces entraves, résultaient plusieurs grands maux : d'abord l'absence de toute émulation chez les industriels. Pourquoi chercher, inventer, puisque l'on ne pouvait profiter de ses inventions ? Or, il n'y a certainement rien de plus mauvais que cette inertie forcée des intelligences ; c'est les livrer en pâture à toutes les tentations qu'entraîne toujours à sa suite l'oisiveté, surtout l'oisiveté intellectuelle.

De plus, les produits restant toujours rares et chers, ne pouvaient arriver à la portée des gens peu aisés et même des pauvres, comme nous le voyons de nos jours.

C'est ainsi, par exemple, que, grâce à diverses inventions, tout le monde a, de nos jours, des bas et des souliers, au lieu de sabots ou chaussures encore plus informes, telles que les sandales en peau de buffle, et les linges que l'on voit aux jambes et aux pieds des paysans de la Calabre et des Romagnes. Il en est de même pour les chapeaux qui, au lieu de valoir 15, 20 et 30 francs sont descendus jusqu'à 3 francs. Les chapeaux de 3 francs ne valent évidemment

pas ceux de 15 ou 20 francs, mais enfin, ils sont tout de
même des chapeaux qui garantissent la tête, et il n'est peut-
être pas aussi mauvais qu'on le croit, que peu à peu il y ait
moins de différence entre le costume de ceux qui ont et de
ceux qui n'ont pas. Les esprits chagrins parlent de confusion
des rangs, se plaignent de ce qu'il n'y a plus de hiérarchie,
d'esprit de soumission. En vérité, de telles paroles sont-elles
bien chrétiennes ? Si nous aimons tant l'humilité, commen-
çons par l'aimer pour nous-mêmes, c'est le meilleur moyen
pour la faire aimer aux autres. Combien je préfère la réponse
d'une dame à laquelle on demandait un jour pourquoi elle
faisait elle-même un peu son ménage... Eh ! répondit-elle,
c'est que mon *aide* est malade... Elle appelait sa *bonne*,
son aide...

A quelque point de vue qu'on se place, on ne peut certainement que se féliciter de tout ce qui peut détruire entre
les hommes ces inégalités par trop grandes de tenue, qui at-
tachent pour ainsi dire à chacun comme une étiquette, qui
dit ce qu'il est, ce qu'il vaut. Nous savons qu'en parlant
ainsi nous allons contre les idées de beaucoup... Mais, je le
demande, comment ne pas admirer ce désir qu'a chacun, je
ne dis pas de paraître plus qu'il est, mais au moins de ne
pas paraître malheureux et nécessiteux. Il faut n'avoir jamais
souffert soi-même pour ne pas comprendre la délicatesse de
ce sentiment... Quoi de plus respectable que cet homme qui
n'a pas déjeûné, qui ne sait comment il paiera les trois mois
de location qu'on vient lui réclamer, et qui cependant, avant
de sortir pour faire une démarche peut-être pénible, brosse
et rebrosse son habit, lisse son chapeau... Qu'on dise tout ce
qu'on voudra, il y a là quelque chose de beau et de bon ;

c'est l'homme qui ne s'abandonne pas, qui lutte contre le malheur, qui n'en a pas honte, si vous le voulez, mais qui veut au moins le cacher le plus possible... C'est déjà quelque chose... Et que pourrait-on faire d'hommes qui seraient incapables de ce sentiment ?.. Quel ressort trouverait-on en eux ?.. Sur quoi pourrait-on s'appuyer pour les relever ?.. Ne nous plaignons donc pas ainsi de tout ce qui peut contribuer au relèvement des âmes.

Enfin, les gens peu portés au travail et les paresseux, trouvaient dans la réglementation du travail et dans les obstacles opposés aux inventions, une excuse de leur négligence, un prétexte pour ne rien faire... Et c'est là ce qui explique l'existence inimaginable de ces multitudes de pauvres que l'on trouvait dans les villes et qui ne vivaient que grâce à des distributions quotidiennes de vivres à la porte d'un grand nombre d'établissements de charité...

Nous savons qu'on nous dira qu'aujourd'hui il y a dans nos grandes villes une plus forte proportion de pauvres ; qu'à Paris, par exemple, il y en a tant pour cent, etc... Mais ces chiffres ne prouvent rien. En effet, les pauvres inscrits au Bureau de bienfaisance sont, pour la plupart, des gens aisés, si on les compare aux pauvres des siècles passés, aux pauvres qu'assistait saint Vincent de Paul. Après tout, ce ne sont pas les 5, 6, 10 kil. de pain que le Bureau donne chaque mois à une famille qui peuvent faire vivre cette famille ; ce n'est là qu'un soulagement. C'est donc à tort que la statistique la place au nombre des pauvres, au nombre de ceux auxquels on pourrait véritablement donner ce nom. En effet, comment se créent ces listes interminables ?

Un jour, une famille s'est trouvée embarrassée par la mala-

dic du père ou par celle d'un enfant ; la mère est allée frapper
à la porte du Bureau, on lui a donné un peu de pain et de
charbon ; c'était beaucoup pour elle ce jour-là, parce qu'elle
manquait de tout ; c'était la vie. Mais *inscrire* cette famille, la
mettre au nombre des pauvres, c'est ce que, neuf fois sur
dix, il ne fallait pas faire... Il aurait mieux valu pourvoir
abondamment à ses besoins pendant les jours difficiles, mais
ensuite la laisser à ses propres forces et ne pas lui faire cette
espèce de petite rente qui n'est qu'un supplément à un *salaire* qu'il faut nécessairement qu'elle se procure, et il devrait être admis en principe que, sauf dans des cas
exceptionnels, l'homme qui a un travail suivi ne doit pas
recevoir d'aumône, parce qu'il est fâcheux qu'un salaire ne
soit pas toujours suffisant pour nourrir celui qui le reçoit, car,
dans ces cas, l'aumône devient un prétexte à l'abaissement
du salaire, une prime au bon marché, ce qui est un vrai
désordre à tous les points de vue.

Mais encore, comment espérer conjurer les chômages et
régulariser le travail, lorsqu'on songe à quelles infinies circonstances tient la vie de milliers de personnes, et de populations entières ? A Paris seulement, il y a 35,000 personnes
qui vivent du chiffonnage. 35,000 personnes, dont la vie
dépend des débris qui se jettent à la rue !.. et l'on estime
à plus de 70,000 francs par jour la valeur du travail de
ces 35,000 personnes (1)... Et comme chaque ville a un
nombre de chiffonniers proportionnel à sa population, cette
industrie doit produire en France plus de 300,000 francs
par jour, soit 100 millions par an... Après ceci, qu'on aille

---

(1) *Journal officiel.* Enquête de 1834, p. 103.

donc prétendre qu'il serait possible d'organiser le travail, de prévoir les chômages, de donner du travail à tous les ouvriers...

Quel est l'économiste, le politique, le socialiste même, si l'on veut, qui ferait entrer en ligne de compte de telles ressources ?.. Et cependant ce sont ces *choses oubliées* qui font vivre une foule de personnes de tout âge, qu'il serait impossible d'utiliser dans les travaux réguliers de l'industrie... Parlerons-nous de ceux qui vivent des bouts de cigares qu'ils ramassent, de ceux qui, comme à Londres, balayent du matin au soir les parties de rue passant d'un trottoir à l'autre, etc... De ces innombrables petits services rendus par les milliers de pauvres veuves qui font des ménages, lavent du linge, gardent des enfants, remplacent une mère absente, et trouvent là des ressources bien plus grandes, et surtout bien plus dignes, que celles que pourraient leur faire tenir les plus savantes organisations.

LXXXII. — Des grèves, et que l'augmentation générale des salaires n'augmenterait en rien le bien-être de personne.

Et maintenant que dire des grèves, ce fléau de la grande industrie, que penser de cette lutte acharnée des ouvriers, pour arracher à leurs patrons des salaires plus élevés, et la diminution des heures de travail ? Nous savons qu'on appelle *grève* l'entente des ouvriers entre eux pour suspendre leur travail, si un patron ne leur accorde pas l'augmentation qu'ils désirent.

Prise en elle-même, la grève n'est pas toujours mauvaise:

il est évident que le désir de produire à meilleur marché, afin de vendre plus facilement leurs produits, souvent même afin de conjurer une ruine, porte naturellement les fabricants ou manufacturiers à payer le moins possible la main-d'œuvre. Or, l'ouvrier isolé peut rarement résister à ces tendances ; il craint d'indisposer son patron, de manquer d'ouvrage; il accepte donc ces diminutions ; de sorte qu'il peut arriver et il est en effet arrivé, que peu à peu les salaires de certaines professions n'ont pas été en *rapport* avec les salaires des autres professions, et n'ont plus été suffisants pour vivre convenablement.

Qu'il y ait eu des patrons qui aient ainsi abusé de la faiblesse de leurs ouvriers, c'est possible, faut-il pour cela les accuser de perversité, de cruauté. Pour qui connaît les difficultés des affaires, pour qui sait combien le marchand, sauf exception, est obligé de calculer afin de ne pas perdre, il faut accuser de ces baisses de salaire la nature même des choses de ce monde bien plus que les hommes.

Mais pour bien comprendre ce que valent les grèves, remarquons d'abord avec soin, que la question des salaires est une question de *proportion* entre eux, et non pas *d'élévation* comme on le pense ordinairement.

En effet, peu importe en lui-même le *taux* ou chiffre du salaire, ce qui importe c'est de savoir *ce que* l'on peut se procurer avec tel ou tel salaire. Si j'allais dans un pays ou j'achèterais un poulet 25 cent. ou le pain ne coûterait que 5 cent. la viande 40 cent. et le vin 30 cent., je m'y contenterais parfaitement d'une journée de 2 fr. et même de moins... Et pourquoi tout serait-il bon marché dans ce pays? C'est tout simplement parce que les ouvriers et employés y gagnent fort peu : la fille de basse-cour qui élève les poulets reçoit 10 écus ou 30 fr., par an, plus une robe de grosse laine et mange du pain noir, il en est de même du garçon de ferme, du boulanger, etc.... *c'est en effet le salaire lui-même qui fixe le prix des choses*, des logements tout comme des vêtements, tout comme des aliments.

Ainsi, par exemple, il est évident que le prix d'une chambre est fixé *par la somme que le propriétaire a donné aux ouvriers* pour la construire; si elle a coûté 2,000 fr. il la louera 120 fr.. si au contraire elle n'avait coûté que 1,500 fr. il l'aurait louée 90 fr. Il en est de même pour les vêtements et les aliments, pour tout.. car, remarquons-le bien , *tout ce que* coûtent les choses a été donné en salaires aux ouvriers, sauf les quelques pour cent de bénéfices que prennent les commerçants , industriels ou banquiers qui dirigent le travail et font les avances d'argent nécessaires.. si le maître maçon paie maintenant un mètre cube de pierre 8 **fr.** au lieu de 4 qu'il le payait autrefois, c'est que l'ouvrier carrier est payé 4 fr. au lieu de 2 fr.

Si la journée des carriers baissait on verrait immédiatement baisser le prix des pierres, et si la journée des maçons, des charpentiers, des plâtriers, menuisiers, etc.. baissait également, on verrait le prix des chambres baisser, rien n'est plus certain. *C'est donc le prix des journées de l'ouvrier qui fixe le prix des choses qu'il achète..* dès lors ce qui lui importe pour son bien-être, etc., ce n'est pas *le taux de sa journée*, c'est le *rapport* de cette journée avec les journées des autres ouvriers, dont il paie le travail toutes les fois qu'il achète quelque chose pour son entretien, sa nourriture ou son logement.

D'après ceci, on comprend que si, par un fait quelconque, tous les salaires de tous les ouvriers baissaient à la fois, ils seraient cependant tout aussi à leur aise qu'avant, car en même temps le prix de tout baisserait. Que m'importe de gagner la moitié moins, si avec 1 fr. je puis acheter ce que je n'achetais hier qu'avec 2 fr. — Et pour la même raison si tous les salaires montaient à la fois, cette hausse générale n'augmenterait l'aisance ou le bien-être de personne, puisque en même temps le prix des choses augmenterait exactement dans la même proportion.

LXXXIII. Que le partage des bér   es de l'industrie ou du commerce n'améliorerait pas sensiblement la position des ouvriers.

Mais ce n'est pas cela, dira-t-on, les patrons doivent augmenter leurs ouvriers en *prenant sur leurs bénéfices*. Hélas ! il y a encore là bien des illusions à faire tomber, bien des erreurs à rectifier.

Le bénéfice des patrons !.. non seulement il est fort peu de chose comparé à la multitude des ouvriers entre lesquels il faudrait le partager, mais de plus, il n'arrive que trop souvent que les patrons n'ont point de bénéfice, et qu'ils sont au contraire en perte et même se ruinent.

D'abord sauf exception, sauf pour quelques maisons qui ont eu à leur tête des hommes remarquables, ou qui se sont trouvées dans des circonstances particulièrement heureuses, le bénéfice des patrons est peu de chose si on le *compare au nombre* des ouvriers qu'ils occupent. Donnons un exemple :

Un industriel occupait 200 ouvriers ; après vingt-cinq ans
de travail, il se retire avec 400,000 fr. de fortune. Supposons que, se contentant de la moitié de cette somme, il a
chaque année partagé la moitié de son bénéfice avec ses
ouvriers, il leur aurait donné environ 13 centimes de plus
par jour, 13 centimes pas davantage.

Evidemment, ce ne sont pas ces 13 centimes qui auraient
augmenté leur bien-être. Et notons que nous supposons un
industriel qui a eu vingt-cinq années d'affaires heureuses,
ce qui est rare. De plus pour faire marcher son industrie,
il a dû emprunter, exposer des sommes considérables,
etc...; d'ailleurs, ces bénéfices ne sont presque jamais, en
argent liquide qu'on puisse distribuer, mais en matériel
de travail, en bâtiments, en machines, en placements sur
d'autres industries... Je suis *condamné aux travaux
forcés à perpétuité,* disait un grand industriel, car toute
ma fortune est en chaudières, en cheminées, en créances
sur l'un, sur l'autre ; et si je quittais les affaires, si je ne
continuais pas à faire *valoir* ces choses, à en tirer parti,
comme on dit, elles perdraient subitement leur valeur, et
j'aurais bien de la peine à les vendre.

C'est qu'il en est des usines, des industries et des commerces comme des terres, comme de toutes choses, *elles
n'ont de valeur que par le travail que l'homme y consacre.* Dans ces questions sociales on oublie toujours trop cette
grande vérité : « Tant vaut l'homme, tant vaut la chose »,
ce qui veut dire que telle terre, telle usine, tel commerce
ne valent que par le *travail* personnel qu'y consacrent
ceux qui les possèdent. Et c'est ce que prouvent les faits,
car nous voyons chaque jour les plus beaux commerces, les

plus belles industries, les plus belles propriétés périr, dès qu'elles se trouvent entre les mains d'hommes inexpérimentés, négligents ou de mauvaise conduite.

Au sujet des dernières grèves, on a calculé qu'en prenant une longue suite d'années, les dividendes ou bénéfices distribués aux actionnaires des mines, c'est-à-dire à ceux qui avaient prêté de l'argent pour les creuser et les exploiter, n'auraient apporté aux ouvriers que 7 ou 8 centimes par jour d'augmentation si on les leur avait distribués... Or, si l'on n'avait pas promis un bénéfice ou intérêt à des prêteurs, il n'y aurait point eu d'argent pour creuser les mines ; donc il n'y aurait point eu de mines, et par conséquent point de travail pour personne, et point de salaire. Et si l'on pouvait écrire l'histoire de la plupart des industries ou commerces, on verrait qu'elle n'est guère qu'une longue nécrologie, c'est-à-dire que, sauf quelques rares exceptions, les maisons disparaissent presque toutes après des luttes plus ou moins longues, mais presque toujours fatales... Combien trouverait-on de maisons de commerce ayant cinquante ans d'existence, sous des chefs de la même famille, et n'ayant pas été tout entières renouvelées, souvent après de bien grandes pertes ?.. A Lyon, sur 300 fabricants de soieries, il n'en est que 26 qui aient succédé à leurs pères... Pourquoi, si ce n'est parce que les maisons ne marchant plus, il fallait, pour les continuer, trouver des hommes exceptionnels et changer complètement de direction. Ceci est de l'histoire.

LXXXIV. — Que les grèves sont toujours un malheur pour tout le pays.

Si ce n'est dans des cas très rares, les grèves sont donc un malheur, un très grand malheur pour les ouvriers, tout aussi bien que pour les patrons.

Elles mettent à la gêne les ouvriers, épuisent leurs économies et les endettent pour longtemps. Lors de la dernière grève des charbonnages, les ouvriers mineurs ont reçu 1,200,000 fr. de moins en quelques mois... Quelles souffrances et quelles privations dans les familles !.. Et les Compagnies pouvaient-elles faire autrement ? Pouvaient-elles accorder purement et simplement ce qu'on réclamait d'elle ?.. Non, car il a été prouvé qu'elles ne gagnaient presque rien et qu'elles ne pouvaient plus donner de dividendes à leurs actionnaires. Comment donc auraient-elles pu augmenter encore leurs ouvriers qui, d'ailleurs, étaient aussi bien payés que tous les autres ouvriers de leur profession.

Mais ce n'est pas tout. Qui dira l'abaissement produit dans les âmes par la servitude que ces coalitions imposent aux ouvriers ? Eh quoi ! voilà des hommes libres, raisonnables, pères de famille, qui se soumettent aveuglément à des inconnus. Fascinés par de belles paroles, ils forment des soi-disant comités ou syndicats, s'y enrôlent, s'engagent à obéir et bientôt il leur faudra tendre la main pour recevoir une maigre allocation sur les quêtes faites dans les autres corps d'état. Car aveuglés outre mesure, les corps d'état croient faire acte de dévouement en soutenant les grèves ;

comme si les grèves générales, en amenant une hausse générale de salaires, ne détruisaient pas, par cela même, tout,
l'avantage que l'on pourrait retirer d'une augmentation *particulière*, selon que nous l'avons fort bien compris plus
haut.

Que dire aussi de ce droit étrange que s'approprient les
ouvriers qui se mettent en grève? Ils se figurent avoir le
droit d'empêcher de travailler ceux qui se croient assez
payés. Quelle insupportable tyrannie, eh quoi! moi, chef
de famille, je veux travailler et je ne le puis pas, il faudra
que j'obéisse à des inconnus, que je voie souffrir les miens,
périr mon ménage!.. Dans un pays réellement civilisé, la
force publique tout entière, s'il le faut, doit se lever pour
protéger les ouvriers qui veulent travailler, n'y en aurait-
il qu'un seul, il a droit à la protection la plus complète. Si
l'autorité se récuse, si elle s'abstient, tout est perdu, il n'y
a plus rien à espérer, car les éléments mêmes du droit sont
méconnus et violés... C'est le retour à la barbarie, c'est-à-
dire à un état où chacun est obligé de se protéger lui-
même, et de se faire justice.

Ajoutons encore que, même en cas de succès, les grèves
ne laissent pas de tourner à mal pour les ouvriers, car généralement elles amènent la diminution des industries.
Pendant la suspension du travail, les consommateurs achètent comme à l'ordinaire, et n'attendent pas. Si les détail-
lants ne trouvent pas de la marchandise à Paris, à Lyon, à
Rouen, ils en vont chercher à Vienne, à Londres, à Ber-
lin, partout où ils en trouvent, et il arrive que la grève
finie, les fabricants n'ayant plus assez d'ouvrage, les
ouvriers sont obligés de quitter le pays.

C'est ainsi que la chapellerie de Paris, par suite des grèves de 1853-1869, n'est plus que la moitié de ce qu'elle était à cette époque. Pendant la dernière grève de Roubaix, en 1879, les Allemands ont accaparé la clientèle que les fabricants de Roubaix ne pouvaient plus satisfaire, et depuis lors ils en ont gardé une grande partie. L'établissement des nombreuses maisons de confection anglaises, à Paris, coïncide avec les grèves des ouvriers tailleurs en 1867, 1878. Il en est de même pour les mines de charbon, pour les soieries de Lyon, etc. (1).

LXXXV. — Que les ouvriers étrangers, bien loin de ruiner le pays, l'enrichissent au contraire.

N'oublions pas, non plus, l'erreur de ceux qui réclament le départ ou l'exclusion des ouvriers étrangers, sous prétexte qu'ils font diminuer les façons, ou prennent le travail.

Il faut d'abord noter que généralement les ouvriers étrangers font des travaux pénibles ou peu rétribués, que les Français ne veulent ou ne peuvent plus faire. Dans ce cas, les ouvriers étrangers nous rendent un service réel. Ainsi, par exemple, il est certain que depuis longtemps on aurait été obligé de suspendre les terrassements des chemins de fer, et le percement de leurs tunnels, si on n'a-

(1) *Des Salaires et des Grèves* ; Société de publications libérales, 1886.

vait pas les ouvriers piémontais, italiens ou belges. Or, nous savons combien les chemins de fer enrichissent les pays par lesquels il passent. L'absence de ces étrangers aurait donc été un malheur. C'est que si tel ouvrier étranger a reçu, par exemple, 4 francs par jour, il nous a très certainement donné, en retour, par son travail, quelque chose valant plus de 4 francs. En effet, si j'achète une chose, ou si je prends la peine de payer un ouvrier pour un travail, c'est que je préfère à mon argent ce que j'achète, ou ce que je fais faire à cet ouvrier. Il y a là, en vérité, des principes ou raisons auxquels on ne réfléchit pas assez.

De plus encore, l'ouvrier qui travaille dans un pays n'emporte pas tout l'argent qu'il gagne, il en laisse nécessairement la moitié ou les trois quarts entre les mains des gens qui l'ont nourri, logé, vêtu, etc. Les trois quarts de son salaire sont donc restés dans le pays.

Quant à l'autre quart, est-il perdu ? Non ; car en enrichissant les pays voisins, nous préparons des acheteurs de nos produits. Après tout, ce qui fait marcher le travail, ce sont les échanges. Or, *on ne peut échanger qu'avec ceux qui ont*. Si des sauvages n'ont rien, vous ne pouvez rien leur vendre, mais faites-les travailler, et ils achèteront des vivres et des vêtements, et paieront même leur logement dans cette maison qu'ils viennent de bâtir de leurs propres mains, sous votre direction, et payés par vous ; ils vous rendront donc très réellement ce que vous leur aurez donné ; et cependant vous, tout aussi bien qu'eux, vous serez plus riche qu'avant, parce qu'en les faisant travailler, c'est-à-dire en utilisant *leurs forces*, vous aurez, par le fait, *créé quelque chose qui n'existait pas*, et c'est ce *quelque chose* qui est

votre bénéfice, et qui est le leur. Tout le monde a donc gagné à ce travail d'hommes auparavant inoccupés.

C'est pour cette raison qu'on ne peut que louer et admirer les hommes courageux et entreprenants, qui portent du
travail dans les pays où les habitants n'en ont pas, soit en
faisant cultiver des terres incultes, soit en y créant des industries... Ainsi, par exemple, ceux qui vont planter de
vignes les terrains abandonnés de la Tunisie, non seulement tirent de la misère les nègres ou les Maltais qu'ils
y emploient, mais de plus ils augmentent le nombre des
gens qui pourront acheter les produits de la France ; car
ces nègres et Maltais, qui ne vivaient que de dattes ou
de figues, voudront bientôt les produits de nos fabriques. Il
en est de même de ceux qui font arracher l'*alfa* sur les
montagnes de l'Algérie, pour le transporter en Angleterre
où il sert à faire du papier, etc.

Souvenons-nous bien que l'arrivée dans un pays ou dans
une maison d'un homme intelligent, fort ou capable, est
toujours un bien, car cet homme va *produire* quelque chose.
Il mangera, direz-vous ; c'est vrai, mais il produira plus
qu'il ne mange.

Il en serait autrement si l'homme vivait de choses toutes
faites, de fruits, de racines ou d'animaux sauvages, s'il s'ha-
billait de feuilles de bananiers et se logeait dans des caver-
nes. Il est évident que l'arrivée d'individus venant prendre
leur part de ces choses, qui ne peuvent pas être augmen-
tées par le travail, diminuerait la part des autres, et qu'il
faudrait les chasser ou les tuer, et c'est ce que font les sauvages.

Mais il n'en est point ainsi. L'homme civilisé ne vit que

de choses produites par le travail. Si donc il vous arrive un étranger qui offre ses bras pour vous aider dans votre travail, c'est un bénéfice pour vous, parce que cet étranger produira *plus que le salaire* que vous lui donnerez, plus *que ce qu'il* consommera, et ce *surplus* se répandra généreusement sur tous ceux qui l'entourent... Et, encore une fois, ce *surplus* n'est pas perdu, lors même qu'il l'emportera dans son pays... Il vous reviendra tôt ou tard par une voie ou par une autre... Voyez, par exemple, quelles sommes énormes sont apportées chaque année à la France par les étrangers qui viennent la visiter, s'y promener, s'amuser à Paris, y faire des emplettes... Mais ces étrangers ne pourraient pas venir vous acheter et faire vivre des mille milliers d'ouvriers, s'ils ne s'étaient pas enrichis en nous vendant leurs propres produits, leurs fers, leurs bœufs, leurs jambons si vous voulez, comme le font les Américains. Et cet exemple est encore plus frappant avec les sauvages : utilisons-les, payons-les pour leur travail, ils deviennent immédiatement des acheteurs.

Sur ces questions de population, l'opinion publique vit encore trop souvent de préjugés, de paroles plus ou moins poétiques. « Je suis arrivé trop tard au banquet de la vie, dira un découragé, et toutes les places sont prises. » Répondons-lui simplement : « Tu as une tête, mon ami, une force quelconque, des bras, utilise-les, fais-toi une place, tu le peux, et ne t'inquiète pas, tu ne prendras la place de personne, la place que tu auras, ce sera toi qui l'auras créée, elle sera le produit de ton travail, de ton activité, de ton intelligence, et ta dignité d'homme exige que ce soit toi qui te fasses cette place, et tu ne dois pas demander qu'on te la

fasse comme on la ferait à un être sans raison, qu'on
achète au marché lorsqu'on en a besoin et qu'on attelle
ensuite ici ou là...

Si tu es malade, infirme, blessé de la vie, comme le soldat qui tombe devant l'ennemi, oh ! alors, moi, je me porte
à ton secours, la société, de même que l'armée, a ses infir-
miers, et ses ambulances. Mais, tant que tu peux combattre, ne viens pas t'y présenter, tu n'en as pas le droit, tu
prendrais la place d'un autre, tu te déshonorerais, tu ne serais
plus un homme, car ce qui fait l'homme, ce sont ses efforts, et
ses luttes, c'est l'acceptation de la responsabilité de ses
actes; et si moi, par bonté ou par pitié, j'allais travailler
et combattre pour toi, je te ferais le plus grand tort, je te
tuerais moralement, puisque, du moment où tu ne vivrais
plus par toi-même, tu serais comme n'étant pas.

Et, fais-y bien attention, il est même de ton intérêt de
te tenir debout et de lutter avec courage tant que tu le
pourras, car si, dans le grand combat de la vie, les faibles,
les blessés et les déserteurs deviennent par trop nombreux,
alors il se passe dans la société ce qui se passe à la guerre
dans les déroutes... Tout le monde lâchant pied, et chacun
ayant assez à faire de sauver sa propre vie... Les blessés
ne sont plus relevés, mais impitoyablement délaissés, et
foulés aux pieds... Et c'est ce qui arrivera dans tout pays où
l'autorité n'aura plus la sagesse et la force de maintenir
chacun dans son devoir et de faire prévaloir les principes
essentiels de la justice. Les bons, et les courageux, se voyant
enlever le fruit de leurs efforts, se lasseront bientôt, ils ne
travailleront plus que juste pour vivre, et ce sera la misère
pour tous.

Nous renoncerons donc à ces préjugés barbares, antisociaux et criminels sur le travail des étrangers et sur la trop nombreuse population. Ecoutons, sur ce point, les hommes expérimentés : « Le plus grand danger de l'avenir », disaient en 1884, MM. Sallandrouze d'Aubusson, dans une lettre remarquable écrite au sujet d'une querelle que leur cherchait un journal, pour quelques ouvriers étrangers qu'ils occupaient, « le grand danger de l'avenir est dans l'*arrêt de la population* en France. Notre agriculture dépérit, nos industries végètent, et nos colonies, qui devraient être une source de richesse en raison des sacrifices de la mère patrie, ne profitent qu'à l'étranger... Si nos villes situées sur les frontières sont, jusqu'à présent, moins atteintes dans leur prospérité, c'est grâce aux ressources qu'elles tirent des pays voisins. Roubaix renferme 30,000 ouvriers belges qui alimentent sa belle industrie. Les usines des Vosges sont remplies d'Alsaciens. Marseille contient 38,000 Italiens. Il est reconnu que leur renvoi provoquerait la fermeture immédiate des raffineries, et des fabriques de savon. » M. Hugot disait la même chose à la Chambre : « On oublie trop, ajoutait-il, que dans cette lutte pour l'existence qui nous *talonne* sans cesse, nous sommes tous, sans exception, obligés d'aller où nous pousse l'intérêt personnel, c'est-à-dire le bon marché, et que devant les exigences toujours croissantes de la main-d'œuvre, les acheteurs s'adressent chaque jour de plus en plus à l'étranger... » Et à cela personne ne peut rien, pas plus le gouvernement que les particuliers.

‘ LXXXVI. — Des douanes ou taxes sur les marchandises étrangères.

Il est encore une question qui, de tout ter: iort agité les esprits, soit au point de vue du travail qu.   uit être ré-servé aux ouvriers et agriculteurs, soit à celui du prix de vente des produits : c'est la question des douanes.

On appelle douanes l'institution qui a pour but de faire payer à la frontière un certain DROIT sur les marchandises venant de l'étranger... Les douanes sont pour un pays ce que sont les octrois pour une ville.

Deux raisons ont, de tout temps, poussé les gouverne-ments à établir des douanes. La première, c'est qu'ils trou-vent dans cette institution un moyen commode, pour avoir de l'argent sans en demander directement aux citoyens. En effet, nul ne prend souci de ce que les Anglais, les Autri-chiens ou les Espagnols doivent payer à la frontière pour ob-tenir la permission de vendre leurs marchandises en France, et rien ne semble plus naturel que de leur faire payer cette permission. En France, les douanes rendent plus de 300 mil-lions par an. Il en est proportionnellement de même dans presque tous les pays, et les Américains parviennent à rembourser les milliards qu'ils avaient empruntés pour la guerre de sécession, en 1866, avec les droits énormes qu'ils ont mis sur les marchandises étrangères.

La seconde raison est le désir de protéger l'industrie na-tionale en empêchant les produits étrangers de venir faire une concurrence pénible et parfois mortelle aux produits

indigènes. Ainsi, par exemple, les Anglais travaillant le
coton avec beaucoup plus de perfection que les Français, il
est clair que si les cotons filés ou tissés d'Angleterre entrent
en France, les fileurs du Nord et les fabricants de Tarare
ne pourront pas vendre les leurs. Dès lors, comment ne pas
demander au gouvernement d'arrêter les cotons anglais à la
frontière ou de ne les laisser entrer que moyennant un droit
assez fort, pour qu'ils ne puissent plus faire concurrence
aux cotons français ?

Les fabricants de fer et d'acier ont tenu le même raisonnement, car les fers et aciers anglais sont bien supérieurs
aux nôtres et à bien meilleur marché. Les agriculteurs sont
venus à leur tour, et ils ont fait observer que si les blés
russes ou américains entraient en France sans payer de
droits, le blé se vendrait si bon marché qu'il ne vaudrait
plus la peine d'en produire ; les fabricants de sucre, les
marchands de cuirs, de papiers... En résumé, tous les industriels ont fini par en dire autant, car chacun veut faire
ses affaires le mieux possible.

Mais il est arrivé que les autres pays en ont naturellement fait autant : l'Angleterre a mis des droits sur les soieries et sur les vins de France, afin de protéger ses
manufactures et ses houblonnières ; la Russie en a mis sur
tous nos produits ; l'Italie, l'Espagne, l'Autriche, l'Allema-
gne ont fait de même ; de sorte que chaque peuple s'est
trouvé privé de produits étrangers ou obligé de les payer
beaucoup plus cher, les Anglais ne pouvaient presque pas
boire de vin, ni porter de nos belles étoffes de soie, tandis
qu'à notre tour nous ne pouvions pas avoir du fer à bon
marché, ou les excellents filés et tissés coton anglais.

Mais il est découlé de ces restrictions apportées aux échanges entre les peuples, des inconvénients encore plus grands ; diminuant le nombre des marchés où peuvent se vendre les produits, les chances de *non-vente* et par conséquent de *chômage* des industries sont devenues infiniment plus grandes. Car il est bien évident, que si je puis vendre mes produits dans vingt pays différents, je ferai toujours à peu près les mêmes affaires, parce que si la vente ne marche pas dans un pays, elle marchera dans l'autre, les affaires ne s'arrêtant jamais à la fois dans vingt pays ; c'est la loi des choses.

Si, au contraire, je n'ai pas d'autre marché que la France, pour mes produits dès que ce pays sera troublé par la politique, ou mis à la gène par une mauvaise récolte, mes affaires seront subitement arrêtées et je serai obligé de renvoyer mes ouvriers...

De tout temps, des esprits politiques avaient été frappés de ces considérations, on commençait à diminuer certains droits, lorsque, vers 1835, un grand manufacturier anglais, Cobden, se donna pour mission de battre en brèche le vieux système des douanes par ses discours et ses écrits.

« Il est vrai, dit-il à ses concitoyens, que vous pouvez fabriquer davantage de soieries, puisque celles de France ne peuvent entrer chez nous qu'avec une charge de 60 %. mais d'un autre côté vous êtes privés des soieries françaises qui sont meilleures que les nôtres, et si vous achetiez aux Français leurs soieries, il est incontestable que ceux-ci vous achèteraient à leur tour soit des fers, soit des aciers, soit des cotons filés. Il arriverait donc que si un certain nombre des ouvriers anglais qui tissent aujourd'hui des étoffes, par xemple 5,000, soient privés d'ouvrage, ces 5,000 ouvriers en trouveront dans les manufactures de fer ou de coton qui regorgeront nécessairement de travail, puisqu'elles pourront vendre leurs produits à une foule de consommateurs qui, jusqu'ici ne pouvaient les acheter, de sorte que les ouvriers anglais ne seront privés d'aucun travail, et de ceci résulteront plusieurs grands biens :

« 1° Au lieu d'avoir de mauvaises soieries, les Anglais en auront de bonnes, et les Français, à leur tour, auront d'excellents tissus ou filés de coton ainsi que d'excellents fers, au lieu d'en avoir de très inférieurs. Et ces deux peuples travaillant désormais à des industries pour lesquelles ils ont des aptitudes spéciales, réussiront beaucoup mieux que dans des industries imposées, en quelque sorte, par la nécessité, et dès lors les produits se perfectionneront rapidement, se vendront à meilleur marché et pourront, par conséquent, être achetées par un beaucoup plus grand nombre de consommateurs. Ainsi, par exemple, les usines anglaises étant parvenues à produire le calicot à très bas prix, tout le monde usera de ces tissus, soit pour des chemises, soit pour d'autres parties de vêtement, ce qui est certainement un bien, et il en sera de même pour les fers et pour une multitude d'autres produits. Les Anglais boiront des vins qui restaient sans acheteurs dans les caves du Beaujolais, dans le temps où un hectolitre de vin payait 100 à 150 fr. de droits pour entrer en Angleterre, etc.

« 2° Les peuples étant ainsi dans de continuelles relations les uns avec les autres, et leurs intérêts complètement mélangés, ils apprécieront davantage la paix et ne pourront certainement plus avoir entre eux ces interminables et épouvantables guerres, qui ont ensanglanté la terre jusqu'à nos jours.

« 3° De cette liberté résultera, entre la production et la consommation, cet équilibre si nécessaire à la continuité du travail. On ne verra plus, comme sous le régime de la protection à outrance par les droits de douanes, ces singuliers encombrements de produits qui obligent les industriels à suspendre tout travail. A certains moments les agriculteurs eux-mêmes n'ont-ils pas été embarrassés de leurs récoltes ?

En 1846, 1847, 1848, le vin était si abondant en France, qu'on le mettait dans des citernes, et l'on allait jusqu'à en donner un tonneau pour un tonneau vide, et cet excès de production arriva à un tel point que des vignerons arrachèrent leurs vignes, tandis que si les Anglais et autres peuples lèvent leurs droits sur les vins, ce produit se maintiendra toujours à un prix convenable ou rémunérateur. »

Ces idées prévalurent peu à peu, grâce à la persévérance de Cobden ; les droits furent plus ou moins abaissés par presque toutes les nations, et quoique les promesses du réformateur anglais ne se soient pas complètement réalisées, cependant, si l'on considère les choses dans leur ensemble, on ne peut s'empêcher de reconnaître qu'elles l'ont été dans une certaine mesure.

Depuis cette époque, le travail industriel est devenu moins irrégulier et plus stable. C'est ainsi qu'à Lyon, par exemple, les soieries pouvant aujourd'hui se vendre dans un grand nombre de pays, le fabricant ne se voit plus obligé d'arrêter ses métiers, dès que la France ou l'Amérique ne veulent plus de ses étoffes... il peut presque toujours continuer à faire travailler dans une certaine mesure, de sorte que, s'il y a encore de temps en temps des crises, ce qui est inévitable, comme nous l'avons vu plus haut, ces crises sont cependant moins subites et moins douloureuses.

Pour nier cet heureux résultat, il faudrait ou n'avoir pas connu ce qui se passait il y a quarante ans, ou l'avoir complètement oublié. Si l'on consultait les rares journaux du temps, on y verrait dans quelle profonde détresse se trouvaient à chaque instant des populations entières. La presse n'existant presque pas, on en parlait moins qu'aujourd'hui. De plus, il n'y avait pas ces organisations qui, encore plus pour leur malheur que pour leur bien, prétendent représenter les ouvriers et affectent de réclamer pour eux; mais, en fait, le mal n'en existait pas moins, et les souffrances étaient d'autant plus grandes, que les ouvriers n'ayant déjà, en temps ordinaire, qu'à peu près le *nécessaire*, la moindre suspension de travail les privait de suite des choses les plus essentielles à la vie; tandis qu'aujourd'hui, grâce au bien-être qu'ont permis des salaires plus élevés, avant de n'avoir plus ce qu'il faut pour se procurer le *nécessaire*, on commence par se priver peu à peu du *superflu...*, c'est-à-dire de ce dont on peut toujours, à la rigueur, se passer..., et, grâce à ce délai, le travail a souvent le temps de revenir avant que l'on soit complètement à bout de ressources.

Quant à la suppression des guerres, les promesses du libre échange semblent avoir été complètement trompées, car il s'en est élevé de terribles depuis quarante ans, et jamais encore l'on n'avait vu les peuples européens s'épuiser en de si monstrueux armements. Et cependant ne faut-il pas aussi reconnaître que, même sous ce rapport, il s'est opéré de grandes améliorations?

D'abord, toutes les guerres entreprises se sont rapidement terminées; mais surtout quels heureux changements dans les conditions de la guerre elle-même, quel progrès! Les blessés sont également soignés par les deux partis, les prisonniers traités avec humanité, les populations inoffensives respectées, la course contre les vaisseaux marchands supprimée... Ce sont là des améliorations que l'on doit incontestablement, en grande partie, aux relations internationales plus nombreuses, et à la communauté d'intérêts que le commerce et la grande facilité des transports ont établie entre les peuples; et qui sait si l'exagération même des armements n'empêche pas la guerre, au lieu de la susciter? Après tout, n'est-ce pas ce qui arrive depuis de longues années déjà?

LXXXVII. — Que ni la protection ni le libre-échange ne peuvent assurer la prospérité publique.

Et cependant, voici qu'après trente-cinq années de règne, le libre-échange semble tourner à mal. Les marchés surabondent de produits qui ne trouvent pas d'acheteurs, ou qu'il faut vendre au-dessous de leur prix de revient. C'est un malheur, sans doute, mais il fallait s'y attendre, et il serait injuste d'en accuser le libre-échange tout seul.

En effet, l'élan donné au commerce, par l'ouverture de nouveaux marchés et par la suppression des barrières, qui entravaient la circulation des produits, porta naturellement les industriels à produire davantage; c'est de ce moment que datent la construction des innombrables usines qui couvrent l'Europe, l'extension indéfinie des voies de circulation et le perfectionnement de l'agriculture elle-même... Si la demande est plus considérable que sous l'ancien régime, la quantité de produits a peut-être grandi dans une proportion encore plus grande, de là un profond malaise dans les affaires... et voici qu'oubliant les inconvénients de l'ancien état de choses, l'on réclame des droits protecteurs.

Franchement, au milieu d'un tel conflit d'intérêts, on serait bien en peine de dire qui a raison, des protectionnistes ou des libres-échangistes; mais l'on se demande si le rétablissement des droits protecteurs ne produira pas, très probablement, le même effet que leur suppression; et pourrait-il en être autrement? N'est-il pas évident que si demain l'on charge d'un droit élevé les fers anglais, ce privilège accordé aux fers français poussera immédiatement les hauts fourneaux et forges à produire davantage? D'un autre côté, l'augmentation des prix ralentira la consommation, le marché se trouvera de nouveau encombré, et l'on entendra bientôt les mêmes plaintes qu'avant les mesures protectionnistes, et qui sait si ces augmentations de droit, en provoquant des représailles de la part des étrangers, ne feront pas également diminuer les affaires d'un grand nombre d'industries?

Ce phénomène social s'est déjà produit cent fois, et il se produira tout aussi bien pour l'agriculture que pour l'industrie.

LXXXVIII. — Ce que le gouvernement peut et doit faire dans la question des douanes.

Les pouvoirs publics pourraient-ils régulariser ce mouvement par des mesures administratives, mettre et suspendre les droits selon la position du marché, selon l'état des affaires? On l'a rêvé, on l'a même essayé, mais, il faut bien le reconnaître, les résultats ont été complètement nuls, car la concurrence intérieure est tout aussi terrible que la concurrence extérieure.

Il en est du libre échange ou de la protection comme de tout ce qui touche à la marche de l'humanité. Les deux systèmes ont du bon et du mauvais, et il faut savoir s'en servir selon les circonstances.

Un peuple est-il complètement privé d'une industrie, il doit prendre tous les moyens possibles pour la créer chez lui; car une nation doit avoir chez elle, et par elle, tout ce qui lui est nécessaire pour exister, pour se défendre et soutenir ses propres intérêts, puisqu'il peut, à chaque instant, surgir des circonstances ou des événements qui l'isolent des autres pays.

Supposons, par exemple, un peuple qui, trouvant commode d'acheter à bon marché ses fers et aciers en Angleterre, n'aurait pas eu la sagesse de créer chez lui cette industrie, en la protégeant, au moins dans ses commencements, par des droits suffisants. Une guerre surgit, le voici donc sans fers et sans aciers, ou une autre fois il sera sans sucre, comme était la France sous le premier empire, lorsque les Anglais, maîtres de la mer, enlevaient tous les vaisseaux marchands nous apportant le sucre des colonies. Aussi, est-ce à cette époque que se créa l'industrie du sucre de betteraves, industrie qui occupe un si grand nombre de bras et a fait diminuer considérablement le prix du sucre.

La protection de l'industrie nationale, par des droits de douane, peut donc être absolument nécessaire dans certaines circonstances ; seulement, un gouvernement sage doit veiller à ce que cette protection ne devienne pas un encouragement à la négligence des industriels. Dès qu'une industrie, ainsi protégée pour des raisons supérieures, est solidement établie, donne des bénéfices convenables, il est à craindre que les chefs de cette industrie, satisfaits d'une telle position, ne s'occupent ni de perfectionner leurs produits, ni d'en abaisser autant que possible le prix ; de sorte que tout le pays est obligé de payer très cher ce qu'il pourrait avoir à meilleur marché et de meilleure qualité, si les produits étrangers n'étaient pas arrêtés à la frontière par des droits trop élevés ; et, il faut bien le dire, ceci est toujours arrivé ; il est si doux de n'avoir pas à chercher, à inventer, à s'ingénier, à s'inquiéter.

C'est dans ce cas qu'il est du devoir du gouvernement d'ouvrir la frontière, afin qu'une concurrence salutaire vienne forcer les industriels du pays à sortir de leur torpeur. Agir autrement, c'est une injustice, car c'est prendre dans la poche des uns pour mettre dans la poche des autres ; c'est priver les moins favorisés de la fortune des améliorations que leur procurerait l'abaissement des prix ; c'est empêcher une foule de choses utiles de devenir à la portée des pauvres eux-mêmes ; c'est, de plus, encourager l'inertie et

la négligence ; c'est, par conséquent, contribuer à l'abaissement des âmes.

Mais ce n'est pas tout, la protection exagérée a encore
cet immense inconvénient de restreindre les échanges, et,
par conséquent, de restreindre le *travail*. Quelques-uns
prétendent que c'est tout le contraire, puisque, par la protection, on se réserve tout le marché intérieur. Mais cette
opinion est fausse, par cette raison que les produits excitent
les besoins, font naître la demande et développent, par
conséquent, cette *circulation*, que nous avons dit être
encore plus nécessaire au bien-être général que l'abondance
des produits, puisqu'il peut fort bien se faire qu'il y ait dans
un pays beaucoup au delà de ce qu'il faudrait pour nourrir
tout le monde, et que, cependant, beaucoup de gens y
souffrent de la faim, parce que, leurs bras ou leurs forces
restant sans emploi, ces produits ne pourront pas leur arriver
sous forme de salaires.

C'est qu'il se passe, dans ces questions de travail, des
phénomènes qu'il est assez difficile de préciser et que, cependant, l'on pressent. Ainsi, par exemple, il est certain
que l'invention d'un nouvel objet, du plus insignifiant si
l'on veut, d'un objet de mode, d'un joujou populaire, d'un
petit meuble inutile, comme les consoles ou étagères, les
suspensions pour les lampes, il est certain, disons-nous, que
l'invention d'un de ces objets procure immédiatement du
travail à une foule d'ouvriers.

Mais, comment cette invention d'un objet inutile enrichit-
elle le pays ? C'est peut-être plus difficile à expliquer.
Cependant, si l'on suit la marche du salaire que reçoivent
les ouvriers employés grâce à cette invention, nous verrons

que ce salaire, en se répandant chez les fournisseurs de ces ouvriers, crée ou suscite, en réalité, des acheteurs pour ces objets nouveaux. Le boulanger et les autres fournisseurs régulièrement payés finiront par acheter un jour ou l'autre ces objets, par exemple, une étagère, une suspension..., qu'il n'auraient certainement pas acheté si, au lieu d'être payé, il avait perdu de l'argent par *les crédits*.

Et il en est de même pour tout. Si les fourrures sont à la mode, nos marchands vont en acheter à la foire de Leipsick, où elles sont apportées par les chasseurs des pays septentrionaux... Mais, évidemment, ces chasseurs ne retournent pas dans leur pays sans acheter une foule de choses qu'ils ne peuvent fabriquer eux-mêmes. Les industriels de France, qui vendent pour cette foire, pourront donc, dans une plus ou moins grande mesure, recevoir l'argent que nos négociants en fourrure avaient emporté pour leurs achats, et cet argent, revenu en France, servira à payer les ouvriers qui fabriqueront les objets destinés à se vendre encore à Leipsick l'année prochaine.

Ce simple exemple fait saisir, il nous semble, combien il est important, pour le travail, que les relations commerciales soient aussi étendues que possible; or, si un peuple refuse à sa frontière les produits des peuples étrangers, il est clair que ces peuples refuseront les siens à la leur, et qu'il pourra résulter de ces prohibitions une grande diminution dans les échanges, les ventes, les achats, et, par conséquent, dans le travail.

Que chaque pays se ferme chez lui, défende ses industries à coups de tarifs, et bientôt par la prohibition (car la prohibition est encore la meilleure des protections), dès lors,

plus de commerce avec l'étranger, plus de communications
entre les pays ; il est difficile de dire au juste ce qu'il résul-
terait d'un tel état de choses ; quant à nous, nous croyons
que ce serait un véritable désastre, un retour vers les époques les plus désolées de notre histoire industrielle.

Mais de plus, si la nation entière se défend contre les autres
nations, on ne voit pas pourquoi les provinces d'un même
pays ne se défendraient pas les unes contre les autres...
N'est-ce pas, au reste, ce qui se faisait jadis? à tel point
que nos archives ont conservé les plaintes de certaines communes, qui considéraient comme un malheur les routes qui
se construisaient autour d'elles. Au moindre signe de disette,
les provinces empêchaient l'exportation de leurs grains.
Aujourd'hui, nous voyons les ouvriers de la ville demander protection non seulement contre les ouvriers étrangers, mais encore contre ceux de la campagne, et certaines
corporations refusent tout travail aux ouvriers qui ne sont
pas enrôlés dans lesdites corporations. Or, qu'est cela, si
ce n'est de la protection?

Il y a donc à prendre garde de ne pas outrepasser la mesure, soit dans la protection, soit dans le libre-échange. Nous
protestons, et nous faisons bien, contre les ouvriers qui
violent la liberté du travail pour obtenir des salaires plus
élevés; ne les autorisons pas, en réclamant nous-mêmes
contre la liberté industrielle ou commerciale, et c'est ce que
nous faisons peut-être trop souvent.

De cette dissertation sur les douanes, nous pourrons, il
nous semble, tirer cette conclusion, que les hommes d'Etat
ne doivent avoir à leur sujet aucun système préconçu, et
qu'ils doivent agir selon les circonstances, et après mûre

délibération, car c'est une question en laquelle il est bien difficile de concilier tous les intérêts. Les industriels , qui réclament des droits sur leurs produits, ont presque toujours intérêt à ce qu'on les supprime sur certains autres, tout producteur étant consommateur par quelque côté, et tout droit mis sur un produit étant comme un impôt, ou surcroît de dépense, pour tous ceux qui consomment ce produit. Mettons un impôt sur le blé, il est évident que tous les français paieront le pain plus cher; mais si le pain est plus cher, la journée des ouvriers augmentera nécessairement. Si la journée des ouvriers augmente, le prix de tout ce qu'ils fabriquent augmentera nécessairement aussi. On le voit, il y a là un enchaînement de conséquences qu'il faut savoir peser avec prudence, avant de se déterminer pour ou contre la protection, pour ou contre la liberté.

LXXXIX. — De la marche du commerce et des industries, et de leur gouvernement.

Mais si la prospérité publique, la marche des affaires, un sage équilibre entre la production et la consommation, et la continuité du travail peuvent dépendre de mesures gouvernementales, ces choses nous semblent aussi dépendre, peut-être encore davantage, de la sagesse des industriels, commerçants et financiers eux-mêmes. Nous ne parlons pas seulement ici de cette sagesse ordinaire que chacun est tenu de posséder dans ses affaires personnelles, sous peine de les voir périr entre ses mains, mais d'une sagesse plus élevée et plus étendue, qui porterait les négociants, tout en

considérant leurs propres intérêts, à considérer aussi les
intérêts généraux du commerce, à s'en préoccuper, à
leur consacrer une partie de leur influence. Et il semble
que si beaucoup avaient cette supériorité de vue, leur
entente pourrait souvent commander aux événements
et arriver peu à peu, selon l'expression d'un grand négociant, à constituer comme un véritable *gouvernement*
supérieur des affaires.

Il est peut-être assez difficile de bien préciser ce qu'il
faut entendre par ce gouvernement, car il ne s'exerce pas
visiblement, au moyen de fonctionnaires, d'employés, d'a-
gents et de bureaux, comme le gouvernement civil ; mais,
malgré cela, il peut cependant avoir une réelle efficacité, car
il dispose, en fait, d'une des plus grandes puissances de ce
monde, il dispose du *travail*. Et quelle chose que le travail ! Qu'il manque, tout est perdu. En trouver, en conserver, est tout pour les neuf dixièmes de l'humanité.

Or, si nous en exceptons le travail qui sert à la production des choses de première nécessité, et dont, par conséquent, la consommation reste indépendante des efforts de
l'homme, il est certain que la production et la consommation de tous les autres produits dépendent presque complètement des efforts des commerçants, des inventions des
industriels, de la prudence et de la confiance des capitalistes. Ce sont eux qui attirent et excitent les acheteurs, en leur
offrant, des produits nouveaux, meilleurs, ou à plus bas
prix. Ce sont eux qui trouvent de nouveaux débouchés,
créent les moyens de communication, emploient des forces
restées inutiles, encouragent les jeunes hommes qu'ils jugent capables, facilitent les affaires par le crédit ; en un

mot, développent ce mouvement de circulation que nous avons reconnu être la base de la prospérité publique et la condition du travail.

Ceci étant, l'on comprend fort bien qu'il puisse exister parmi les chefs de commerce ou d'industrie d'un pays, comme une entente tacite qui les fasse tousconcourir à ce qui contribue au bien général. Mais, pour que les hommes à la tête des affaires puissent se mettre ainsi au-dessus de leurs intérêts personnels, commander aux événements, aux fluctuations des idées, des goûts et de la mode; pour qu'ils puissent dominer les accidents inévitables, combattre les influences mauvaises, lutter contre les ambitions désordonnées et les imprudences qu'elles suscitent, il faut qu'ils aient non seulement une grande expérience des affaires, et presque une véritable sagesse politique, mais encore la puissance de faire prévaloir leurs idées et de les appliquer.

Or, ce sont là des choses longues et difficiles à acquérir, et la vie de l'homme est courte, et, sauf exception, la période de pleine activité dont il jouit est encore plus courte. Celui qui fonde une industrie, à travers les mille difficultés des commencements, doit s'estimer bien heureux si, à l'âge du déclin, il a pu assurer à peu près son avenir. Mais il est bien rare qu'usé par le travail et par les soucis, il puisse exercer sur la marche générale des affaires une influence réelle; d'abord, au moment où il pourrait s'en occuper, il est généralement d'un âge où l'on commence à aimer le repos, où l'on ne possède, en tous cas, presque jamais l'ardeur, la souplesse d'esprit, et même, si l'on veut, les illusions nécessaires.

Ce ne sont donc pas des négociants nouveau venus dans l'arène, tout occupés d'assurer leur position, tremblant de ne pouvoir faire face à leurs engagements, sans passé et sans sûreté pour l'avenir, qui peuvent seulement avoir l'idée de cette puissance gouvernementale des affaires, qui peuvent se concerter pour parer aux crises, éclairer le marché, prévoir l'avenir, empêcher les catastrophes... et maintenir, par des inventions et perfectionnements continuels, le mouvement d'affaires et les débouchés nécessaires à la continuation du travail

XC. — Qu'il est bon que les fils des industriels et des commerçants leur succèdent et que la fortune héréditaire oblige, comme obligeait la noblesse.

La Providence a pourvu à cet inconvénient de la brièveté de la vie. L'homme est père, il peut se *survivre* dans des fils, c'est-à-dire dans d'autres lui-même, dans des êtres auxquels il communique non seulement la vie, mais encore tout ce qu'il *est*, ses forces morales et intellectuelles, les fruits de son travail et de son expérience.

Les fils de négociant, qui auraient la sagesse et le bonheur de succéder à leur père, hériteraient, en effet, non seulement d'une fortune mais de tout un passé, d'un demi-siècle, d'un siècle de bonne réputation, de succès et de notoriété. De là une puissance et une supériorité considérables, de là des loisirs qui leur permettraient de s'occuper des choses publiques, et surtout de ce *gouvernement* supérieur du commerce, de l'industrie, de l'agriculture et des capitaux, dont nous venons de parler ; gouvernement bien plus important qu'on ne le pense, auquel est même subordonné, en beaucoup de circonstances, le gouvernement politique, puisque en résumé la grande question du travail, surtout de nos jours, tient nécessairement une place considérable dans les conseils des pouvoirs publics.

Il est donc à désirer, pour la prospérité d'un pays, qu'il y ait un grand nombre de jeunes hommes qui tiennent à succéder à leur père, qui se fassent un devoir en même temps qu'un honneur de continuer son œuvre, de l'augmenter, de réaliser des améliorations qu'il n'avait peut-être pu que désirer ou entrevoir...

Nos ancêtres disaient : *noblesse oblige*, parce qu'en effet tout jeune noble était tenu de se souvenir qu'il devait sa noblesse et les privilèges qui l'accompagnaient, aux services que ses pères avaient rendus à l'Etat ; et qu'ils étaient par conséquent tenus de lui rendre les mêmes services, et sauf exception, c'est ce qu'ils firent pendant de longs siècles. Toutes les pensées des nobles étaient portées vers les combats, leurs jeux étaient des luttes, et ils auraient considéré comme un déshonneur de rester oisifs, dans ces châteaux autour desquels leurs pères avaient si souvent répandu leur sang pour repousser les Barbares ou les Sarrazins et protéger les cultivateurs alors sans défense.

En résumé, le noble ou seigneur était le soldat, le gendarme, le maire, le juge de paix et le magistrat-né, de sa seigneurie, et des villages ou communes qui la composaient. Et le jour où l'organisation plus centralisée du

royaume lui enleva ses fonctions, la noblesse perdit toute
raison d'être, et après avoir langui dans les antichambres
des cours, le temps nécessaire pour mourir, elle disparut ;
car, en fait, la noblesse n'existe plus; elle n'est aujourd'hui
qu'un nom, conservant, il est vrai, un grand souvenir, mais
ne conférant aucun privilège ; cependant, et ne négligeons
pas de le remarquer, il en reste quelque chose : beaucoup,
parmi les jeunes nobles, savent encore se faire un honneur de porter les armes, et d'être les premiers quand il
s'agit de donner son sang.

Dire ce qu'a été la noblesse héréditaire, c'est dire ce que
doivent être les fils de nos commerçants, banquiers, industriels, ou grands agriculteurs. Si la naissance leur donne la
fortune, ils ne doivent pas considérer cette fortune comme
un heureux hasard qui les dispense du travail, mais au
contraire, comme un noble privilège, qui, en leur enlevant
les soucis de la vie matérielle, les appelle à un travail d'intelligence, de gouvernement et de protection. Travail qui,
comme tout travail réel, demande la lutte, la persévérance
et l'esprit de sacrifice.

« Au reste, qu'un fils calcule tout ce que la fortune qu'il a
entre les mains, représente de travail, de veilles, de soucis,
de privations endurées, d'activité, de patience et de vertus», et alors il comprendra qu'elle lui impose des devoirs,
et qu'il est horrible de penser que l'on puisse employer
pour le vice, ce qui a été produit par la vertu, c'est-à-dire
par le sacrifice, car il n'y a pas de vertus sans sacrifices, et
par conséquent, sans souffrances volontairement supportées.

« Les anciens recueillaient et conservaient, dans des
urnes funèbres, les cendres de leurs aïeux. Nous, dans la

fortune des nôtres, nous avons beaucoup plus que leur cei-
dre. Leur cendre n'était que le reste inerte de leurs corps,
tandis que leur fortune est le fruit vivant de leur âme,
presque leur vie perpétuée. (1) » — Dissiper dans les plaisirs ou dans une vie inutile une fortune reçue en héritage,
c'est donc jeter au vent du mépris les cendres d'un père...
c'est fouler aux pieds les plus nobles sentiments.

D'ailleurs, y a-t-il sur la terre un supplice semblable à
celui d'une vie désœuvrée et sans but. Quelques-uns, il es
vrai, se font à cette vie, des riens les occupent, leurs affaires particulières prennent à leurs yeux les proportions
de choses importantes; ils arrivent peu à peu à se faire même
comme un mérite de leur égoïsme, qu'ils prennent pou
du détachement et pour de l'indépendance. Mais n'est-il
pas permis de dire que ces hommes à esprit étroit sont encore plus à plaindre que ceux qui souffrent de leur inacti-
vité, que les dissipateurs eux-mêmes, car cette paix dénote
un singulier abaissement de l'âme et une véritable pétrifica-
tion du cœur. D'ailleurs qu'ils ne se fient pas à leur préten-
due sagesse: « La fortune tombe facilement des doigts qu'elle
a ramollis. (2) » On l'a dit, il est peut-être encore plus difficile de la conserver que de l'acquérir.

(1) Mgr GAY, *Correspondant*, 25 février 1877.
(2) M. BLANC DE SAINT-BONNET,

XCI. — De la noblesse ou grandeur de la carrière commerciale (1).

Ce qui fait la dignité ou noblesse d'une carrière, ce sont les services qu'elle rend, les difficultés qu'elle présente, les qualités ou vertus qu'elle réclame, et enfin le bien qu'elle permet d'accomplir ou qu'elle suscite autour d'elle. Or, si nous considérons la carrière commerciale, en laissant de côté les misères qui se trouvent dans elle, comme dans toute chose terrestre, même dans les plus grandes, nous serons forcés de reconnaître, qu'elle ne le cède en dignité et en noblesse à aucune autre carrière, que, bien comprise, elle reclame les plus éminentes qualités, et offre aux grandes âmes toutes les occasions possibles, de montrer leur dévouement et leur esprit de sacrifice.

Notons, d'abord, que c'est le commerce qui alimente ce travail immense et incessant dont nous venons d'étudier les phases diverses, travail qui est la première condition de toute existence morale et intellectuelle, et sans lequel le monde ne se comprendrait même pas. A ce titre, le commerce est donc au premier rang dans le monde.

Quant aux qualités qu'il réclame, qui pourrait dire ce qu'il faut de connaissance, de ressources d'esprit et d'habileté, pour créer une industrie, trouver les capitaux nécessaires, établir des relations, et parer aux mille difficultés qui

(1) Sous le nom de *Commerce* nous entendons également l'*Agriculture* et l'*Industrie*, car le commerce n'est que l'aide de ces deux formes de travail ; d'ailleurs l'agriculteur et l'industriel sont toujours eux-mêmes plus ou moins commerçants.

s'élèvent à chaque instant? Quel sang-froid, et même quel
dévouement à son devoir ne faut-il pas posséder, pour conserver son calme au milieu des malheurs les plus imprévus,
pour ne pas faiblir et se décourager devant les pertes, et
savoir faire à temps les sacrifices les plus pénibles, comme
ces navigateurs qui, dans une tempête, jettent à la mer
jusqu'aux vivres, afin de sauver leur navire et leur vie?
Il semble même que dans le commerce, plus que dans tout
autre état, un homme a besoin d'une grande hauteur de
vue, d'un grand discernement, pour ne pas s'engager
aveuglément dans les entreprises où il pourrait se perdre,
et que ce n'est pas une exagération de dire, que le vrai
négociant doit comme embrasser continuellement le monde
entier dans sa pensée, en connaître la situation et en suivre
la politique, car nul plus que lui ne doit savoir profiter des
événements et se tenir sans cesse sur ses gardes.

La carrière commerciale, industrielle ou agricole nous
semble encore tirer une grande dignité de son indépendance. En effet, le négociant ne dépend que de lui-même,
de son travail ; il est maître de sa propre vie autant qu'il
est donné à un homme de l'être. Il n'a rien à attendre de
la faveur ou de la protection de personne. On peut l'aimer,
l'aider, avoir de la bienveillance pour lui, mais s'il est incapable, on ne peut lui confier des intérêts ; et quel que soit
la haute position dont ait hérité un jeune homme, il la verra
rapidemment décroître, s'il ne sait pas la soutenir par son
travail et son mérite personnel.

C'est ce qui fait que cette carrière n'est jamais encombrée
comme le sont, par exemple, les fonctions publiques, les
places d'administration. Sauf dans certains moments de

crise ou de révolution, celui qui est capable, peut toujours
se faire une place dans le commerce ou l'industrie. C'est
un fait reconnu : les affaires engendrent les affaires, le
travail engendre le travail. Celui qui crée des choses nouvelles, crée en même temps des acheteurs, par le travail
que ces choses apportent. De sorte que les victoires des
négociants, au lieu de laisser des larmes après elles, ne
laissent, au contraire, qu'un peu plus de bien-être et de
contentement chez ceux auxquels ils ont fourni du travail ;
cela est si vrai que parmi les négociants il court un mot
qui est presque un proverbe c'est que « ce sont les hommes
qui manquent aux affaires, et non les affaires aux hommes »,
et il suffit de jeter un regard autour de soi et sur le monde,
pour comprendre que l'occupation n'est pas près de manquer
à l'humanité.

Mais ce qui nous semble également élever bien haut la
carrière industrielle, c'est surtout le bien qu'elle permet
d'accomplir. Et d'abord, on ne connaît pas assez quels
efforts font les industriels, à quels dangers ils s'exposent
pour maintenir du travail à leurs ouvriers et pour ne pas
renvoyer leurs employés. C'est par millions qu'il faudrait
calculer les sommes dépensées et perdues chaque année
dans ce seul but. Combien de maisons ont même péri
parce qu'elles n'ont pas su se décider à suspendre assez tôt
le travail, ou à remplacer des employés incapables ! Dans
les grandes crises, par exemple, dans celle qui fut amenée
par le manque de cotons, pendant la guerre de sécession des
Etats-Unis, il y eut des filateurs qui épuisèrent jusqu'à
leurs derniers ressources, pour donner au moins du pain à
leurs ouvriers affamés. On cite des manufacturiers anglais

qui y dépensèrent des millions et même s'endettèrent. Nous savons qu'on nous dira que ces industriels agissent ainsi dans leur intérêt, parce qu'ils ne veulent pas désorganiser leurs maisons, parce qu'ils espèrent se rattraper plus tard, etc.... mais ce sont là des sottises. Il est bien évident que si l'industriel ne pensait pas pouvoir continuer ses affaires et vendre, tant bien que mal, les marchandises qu'il fabrique ainsi d'avance, il fermerait de suite ses ateliers, car il n'y a pas de fortune qui puisse résister à une industrie qui perd... mais en fait, pour qui connaît les choses, il est certain que le *soin de maintenir du travail à leurs ouvriers* entre pour une *part considérable* dans les préoccupations des industriels, et que c'est grâce à cette générosité de cœur, que les ralentissements dans la vente se font beaucoup moins sentir, et ne jettent plus une foule d'ouvriers sur le pavé, du jour au lendemain.

Laissons cela, et parlons maintenant de tant d'industriels qui ne souffrent à aucun prix qu'un seul de leurs ouvriers manque du nécessaire, qui sont toujours prêts à les aider dans leurs embarras ou revers de famille. Il en est qui ont payé pendant plusieurs années les appointements de contre-maîtres ou employés malades, et qui, après la mort de ceux-ci, veillent encore sur leurs veuves et sur leurs enfants ; ce qui ne les empêche pas de s'intéresser à toutes les bonnes œuvres qui se créent autour d'eux, de venir à leur aide, d'y engager parfois des capitaux considérables, ne reculant devant aucun sacrifice pour les maintenir. Et ce qu'il faut bien remarquer, c'est que le commerce seul permet cette générosité en quelque sorte illimitée. Le rentier, à moins qu'il n'ait une fortune colossale, fait son budget, met de côté la part des bonnes œuvres, et ne va pas au delà. Pour le négociant, il n'en est pas de même. Son revenu est douteux. Quels seront les bénéfices ? Il ne le sait pas. Aussi peut-il toujours espérer qu'ils lui permettent telle ou telle aumône, ou qu'il en sera quitte pour un effort de plus ; il peut donc se laisser aller à son bon cœur et à son enthousiasme pour le bien : le bonheur de se sentir utile le soutient, l'encourage; c'est la vie, la vraie vie. Aussi est-ce surtout dans les villes de commerce ou d'industrie que les œuvres pour le bien trouvent le plus de ressources 'et le plus ferme appui.

Ajoutons, en passant, que c'est encore en grande partie aux négociants que l'on doit l'espèce de renaissance des arts dont est témoin notre époque. Ce sont eux qui, en payant généreusement les travaux des artistes, en ont multiplié le nombre et encouragé les efforts, et il semble certain que, sous l'impulsion des idées actuelles, ce mouvement ira encore longtemps en grandissant, et que les chefs de commerce et d'industrie se mettront de plus en plus à la tête de tout ce qui est grand et généreux.

Tout ceci est déjà très beau, et cependant il est une chose qui ennoblit encore davantage la carrière commerciale, ce sont les difficultés et les périls qu'elle offre en certaines circonstances, ce sont les souffrances qu'elle impose. En effet, s'il est quelques commerces qui marchent ou du moins semblent marcher seuls, et n'imposer à leurs chefs que la peine ordinaire de tout travail, il en est un fort grand nombre qui sont un sujet continuel de tourments et d'inquiétudes pour ceux qui les dirigent.

Il serait en vérité difficile d'exprimer les angoisses par

lesquelles passe l'âme de ce négociant qui, malgré son travail, voit chaque année disparaître une partie de sa fortune, bientôt l'argent qui lui a été confié, et qui déjà calcule le jour où il devra se déclarer insolvable, révéler à tous son incapacité, avouer sa détresse à une femme qui lui avait apporté une dot, et voir réduits à la gêne des enfants qu'il rêvait de laisser riches et honorés. Pour comprendre ce que souffre un homme dans une telle position, il faut l'avoir éprouvé soi-même, ou l'avoir suivi anxieusement dans le cœur d'un ami. C'est une agonie pire que la mort.

Mais voyez, d'un autre côté, quelles merveilleuses beautés morales vont faire germer et bientôt s'épanouir ces luttes si douloureuses. Qu'y a-t-il de plus admirable que ces négociants qui, au lieu de se plaindre des sommes énormes qu'ils perdent parfois dans les faillites, et d'humilier leurs débiteurs, les consolent, les encouragent et vont jusqu'à leur ouvrir leur caisse, s'ils voient pour eux quelque chance de relèvement? « Mon cher ami, disait une de ces âmes, noble entre toutes, à un de ses clients qui lui exposait ses craintes sur son avenir, et le remerciait de ne pas lui réclamer ses avances, mon cher ami, ne perdez pas courage, essayez encore, et si vous faites de mauvaises affaires, je tiens à m'y trouver pris pour cent mille francs... envoyez votre papier, nous ferons encore honneur à votre signature. » Quoi de plus beau?

On pouvait rendre à un autre ce glorieux témoignage que, pendant une carrière commerciale de plus de quarante ans, il n'avait jamais réclamé un paiement de manière à gêner, ayant toujours mieux aimé perdre que de poursuivre, et signant des deux mains tous les arrangements qu'on lui

offrait, quelque peu avantageux qu'ils fussent. Et il faut
le dire à l'honneur de notre époque, cette générosité de
cœur est comme entrée dans nos mœurs, et presque nul n'y
manque aujourd'hui. Citerons-nous encore la confiance et
la droiture avec laquelle se traitent les affaires? Une parole,
deux mots sur un papier, suffisent pour engager des sommes
considérables. On est fidèle à des marchés à longue échéance,
quelle que soit la perte qu'entraîne la livraison de marchandises dont la valeur a baissé dans une forte proportion,
et on en voit même ne pas vouloir se servir de motifs fort
légitimes pour rompre leurs engagements, agissant
ainsi, contre leurs propres intérêts, par un excès d'honnêteté, craignant, pour ainsi dire, de profiter de circonstances sur lesquelles ils n'avaient pas pu compter.

Je sais que l'on me dira, que généralement les hommes
d'affaires n'obéissent pas à des motifs aussi élevés, que c'est
l'ambition qui presque toujours les guide. C'est vrai en un
sens. Avant tout il faut vivre, et vivre selon sa position,
c'est dans l'ordre; mais n'en est-il pas ainsi dans toutes les
carrières, même dans la carrière militaire ? L'homme n'est
pas un héros à toute heure. Un publiciste anglais, W. Mal-
lock, l'a dit avec raison : « Le désir des richesses, de la
gloire et des distinctions de tout genre est la cheville
ouvrière de presque toutes les activités humaines. Sup-
primons-les, tout travail s'arrêterait, l'homme se contenterait
de ne pas mourir de faim, et l'universel chômage ne
frapperait pas seulement l'industrie et le commerce ; la
science, la littérature et l'art en subiraient le contre-coup
et s'éteindraient dans une morne consomption. Shakespeare
a écrit pour gagner sa vie, Walter Scott pour bâtir sa

résidence d'Abbotsford, Rubens et Turner ont peint tout
à la fois pour arriver à la gloire et faire fortune (1). »

Quand donc un jeune homme embrasse la carrière commerciale, et en assume sur lui toutes les responsabilités et
les devoirs, non pas seulement pour gagner son pain,
puisqu'il le possède déjà, mais pour se rendre utile, pour
maintenir autant qu'il dépend de lui le travail nécessaire à l'existence de son pays, pour devenir plus
puissant dans le bien, et ne pas être seulement conser-
vateur passif de la fortune acquise par son père, il nous
semble faire une chose louable, noble et féconde entre
toutes.

XCII. — Que l'avenir des enfants dépend beaucoup de leur éducation.

Il convient encore d'observer avec soin, que si c'est le
devoir des fils de travailler, comme leurs pères ont travaillé,
c'est aussi le devoir des pères de former leurs fils, de les
élever dans ce but, et de leur donner le goût de leur profession ; or, il faut bien l'avouer, c'est ce qu'avec les meilleures intentions, on fait très rarement.

Sacrifiant aux erreurs modernes, croyant que l'homme
est *ce qu'il se fait*, et qu'il suffit de *lui indiquer* son devoir
pour qu'il l'accomplisse, les pères abandonnent presque complètement leurs enfants à des mains étrangères. Sous le
vain prétexte de santé, de nécessités hygiéniques, ils n'hé-

(1) A. BOYENVAL. *Réf. social.* 15 juin 1886.

sitent pas à les éloigner d'eux, à les laisser de longs mois dans l'isolement des campagnes. Sont-ils chez eux, ils se contentent de les voir pendant les courts instants des repas, ne surveillant que de loin leurs jeux et leurs ébats, ne s'inquiétant que fort peu de converser avec eux, de les faire parler, et exprimer leurs pensées.

De sorte que, par le fait, ces fils finissent par être bien plus les fils de leurs gouvernantes, de leurs maîtres, de leurs instituteurs et même de leurs domestiques, que nos fils, c'est-à-dire le produit de nos pensées, de nos soins, de nos réprimandes et de nos éloges..... Dès-lors, comment espérer que ces fils suivront la même carrière que nous, feront ce que nous avons fait, auront nos goûts et nos idées? Pour cela il aurait fallu que nous les eussions rendus semblables à nous, en vivant beaucoup avec eux, en leur infusant, en quelque sorte, tout notre être. Il est incroyable, vraiment, que l'on prenne si peu garde à ce fait, souvent signalé par les hommes les plus éminents. L'un d'eux n'hésitait pas à attribuer la décadence des races à l'éloignement des enfants, d'abord du sein de leur mère, et ensuite de la vie intime de la famille, du coin du feu, et de la table paternelles.

Quant à leur inspirer le goût de notre profession, c'est ce que nous faisons peut-être encore moins, car se plaindre est devenu chose presque légendaire parmi les négociants ou industriels. « Ah ! si mon fils ne veut pas me succéder, disait un père désolé, c'est bien un peu ma faute. Comment mon enfant, pourrait-il vouloir embrasser une carrière dont il m'entend plaindre, depuis qu'il est au monde ? » Et convenons que telle est l'histoire de beaucoup de pères et de

beaucoup de fils. Et cependant est-il raisonnable de se plaindre ainsi de la position que la Providence nous a assignée
dans le monde, de regretter sans cesse devant nos enfants
le temps passé, pour dénigrer le présent, oubliant que si le
monde allait ainsi toujours en se gâtant, il y a longtemps
qu'il serait fini? « Mais croyez-vous donc, papa, disait spirituellement un fils à son père, croyez-vous donc que nous
serons moins bons que vous? » et faudra-t-il rappeler à ce
sujet les quelques vers latins dans lesquels Jupiter, en un
jour de clémence, montre à chacun les inconvénients de la
position qu'il envie.

Si nous voulons, soit pour notre propre satisfaction et
celle de notre famille, soit pour le bien général, que nos
fils nous succèdent, nous nous appliquerons donc, en toute
occasion, à faire ressortir devant eux le beau côté de nos
affaires, à parler de ce que l'on peut espérer de l'activité
ou des talents.

Nous leurs ferons remarquer l'indépendance et l'autorité
que donne une forte position financière ou commerciale, le
bien qu'elle permet de réaliser, les honneurs auxquels elle
peut conduire, et même enfin la facilité qu'on y trouve, pour
s'établir de bonne heure, et fonder une véritable famille.

Et plus nous serons riches, plus grand sera l'héritage que
nous pourrons laisser à nos enfants, plus nous devrons élever
leur âme et leurs idées, afin qu'ils aient des désirs supérieurs à toute fortune, afin que nulle chose matérielle ne
puisse les contenter, et qu'ils arrivent ainsi à ne jamais
considérer l'argent, comme un but, sur lequel il est permis de
s'arrêter et de se reposer, mais seulement comme un moyen
pour s'élever dans les choses de l'intelligence et du cœur.

Nous aimerons encore à vivre et causer autant que nous le pourrons avec eux, à les immiscer de bonne heure dans nos affaires. Si c'est possible, nous habiterons auprès de nos usines et de nos comptoirs ou magasins, afin que dès leur jeune âge, ils s'habituent à y vivre, même à y jouer. L'on sait combien les enfants sont heureux de faire ce que fait leur père, d'aller où il va, d'écouter, à côté de lui, les personnes qui lui parlent ; ils sentent déjà, les chers petits, que ces affaires, sont leurs affaires à eux...

On trouvera peut-être que nous entrons ici dans l'exposé de trop petites choses, que la marche des affaires ne tient pas à de telles misères. Détrompons-nous, car les plus grands événements de ce monde sont presque toujours les effets de causes inaperçues et négligées. Nous avons déja cité une grande industrie qui compte trois cents chefs de commerce, et dans laquelle, sur ces trois cents chefs, il n'en est que *vingt-six* qui ont succédé à leur père. De sorte que ce sont les employés qui, élevés dans des conditions meilleures et plus viriles que les fils de leurs chefs, supplantent peu à peu ceux-ci, déjà las des affaires, et prennent bientôt la place qui devrait revenir aux fils.

Il est incontestable qu'il y a là un fait anormal et fâcheux sous mille points de vue... Le rapport qui citait ce fait n'en a pas cherché la raison, ce n'était pas son but ; mais si on la demande, il me semble qu'elle n'est pas autre que celle que nous venons de signaler.

XCIII. — Qu'il faut qu'il y ait dans un pays de puissantes maisons commerciales, industrielles et financières.

Mais ces observations soulèvent une nouvelle difficulté. On s'est souvent plaint de l'accumulation de capitaux considérables dans les mêmes mains ; on a cru voir, dans ces accumulations, comme l'avènement d'une nouvelle Féodalité, qui met en danger la puissance de l'Etat et empêche la diffusion sur un plus grand nombre de têtes, de la fortune publique.

N'est-ce pas une erreur? Qui sait même, si ces *Puissances* financières, commerciales ou industrielles ne sont pas absolument nécessaires à la marche de nos sociétés modernes, dont l'existence repose sur le travail industriel?.. Que serait un pays où il n'y aurait que de petites maisons, disposant de peu de capitaux, sans notoriété, et par conséquent presque sans crédit ?.. Comment ces petites maisons pourraient-elles entreprendre les grands travaux qui, après tout, sont la base ou le support de la petite industrie et du petit commerce eux-mêmes.

Je m'intéresse sans doute aux pauvres femmes qui, pour gagner quelques sous, souvent le pain de leurs enfants, vendent du poisson de mer le long des trottoirs de Paris... Mais il ne faut pas oublier qu'elles ne pourraient vendre ce poisson, s'il ne leur avait pas été rapidement apporté par les locomotives puissantes qui s'attellent aux wagons spéciaux formant, sur le chemin de fer de l'Ouest, ce qu'on nomme les *trains de marée*. Or, il en est de même pour une foule de petits commerces : le soldat de plomb qu'achète un enfant à la boutique à cinq centimes, n'aurait pu se fondre s'il n'existait pas des usines considérables qui extraient et préparent les métaux.

Or, les chemins de fer et les grandes usines ne pourraient s'établir s'il n'y avait pas de grands capitalistes, de grands industriels, des hommes qui, déjà débarrassés de tout souci pour leur vie personnelle et pour celle de leur famille, puissent jeter les yeux comme au delà de leurs propres affaires, et avoir l'ambition de contribuer à la marche générale des choses industrielles ou commerciales... Et c'est d'autant plus important de nos jours, que l'agriculture elle-même a besoin de l'industrie, puisqu'elle ne peut plus subsister qu'à la condition de se servir de machines, d'user des transports rapides et à bon marché, et, de profiter de tous pens, de les perfectionnements modernes.

Nous croyons donc qu'il est au moins téméraire de s'élever, comme on le fait si souvent, contre ce qu'on appelle les puissances financières. Qu'elles abusent parfois de leur position, c'est possible ; mais ce sont là des accidents et ils sont peut-être au moins cet avantage, de tenir les esprits en suspens, de réveiller le marché et de susciter des affaires.

On raconte que si l'on n'avait pas le soin de laisser des brochets dans les étangs, les autres poissons, tanches, carpes, etc., ne grossiraient pas, parce qu'ils resteraient endormis dans la vase et sous les pierres, tandis que, obligés, pour échapper à la dent vorace de leurs terribles compagnons de sortir de leur sommeil, de nager de ci, de là, ils se développent et prennent l'accroissement voulu. Ainsi en est-il probablement des affaires : quelques-uns souffrent plus ou moins des crises, y périssent parfois ; mais, en somme, la masse de la population a trouvé son compte dans ce mouvement, elle a vécu.

Au reste, on l'a toujours dit, l'universalité est un des *criterium* de la vérité, c'est-à-dire qu'il est impossible de croire qu'une chose qui existe partout et qui a existé dans tous les temps soit une chose fausse, inutile, dont il faut poursuivre à tout prix la déstruction. Sa raison d'être et son utilité nous échappent, il est vrai, souvent ; mais qu'importe ? notre vue est si courte, il nous est si difficile d'embrasser l'ensemble des affaires qu'il ne faut pas nous en étonner ! Le moindre intérêt suffit pour nous aveugler. Et il y a tant de choses que nous ne comprenons pas, et qui cependant existent et existent pour un bien !

Ainsi en est-il fort probablement de nos grandes maisons financières et industrielles, car il en a existé dans tous les temps, et sous toutes les formes de gouvernement. Venise, Gênes, Florence ont été jadis les reines du commerce et de la finance, leurs banquiers étaient les banquiers des peuples et des rois. C'étaient à eux que s'adressaient les Croisés pour obtenir l'argent et le crédit nécessaires aux expéditions d'Orient. On a publié dernièrement des articles très intéressants sur les banques à Athènes, deux cents ans avant notre ère. Les lieux et la forme extérieure ont changé, mais, dans le fond, la chose est restée la même.

Pour en finir une fois pour toutes avec ces plaintes contre les capitalistes, nous devrions enfin comprendre deux choses, dont nous avons déjà parlé mais qu'il est bon de répéter encore : premièrement, que tout travail est impossible à celui qui ne possède pas déjà des *avances*, c'est-à-dire de l'argent avec lequel il puisse non seulement payer ses ouvriers chaque semaine, mais encore établir les constructions et machines nécessaires à son travail, et enfin attendre le moment où il pourra vendre ses produits et en toucher la valeur, ce qui n'est pas toujours facile, comme on le sait. Et que, par conséquent, il est bien heureux qu'il y ait eu avant nous des gens qui aient *économisé* une partie de ce qu'ils gagnaient, puisque, sans eux, ne pouvant avoir aucune des institutions et des industries qui nous procurent les innombrables choses nécessaire à la vie civilisée, nous serions encore à l'état sauvage, état qui est tout simplement celui de gens qui ne possèdent point de capitaux, parce que chacun ne travaille que juste ce qu'il faut pour ne pas mourir, et ne peut, par conséquent, rien économiser.

Deuxièmement, que les capitaux *appartiennent bien plus à ceux qui les empruntent et les emploient qu'à ceux qui les possèdent.* En effet, je suis jeune, plein d'ardeur, mais sans argent. M. X. me prête cent mille francs moyennant un loyer de 5,000 à 6,000 fr. par an ; avec ces cent mille francs je gagne en quinze ans une fortune, peut-être deux cent mille francs, de plus j'ai dépensé plus de 7,000 fr. chaque année pour l'entretien de ma maison, de ma femme, de mes enfants... j'ai donc gagné 340.000 francs avec les cent mille pour lesquels je n'ai payé que cent mille francs de location en vingt ans.

Il en est de même de l'ouvrier qui, sentant qu'il pourrait réussir par lui-même, trouve 3,000 fr. à emprunter, ouvre un petit magasin ou crée un nouvel atelier. Quand je donne

5 francs à un ouvrier pour acheter une pelle et une pioche
il va pouvoir probablement trouver du travail... mes 5
étaient le capital qui lui manquait.

Si, pour 12 ou 15 fr. par mois, je trouve une chambre
dans une maison solidement bâtie, à laquelle on arrive par
une rue pavée, arrosée et éclairée au gaz pendant la nuit,
c'est que, vingt ou trente ans avant moi, il y eut un
homme qui a assez gagné et a eu assez de vertus pour
économiser les cent ou deux cents mille francs, avec lesquels
il a pu bâtir cette maison.

Si je puis trouver chez le petit marchand du coin de la
rue du café, du chocolat, même des étoffes de coton, etc.,
c'est qu'il y a des hommes très intelligents et très éco-
nomes, qui ont gagné et amassé les nombreux millions
que coûtent les navires à vapeur et les chemins de fer qui
transportent ces matières. Etendons cet exemple, appliquons-
le aux millions et centaines de millions que prêtent les
grandes maisons de finance, et nous reconnaîtrons qu'elles
sont simplement d'immenses réservoirs d'argent, dans
lesquels chacun peut venir puiser, en payant un certain
droit de location, et en donnant des preuves de son
aptitude à les employer fructueusement.

Supprimons les capitalistes, fatiguons-les, menaçons
de les déposséder ou de les imposer plus que les autres,
peu à peu les capitaux diminueront, soit parce qu'on se
lassera d'amasser des économies donnant lieu à tant de
plaintes, soit parce qu'on les enverra à l'étranger, et bientôt
l'on verra de toute part le travail et le bien-être diminuer.
Qui sait même si ce n'est pas déjà ce qui arrive à l'heure
où nous écrivons ? Et il est impossible qu'il en soit autre-

ment, toutes les lois possibles n'y feront rien, la force du nombre n'a rien à voir là. Quel rapport peut-il y avoir entre nos banquiers et financiers, si l'on veut, et les seigneurs féodaux qui étaient tout simplement de petits souverains, en exerçant tous les droits, mais en supportant aussi toutes les charges et responsabilités ? Or, l'on ne voit rien de semblable chez nos capitalistes, qui ne peuvent jouir de leurs capitaux qu'en les employant eux-mêmes dans le commerce, l'industrie et l'agriculture, ou en les confiant à d'autres mains, et cela, dans l'un et l'autre cas, au profit du travail.

D'ailleurs, ne nous prenons pas au sens faux donné par ignorance, à certains mots. La Féodalité a eu sa raison d'être, sa fonction utile et même nécessaire ; sans elle, nos sociétés n'auraient jamais pu se former. A l'époque où les barbares envahissaient encore à chaque instant nos pays, où il fallait de partout se substituer à l'Empire romain qui croulait, il ne s'agissait pas de parler de gouvernement représentatif, de république, d'égalité et de liberté, il fallait se battre, se défendre, rétablir et maintenir l'ordre; c'est ce que fit la féodalité, et quand la féodalité tomba, l'aristocratie continua son œuvre, sous une autre forme, pendant de longs siècles encore.

Peut-être viendra-t-il un temps, où l'existence de grands industriels et de grands financiers ne sera plus nécessaire. C'est possible, car en ce monde il ne faut jurer de rien ; mais il est certain que nos sociétés actuelles ne pourraient s'en passer, et que l'on ne peut s'imaginer comment on pourrait les organiser pour s'en passer ; tout ce qui a été inventé dans ce sens n'a, jusqu'à nos jours, abouti qu'à des désastres.

Sachons donc ne pas dire de mal et ne pas nous plaindre
si amèrement de l'état de choses actuel ; nous ne faisons
qu'aggraver le mal, en contribuant par nos plaintes à l'arrêt
des affaires.

XCIV. — Du luxe et de sa raison d'être.

Nous venons de beaucoup parler du *travail*, de sa nécessité,
même de sa beauté, et cependant si nous observons ce que
produit le travail, et non seulement le travail industriel, mais
encore une partie notable du travail agricole, nous voyons que
ce sont en grande partie des choses inutiles, c'est-à-dire des
choses de *luxe*, des choses ne servant qu'à la satisfaction de
nos goûts, et même à celle de nos passions, ce qui n'est pas
toujours sans danger, au point de vue moral tout aussi bien
qu'au point de vue social. Aussi n'est-il rien de plus ordinaire que d'entendre citer le *luxe*, c'est-à-dire *l'achat,
l'usage ou la consommation de ces objets inutiles*, comme
un des plus grands maux de ce monde, comme un ennemi
qu'il faut combattre en tout et partout.

Nous nous trouvons donc devant une grande difficulté. Le
travail est absolument *nécessaire* à la vie morale de l'humanité, et cependant si l'on veut donner du travail à tous, ce
travail devra forcément produire des objets de *luxe*. En
effet, si nous faisons une liste des produits qui ne sont qu'a-
gréables et nullement nécessaires, nous voyons qu'ils tiennent une place immense dans le travail social, et que si on
les supprimait, comme ont voulu parfois le faire des mora-

listes ou des législateurs, il y aurait demain plus de la moitié des habitants du globe qui seraient sans travail et par
conséquent sans pain et *sans aucun moyen d'existence*,
car, selon que nous l'avons vu plus haut, les choses nécessaires à la vie ne *peuvent arriver à ceux qui ne les ont
pas, que par l'échange*. Et que l'on ne dise pas que ces bras
pourraient se porter sur l'agriculture, car il est certain que
les produits agricoles suffisent et au delà à la consommation.

Si l'on voulait que les travaux agricoles donnent du pain
à tous, il faudrait diviser la terre, de manière à ce que chaque famille en ait une parcelle et puisse ainsi récolter ce
qui lui est nécessaire, mais nous savons qu'avant dix ans,
il y aurait un grand nombre de ces cultivateurs improvisés,
·qui auraient vendu leur part; d'ailleurs les familles changent, se multiplient sur un point, périssent sur l'autre; de
plus, le travail morcelé est très pénible, ne produit presque
rien... La réalisation de ce rêve serait tout simplement le
retour à l'état sauvage, à cet état si malheureux où cent mille
hommes privés de tout, ne peuvent vivre misérablement là
où vivraient largement cent millions de civilisés.

Ceci étant, comment faire parvenir les choses nécessaires
à ceux qui ne les possèdent pas, aux pauvres, c'est-à-dire
aux gens qui n'ont à donner en *échange* que les forces de
leurs bras ou celles de leur intelligence, et qui, cependant,
forment les trois quarts du genre humain ? Il est évident
que si ceux qui possèdent le pain, le vin, les logements,
en un mot les choses nécessaires à la vie, ne veulent pas
prendre *ces forces en échange*, ces trois quarts du genre
humain resteront privés de tout...

« En effet, du moment où j'ai pour moi et les miens un logement suffisant, des vêtements chauds et une nourriture convenable, si je me contente de ces choses, je n'ai *besoin* du travail de personne, et par conséquent, je laisserai inactifs à ma porte, ou sur les places de ma ville ou de mon village, les gens qui viennent y chercher de l'ouvrage. Qu'en ferais-je, à quoi les emploierais-je ?... A labourer ? mais j'ai du blé de reste... A garder mes troupeaux ?.. mais mes enfants y suffisent largement... A me construire une maison ?.. mais j'ai déjà des chambres inutiles... A tracer des routes ?.. pour quoi faire ?.. j'ai chez moi tout ce qu'il me faut... Et je ne vois pas pourquoi j'irais faciliter à mes enfants le moyen de s'éloigner de leur famille !.. Je pourrais peut-être employer quelques bras, à faire une digue pour arrêter les inondations d'une partie de mes terres, mais que m'importe ?., je ne sais déjà que faire de mes légumes, de mon foin...

« Voici, il est vrai, des gens qui m'offrent des bottines et des rubans pour mes filles, si je veux leur donner du blé en échange. Dieu me garde d'introduire ainsi la vanité et la coquetterie dans ma famille ! Un autre m'offre des robes de soie, des chapeaux garnis de fleurs pour ma femme... des vêtements de draps fin pour mes garçons, contre des sacs de haricots ou de lentilles, que les rats mangent dans mes greniers. Un autre m'offre des assiettes peintes, des vases de fleurs, des couteaux élégants ; un autre, du café et du chocolat dans de jolies boîtes... Que veulent-ils que je fasse de tout cela, ces braves gens ? Quelle révolution ils apporteraient dans ma maison ! S'ils ont faim, je leur donnerai par charité un morceau de pain, mais qu'ils emportent leurs produits, ils me corrompraient, et corrompraient avec moi toute ma famille... »

Ce colloque n'est pas une vaine fiction, il s'établit, par le fait, entre tout homme riche qui ne veut pas user de choses *inutiles*, et tout homme pauvre qui a besoin de travailler. Si donc, ceux qui possèdent le moyen de faire travailler, se mettaient tout à coup à se contenter du nécessaire ; il n'y aurait presque plus de travail dans le monde, d'autant plus que l'objet inutile ou de luxe n'occupe pas seulement les ouvriers qui le fabriquent immédiatement, les ouvriers de luxe, comme on les appelle, il occupe les ouvriers de toute catégorie, jusqu'aux manœuvres et cultivateurs.

Ainsi, par exemple, blâmerons-nous la fillette qui orne son chapeau ou sa robe d'une bande de satin? Dans sa rue il y a un brave forgeron qui occupe huit ouvriers, j'admire ces hommes rudes forgeant et limant de grosses pièces de fer... Quel travail salutaire !.. Que font-ils donc?.. Une toiture pour des hangars... Mais quels hangars? Ce sont des hangars pour un *apprêteur* de satins, précisément des satins que porte la susdite fillette. Si donc, moi, moraliste, je lui défends d'orner son chapeau et sa robe de cette bande de satin, l'apprêteur, n'ayant rien à apprêter, ne fera pas travailler le serrurier ; le serrurier n'achetant pas de fers, les mineurs ne travailleront pas ; les voituriers qui charrient le minerai et le charbon seront également sans emploi ; et comme ils n'auront plus besoin de chevaux, les marchands de chevaux tout aussi bien que les éleveurs deviendront également inutiles, les prairies où pousse le foin seront sans valeur, les paysans ne pourront plus y trouver leur vie, ni payer leurs fermes, etc.

On voit donc que si on supprimait la bande de satin de ma fillette, on supprimerait en même temps le gagne-pain, non seulement du producteur de la soie, du fileur, du moulinier,

du teinturier, du tisseur, de l'apprêteur, mais encore celui
de mes braves forgerons, des voituriers et des cultivateurs,
sans parler du travail que ce hangard apporte aux maçons,
aux plâtriers, aux tuiliers, aux bûcherons, aux charpentiers,
aux menuisiers, etc., etc., et il en est de même pour la tasse
de porcelaine peinte dans laquelle je prends mon thé, pour la
voiture élégante dans laquelle je promène ma femme et mes
enfants. Supprimons-la, nous supprimons du même coup le
travail d'un nombre considérable d'ouvriers de tout pays, de
tout rang, de tout âge..., depuis celui, qui a coupé dans la
forêt le frêne des brancards de mon coupé, jusqu'à celui qui
a apporté des Indes le vernis nécessaire pour le peindre, ou la
soie qui en forme les coussins, etc. ; prenons y garde, nous
supprimerions même les constructeurs de navires et les innombrables professions qui concourent à cette construction.

D'après ce court aperçu, il est clair que la suppression *du luxe*, c'est-à-dire la suppression de *l'usage des objets
non nécessaires*, supprimerait le travail de la moitié, si ce
n'est même des trois quarts du genre humain, et créerait
une misère épouvantable.

Mais de plus, nous avons à remarquer qu'il est complètement impossible de tracer la ligne de démarcation entre le
nécessaire et le luxe... Pour le pauvre, pour le journalier,
pour celui qui ne gagne qu'à peu près ce qu'il lui faut pour
vivre, tout ce qui est au delà du nécessaire devient du luxe.
Des souliers sont un luxe pour une paysanne habituée à
porter des sabots, et bientôt la coutume de porter des souliers
s'étant répandue, ce seront les brodequins qui seront du
luxe, et déjà depuis longtemps les brodequins ne sont plus
du luxe pour l'ouvrière de la ville.

Jadis, une fourchette était un objet de luxe; on mangeait souvent à deux personnes dans la même assiette; les premières *gamelles* de fer battu parurent un luxe aux anciens soldats habitués à manger dix dans un seul plat. Dans le temps des assiettes de bois, les assiettes de terre jaune étaient un luxe; aujourd'hui le sassiettes de faïence, même peintes, ne sont un luxe pour personne, et il en est ainsi de tout... Ce qui est un luxe en un temps ne l'est pas en l'autre, ce qui l'est pour une personne ne l'est pas pour l'autre.

Un objet n'est donc pas du luxe en lui-même; il l'est ou il ne l'est pas, selon la position de celui qui en use.

XCV. — Quand le luxe est coupable et devient une cause de ruine.

Cependant le luxe peut être coupable. Il l'est, s'il *empêche un bien* ou *conduit au mal*. Une mère est coupable, si elle achète des rubans à sa fille, avant de s'inquiéter de lui donner une nourriture suffisante et une instruction en rapport avec son état. Un père est coupable, s'il dépense en choses inutiles un argent nécessaire pour payer les dettes de son ménage. Un négociant est coupable, s'il orne avec luxe ses appartements, achète des meubles chers, entretient des chevaux dans ses écuries et de nombreux domestiques autour de lui, lorsqu'il sait qu'il ne pourra longtemps continuer ces dépenses sans compromettre ses affaires, peut-être sans se ruiner et faire perdre à ceux qui ont confiance en lui. Tout homme est coupable lorsqu'il fait consister son

luxe en repas recherchés, en inventions qui dispensent de
toute peine, en un soin exagéré de la toilette, en vêtements
efféminés, en choses, en un mot, qui portent à la mollesse,
et par conséquent à tous les vices qui en découlent.

Enfin, le luxe est encore coupable, lorsqu'il empêche de
secourir les pauvres dans la mesure convenable, et de participer aux *œuvres* pour le bien, avec une générosité *proportionnelle* à notre fortune. Quelle est au juste cette proportion ? il est assez difficile de le dire. Elle dépend évidemment
beaucoup des circonstances de lieu et de temps. Il est des
époques où tout homme de cœur doit savoir s'imposer des
sacrifices, et compenser par des dons importants en argent les
souffrances personnelles dont le dispensent son âge, sa position, peut-être sa fortune elle-même. Comment pourrai-je
continuer à tenir ma maison sur le même pied de bien-être,
à économiser et capitaliser mes revenus, lorsque je verrai
tout ce qui m'entoure accablé par les maux qu'entraînent la
guerre, les crises financières, les révolutions ou les cata-
clysmes de l'air et de la terre? Mais en temps normal ou
ordinaire, il semble qu'on peut et qu'on doit donner au
moins ce que la loi demandait aux juifs, car il est probable
que Dieu avait réclamé le dixième des revenus pour les
pauvres, parce qu'*il savait* que dans une population, il y
aurait toujours à peu près cette proportion d'infirmes, de
faibles, d'inintelligents, de gens ne pouvant vivre par eux-
mêmes.

On doit donc croire que celui qui ne réserve pas au
moins le dixième de ses revenus pour ce groupe d'*incapables*, manque aux devoirs de charité, de fraternité ou de
solidarité qui incombent à tout homme vivant en société, et

que, si la *dépense* et l'*économie* sont deux choses bonnes, puisque l'une procure du travail à ceux qui n'en ont pas, et l'autre permet de prêter des capitaux à ceux qui en ont besoin, cependant il faut, avant de dépenser ou d'économiser, savoir lever la part des pauvres et des œuvres charitables ou sociales ; de même que, dans une armée, on réserve toujours une partie des soldats, des transports et des moyens d'action, pour le service des malades et des blessés.

Mais, quant au luxe qui n'empêche l'accomplissement d'aucun devoir ; quant au luxe qui sert à exciter l'homme au travail, et à satisfaire, dans une certaine mesure son amour du beau et du convenable ; quant à ce luxe qui semble être vraiment comme le reflet naturel de notre intelligence, de nos capacités, de nos goûts et de nos efforts, on ne peut que le louer et même l'admirer, il nous semble presque une des manifestations les plus éclatantes de la sagesse et de la puissance de Celui qui a su mettre dans notre âme tant de désirs, tant d'ambitions, tant d'élans vers l'inconnu, non seulement afin que nous ayons toujours devant nous d'inépuisables motifs d'activité, mais encore pour nous révéler notre grandeur native, nos destinées éternelles, nous donner une espèce d'intuition de la beauté et des perfections infinies et nous empêcher ainsi de nous arrêter aux choses qui passent.

En certains passages, l'Ecriture sainte blâme, il est vrai, le luxe ; mais, comme il ressort du contexte, c'est-à-dire de ce qui précède ou suit les versets qui en parlent, ce qu'elle blâme, c'est le luxe qui engendre le désordre, c'est le luxe qu'on se procure en trompant dans les affaires, en y apportant une finesse et une âpreté indignes d'enfants de Dieu.

Mais, bien loin de blâmer le luxe honnête, elle le loue en mille passages : elle décrit avec complaisance la toilette de Judith et d'Esther, les splendeurs des palais de Salomon, et de ceux que Dieu bénit à cause de leurs vertus ; elle loue la femme forte qui prépare de doubles vêtements pour les siens, se revêt de pourpre et retient autour d'elle son mari et ses enfants par ses agréments, achète des terres et les plante de vignes (Prov. xxxi); et si elle recommande aux puissants de ne pas boire trop de vin, de peur qu'ils gouvernent mal, elle recommande, au contraire, d'en donner aux affligés et aux pauvres, afin qu'ils oublient leurs chagrins, car le chagrin, dit-elle, en a tué beaucoup...

On le voit, l'Écriture loue celui qui sait dépenser, tandis qu'au contraire elle condamne l'avare en toutes manières. Il n'est pas, à ses yeux de plus grands célérat que lui (*scelestius*, Eccl. x). Elle lui refuse toute participation au royaume de Dieu ; elle ne veut pas même qu'on mange avec lui (Eph. v. I Cor. v et vi). Elle l'assimile aux voleurs (*rapacibus*, I Cor. v). Elle compare l'avarice à l'idolâtrie. Enfin, elle dit tout d'un mot que les avares détruisent la terre (Eccl. v). En effet, s'il y avait un grand nombre d'avares dans le monde, il y aurait nécessairement un nombre infini de gens, qui ne pourraient trouver du travail, et qui, par conséquent mourraient de faim ou ne traîneraient qu'une vie misérable, vivant du pain de l'aumône, ne fondant pas de familles, et mourant certainement avant le temps.

XCVI. — Qu'il faut savoir respecter le luxe chez ceux qui le possèdent.

Au lieu de crier contre le luxe, de le blâmer et de vouloir même l'anéantir, nous le bénirons, nous surtout, les pauvres et les travailleurs ; nous le bénirons comme le moyen par lequel seul peut nous venir le travail. Nous saurons voir le pain de notre femme et de nos enfants dans chacun de ces objets futiles dont le riche garnit ses salons, déjà trop grands, et qu'il agrandit cependant sans cesse, dans le seul but, on le dirait, de faire de la place à ses nouvelles emplettes, et d'occuper ainsi un plus grand nombre de serviteurs. Nous nous rangerons, sans colère, devant cet équipage qui promène l'homme fortuné, ou le porte plus vite à ses affaires et à ses soucis, parce que nous comprendrons que ces chevaux fringants, leurs harnais, le bois, le fer, l'ivoire, et jusqu'au vernis de la voiture, ont fait vivre une foule de travailleurs. Nous ne plaisanterons pas même sur le luxe de sa table, parce que nous saurons que c'est grâce aux prix élevés qu'il paie pour des primeurs et des fruits ou des morceaux de choix, que nous pouvons avoir à bas prix, et à notre portée, une foule de produits. Le maraîcher ne pourrait nous donner, pour quelques centimes, des paquets de certains légumes, si les *primeurs* de ces mêmes légumes, ne l'avaient pas déjà indemnisé presque totalement de ses frais de culture, et il en est ainsi pour une foule de choses. « Ah ! disent souvent les marchands, nous ne nous en tire-

rions pas si nous n'avions que le courant. » La vente des
bons morceaux aide le boucher à diminuer les autres parties
de la bête. La vente des pains de luxe aide le boulanger à
donner le pain ordinaire presque sans bénéfice. La vente de
la poupée de 50 fr. ou de 100 fr. permet de donner presque
pour rien les petits joujous... (1)

Je dis même que nous respecterons le luxe dans ceux qui
en supportent le fardeau, oui, en vérité, le fardeau, car
pour ne pas devenir un mal et une cause de perte, le luxe
exige de grandes vertus et beaucoup de force d'âme chez ceux
qui le possèdent ; il est si difficile de résister à la fascination
que les belles choses exercent sur nous ! Combien d'hommes
ont été perdus par le luxe dont leur position les forçait
presque s'entourer ! Bons, doux, sobres, réservés jusque-là,
leur âme s'est tout à coup trouvée comme enivrée, et sans
force contre les entraînements des passions.

Mais, de plus, sachant fort bien que le bonheur de
l'homme ne peut se trouver dans rien de matériel, nous
ne porterons pas même envie à celui que la fortune favorise
plus que nous. Qui sait si cet homme, dont nous envions
le bien-être et le luxe, n'est pas cent fois plus à plaindre que
nous. Il est rare que les affaires au prix desquelles on se
procure le luxe, ne soient pas un tourment, non seulement
dans les moments de crise ou d'arrêt, mais encore dans les

(1) Dans une étude sur ce point, on faisait remarquer dernièrement que,
par suite d'un singulier travers d'esprit, c'étaient les ouvriers vivant du luxe
qui le tournaient le plus en ridicule, et s'insurgeaient le plus souvent contre
lui. Les malheureux ne comprennent ils donc pas que sans le luxe ils ne
feraient rien, et que si, dans un jour de colère, ils pillent ou tuent ce riche
dont le luxe les choque, ils agissent exactement comme le paysan de la fable
de la *Poule aux œufs d'or :* ils détruisent de leurs mains celui qui chaque
matin leur donne un œuf d'or, sous la forme de salaire ou de journée.

moments prospères, même pour les plus grands négociants.
Pour beaucoup, elles sont, ce rocher que Sisyphe était condamné à rouler perpétuellement jusqu'en haut d'une mon-
tagne, d'où il retombait sans cesse.

XCVII. — Qu'il faut aussi des économes pour créer des capitaux ou réserves d'argent.

Reconnaissons maintenant qu'à côté de ceux qui alimentent le travail par leurs dépenses, il en faut aussi un certain
nombre qui économisent, et *créent* peu à peu ces énormes
capitaux avec lesquels ils achètent les actions et obligations
des chemins de fer, des mines, etc., ou couvrent les emprunts que fait l'Etat pour les travaux publics.

En effet, si dans un pays, il n'y avait que des gens qui
dépensent en inutilités tout ce qu'ils gagnent, ce pays
resterait sans capitaux pour les grands travaux, ce qui serait un malheur réel, et amènerait rapidement la décadence
de l'industrie, de l'agriculture et du commerce, et par conséquent la misère.

Il faut donc des gens qui amassent des capitaux, pour
alimenter les réserves d'argent, où les esprits entreprenants
sont assurés de trouver les avances sans lesquelles il leur
serait impossible de mettre à exécution leurs idées, et de
mener à bonne fin leurs entreprises. C'est ainsi que celui qui,
par exemple, veut construire un chemin de fer, arrive généralement toujours à trouver l'argent nécessaire. Mais nous
sommes parfaitement convaincu que les bons et les grands

cœurs n'ont guère à s'inquiéter de cette question au point de
vue de la marche du monde, et qu'ils peuvent sans crainte
écouter leurs pensées généreuses, et satisfaire leurs désirs
du bien, car, grâce à cette tendance qui porte si facilement
l'homme à se regarder d'abord lui même, à se considérer
comme le vrai maître de ce qu'il possède et à ne pas *donner*,
il y en aura toujours un très grand nombre qui économise-
ront plus qu'il ne faut, et qui pourvoiront ainsi à ce besoin
de capitaux, au risque de compromettre leur âme dans cette
fonction inférieure de l'humanité. C'est ainsi qu'il se trouve
partout assez de gens pour embrasser certains métiers
utiles en eux-mêmes, mais que les bons refusent à quelque
prix que ce soit.

D'ailleurs, un luxe raisonnable et bien entendu n'empêche
généralement pas les hommes sensés et généreux de faire de
sages économies, pour assurer leur existence dans l'avenir
et l'établissement convenable de leurs enfants.

XCVIII. — Que la paix et le bien-être d'un pays dépendent avant tout de son état moral.

Il est un point rarement traité dans l'Économie sociale,
et qui cependant nous semble tout dominer dans les questions qui nous occupent : nous voulons parler de l'*état moral* du pays, c'est-à-dire de l'ensemble d'idées, de sentiments, de désirs qui y règnent et y constituent ce qu'on
appelle les mœurs.

Il faut bien le reconnaître, c'est surtout des mœurs que dépendent réellement le bien-être, la fortune et la paix d'un peuple ; car si les citoyens sont généralement sobres, réservés, soumis à l'autorité, patients dans les peines, et, de plus, aumônieux pour les pauvres, il est évident que le pays sera dans la prospérité et la paix ; tandis que les sentiments contraires ne peuvent qu'engendrer la misère de beaucoup et la guerre sociale ; et il est impossible qu'il en soit autrement.

En effet, toutes les questions économiques se résument dans un certain équilibre à établir entre les désirs et leur satisfaction, entre les moyens de production de chacun et sa consommation. Or, les *besoins* de l'homme échappent à toute appréciation, par cette raison bien simple qu'ils dépendent des idées, des désirs, des passions et des habitudes de chacun, et pas du tout de ses *appétits* réels.

Qu'on le remarque, si l'homme a des appétits comme l'animal, c'est-à-dire cette espèce de cri ou de réclamation des organes, qui souffrent dès qu'ils n'ont pas ce qui est nécessaire à leur fonctionnement, il a en plus, quelque chose que n'a pas l'animal, il a des *désirs*, c'est-à-dire que, grâce à son intelligence, à sa mémoire et à son imagination, il peut penser à des choses dont il n'a pas besoin, et *désirer* ces choses en vue du plaisir qu'il espère trouver dans leur possession.

Or, si les *appétits* sont limités et se taisent dès qu'ils sont satisfaits, il n'en est pas ainsi des *désirs* : J'ai faim, on me donne à manger ; au bout d'un quart d'heure, mes organes ne réclamant plus rien, je n'ai plus faim... Mais si je me mets à penser au plaisir que j'aurai en mangeant davantage ou en mangeant de meilleures choses, alors je deviens insatiable, car mes désirs peuvent être infinis... C'était çe qu'exprimait spirituellement, un jour, Mme de Sévigné, en répondant à quelqu'un qui la pressait de manger encore : « Oh ! maintenant que je n'ai plus faim, je mangerai tant que vous voudrez. » C'était dire : mon appétit a une limite, mais, si je le veux, mes désirs n'en auront point... Cette parole explique comment l'homme se laisse aller si facilement aux excès dans le boire et le manger, tandis qu'au contraire les animaux ne mangent jamais au delà de leur faim ; c'est que, chez eux, manger est un acte *mécanique* dirigé par la nature de ses organes, tandis que chez l'homme c'est un acte dirigé par son intelligence et sa volonté, un acte libre... Et il en est de même pour tous les autres besoins de l'homme, pour ses vêtements, son logement, ses jeux, ses plaisirs, ses distractions...

Ceci étant, il est clair que la consommation d'un pays dépend, dans une large proportion, des mœurs de ses habitants, puisque ce sont les mœurs qui règlent les désirs.

Mais de quoi dépendent les mœurs, qu'est-ce qui peut les créer, les améliorer ou les corrompre ? Il y en a qui veulent qu'elles dépendent de l'instruction. C'est vrai ; seulement il s'agit de savoir sur quel objet roulera l'instruction. Ainsi, par exemple, si la lecture, l'écriture, le calcul, l'histoire, la géographie peuvent, dans une certaine mesure, développer l'intelligence, et donner à l'enfant le moyen de comprendre un peu mieux ce qu'on lui dit, on ne voit pas comment ces sciences, sauf peut-être l'histoire, à cause des exemples qu'on y trouve, pourraient combattre l'inclination à l'égoïsme, si naturelle à l'homme, et faire naître dans son âme des sentiments d'honneur, de modération, de respect, de dévouement, d'oubli de lui-même.

Croirons-nous que les idées et les bons sentiments viennent d'eux-mêmes aux enfants avec l'âge? Non, car ce serait rejeter ce que nous révèlent à chaque instant l'expérience, la coutume, et presque nos instincts. Il n'est pas une mère, pas un père qui ne se croie *obligé* d'apprendre à parler à leur enfant, de l'avertir, de le réformer, de lui enseigner à fuir le mal, à faire le bien, à être aimant, honnête, etc. Or, à quoi servirait tout cet enseignement si, comme on a voulu le soutenir, les idées et les sentiments nous venaient naturellement.

Les idées et les sentiments dépendraient-ils de certains principes moraux que l'on peut apprendre à un enfant? Mais qu'est-ce que la morale, si nous ne considérons que la vie de ce monde? Il ne peut plus y avoir d'autre règle morale, que celle de ne pas faire à notre prochain ce que nous ne voudrions pas qu'il nous fît... Or, cette règle unique ne peut en aucune manière m'empêcher de faire une foule de choses que, toute religion mise à part, les mœurs actuelles font cependant regarder, par tout le monde, comme mauvaises et honteuses.

XCIX. — Que les croyances sont la base de l'état moral d'un pays.

Disons-le donc, tout d'un mot, les mœurs d'un peuple dépendent forcément de ses croyances. Si je crois que la vie de la terre est ma seule vie, ou qu'après ma mort je rentrerai tout simplement dans la vie universelle, ou que je re-

viendrai sur la terre sous une autre forme, il est clair que
j'aurai des idées et des sentiments tout différents de ceux
que j'aurai si je crois que la vie ne m'a été donnée que
comme un moyen pour former peu à peu mon âme par
l'exercice des vertus, et me rendre ainsi, non seulement
digne, mais surtout *capable* de partager un jour, la vie
divine que me réserve mon Créateur.

Et si, véritablement instruit dans la religion, je comprends
que l'Etre infini, créateur du monde, est le bien suprême,
que la bonté est son essence ou son être, et que par conséquent, comme Père, il trouve son bonheur, d'abord dans
la vie infinie qu'il communique aux deux autres personnes
qui composent ce qu'on pourrait appeler la Famille divine,
secondairement dans le bonheur qu'il communique aux créa-
tures qui consentent à recevoir ce bonheur; et si je crois, enfin, que ce Créateur très bon, voyant que je me perdais en
l'oubliant, a voulu, pour me ramener à lui, venir sur la
terre, y vivre de ma vie, et enfin mourir pour moi, alors, il
est encore bien plus clair, que j'aurai des sentiments d'humilité, de résignation, de reconnaissance, que n'aura jamais
celui qui ne croit pas à ces merveilleuses manifestations de
l'Amour éternel, et qu'un peuple généralement imbu de ces
sentiments aura des tendances bien différentes de celles
d'un peuple généralement matérialiste, et que la manière de
le gouverner devra également être toute différente.

Quelle chose, en effet, que l'idée d'une autre vie, et
la conviction que, pour y arriver, il faut savoir souffrir, et
la mériter comme on mérite une récompense; qu'il faut
s'en rendre digne, comme on se rend digne d'une personne
aimée, d'une distinction ou d'un honneur !

Quelle différence entre ces deux hommes ! L'un croit qu'il est sur la terre pour être heureux, et qu'il a par conséquent le droit d'écarter tout ce qui fait obstacle à son bonheur, et qu'il en a même le devoir lorsqu'il s'agit des êtres qui dépendent de lui, de sa femme et de ses enfants... Voici donc cet homme envieux de tout ce qu'il n'a pas et de tout ce qu'il voit aux mains de ses voisins. L'autre, au contraire, croit qu'il en a toujours assez, car ses désirs sont ailleurs ; il sait que l'argent ne fait pas le bonheur, qu'il est au contraire un danger, à cause du bien-être qu'il apporte ; et non seulement il se méfie du bien-être pour lui, mais il s'en méfie même pour les siens, il leur enseigne à s'en méfier, il plaisante volontiers sur ses privations.

Et quoi d'étonnant à cela... Ces privations le rendent plus semblable à Celui qu'il adore et reconnaît comme son Dieu, son Père, son Seigneur et son Juge. S'il lève les yeux dans sa chambrette, il voit ce même Dieu couché sur la paille ou crucifié ! Dès lors, de quoi pourrait-il se plaindre? C'est ce qui explique la patience séculaire de certaines populations. Un jour, l'on vendait le chétif mobilier d'un pauvre Irlandais ; l'homme, assis par terre, pleurait... « Pourquoi pleures-tu , lui dit sa femme, va, ils ne nous enlèveront pas le ciel, peu importe le reste. » *Christus crucifixus est*, le Christ est crucifié, écrivait un jeune homme en terminant une lettre où il racontait ses souffrances pendant la guerre de 1870 : « Le Christ est crucifié, comment m'étonnerai-je de l'être un peu moi-même ?...»

On peut donc dire, en toute vérité, que les fortes croyances religieuses sont la meilleure des garanties de la paix

sociale, parce que ce sont elles seules, qui peuvent donner
aux uns la résignation, aux autres la modération dans les ,
désirs, et à d'autres enfin, les sentiments de désintéressement et la charité, sans lesquels la vie sociale ne serait
qu'une lutte impitoyable, dans laquelle il ne resterait qu'à
dire : malheur aux vaincus !..

G. — Des devoirs des hommes d'Etat vis-à-vis des croyances de la nation.

D'après ces considérations sur les conséquences de l'état
moral d'un pays, il est évident que les hommes de gouvernement doivent faire tout leur possible pour maintenir les
croyances religieuses, puisque ce sont seulement elles qui,
peuvent créer les bonnes mœurs et susciter dans les âmes
les sentiments généreux dont nous venons de parler.

Dans quelle mesure l'Etat doit-il s'occuper de ces croyances ? Il faut l'avouer, la réponse serait difficile à donner,
s'il fallait s'en tenir à des théories, et créer ou répandre des
croyances. Mais dans nos pays civilisés nous n'en sommes
pas là. Les croyances existent, et elles ne sont pas seulement des idées, des sentiments plus ou moins définis, elles
se manifestent visibles dans un *fait*, dans un *fait* considérable, plus considérable que tout autre fait social ; elles
sont une institution publique, une religion, c'est-à-dire
un ensemble de dogmes, de lois et de cérémonies, auxquels se soumettent librement, volontairement et de tout
cœur, les neuf dixièmes au moins de la nation ; ce qui le

prouve, c'est que non seulement presque tout Français, mais même tout Européen, a recours à la religion dans les circonstances les plus solennelles de la vie : à la naissance des enfants, à l'époque du mariage, et à celle de la mort.

Mais ce n'est pas tont, cette foi, ces croyances ne sont pas une chose en l'air, sans consistance, ne reposant que sur les volontés individuelles, elles sont visiblement incarnées dans un Corps considérable d'hommes, qui, à la face du ciel et de la terre, déclarent n'avoir pas d'autre mission que de conserver et de répandre ces croyances. Ce sont les âmes innombrables qui prennent place dans la *hiérarchie* sacrée qu'on appelle l'*Eglise*, et composent comme une véritable armée, rangée sous la main paternelle d'un seul Chef, partout obéi, respecté et aimé. Impassible au milieu des révolutions et des changements, l'Eglise s'avance, à travers les siècles, toujours *une*, toujours semblable à elle-même. En France, cette armée ou corps compte plus de deux cents mille âmes, plus d'un million si nous regardons le monde.

Devant une telle unanimité, le devoir de l'homme d'Etat est tout tracé. Tout en se gardant bien de s'immiscer dans les affaires religieuses, et d'y apporter cette main qui, même avec les meilleures intentions, n'a jamais pu que les rabaisser, il protégera la religion avec plus de soin encore qu'il ne s'applique à protéger toute autre institution, tout autre fait social ; et l'on ne voit pas, en vérité, pourquoi le devoir de tout gouvernement ne serait pas de protéger les choses religieuses, à tout le moins au même titre qu'il protège les choses agricoles, industrielles, commerciales ou scientifiques.

Le véritable homme d'Etat fera plus. Puisqu'il reconnaît que les croyances religieuses sont la meilleure des garanties pour la paix sociale, il évitera dans ses lois, règlements et ordonnances, tont ce qui pourrait entraver l'exercice de la religion, et partout où il agira par lui-même, comme par exemple dans les travaux publics, il respectera les lois essentielles de la religion... par exemple celle sur le repos du dimanche, et n'imposera jamais à ses employés des obligations qui pourraient entraver l'accomplissement de leurs devoirs, et il se gardera bien, surtout, d'aller imaginer des lois en contradiction formelle avec ces croyances, lois d'un jour, qui ne peuvent qu'apporter le trouble dans la nation et compromettre sa marche, puisqu'elles mettent les citoyens entre deux devoirs opposés, la fidélité à leurs croyances, et la nécessité de gagner sa vie.

CI. — Des rapports entre l'Eglise et l'Etat.

Quant aux rapports du gouvernement avec l'Eglise, sans vouloir traiter ici à fond cette question, cependant nous croyons devoir en donner au moins une idée, car elle a toujours tenu le monde chrétien en éveil.

Le Fondateur tout-puissant de l'Eglise catholique, voulant assurer la perpétuité de son œuvre, et la conserver, autant que possible, pure de tout mélange avec les intérêts du monde, et enfin, ne pas la laisser soumise aux vicissitudes et à l'instabilité des royaumes de la terre, la confia à une

Société composée d'hommes choisis, et séparés des autres hommes par des cérémonies et des vœux sacrés. Cette société, comme toutes les sociétés possibles, se perpétue par l'admission ou élection successive et continuelle d'hommes qu'elle juge capables de l'aider dans sa mission.

Mais, pour que cette société puisse vivre, il faut qu'elle ait la liberté de se réunir, de parler, d'écrire, et enfin de posséder des maisons, des églises, et il faut qu'elle ait cette liberté, pleinement, par elle-même, et non pas sous la surveillance de qui que ce soit au monde ; car jouir d'une liberté parce qu'un autre homme, plus fort que nous, veut bien consentir à nous en laisser jouir, ce n'est pas, à proprement parler, être libre, puisque le jour où cet homme changera d'idée, il pourra m'enlever cette liberté.

L'Eglise, comme corps, doit donc posséder les libertés qui lui sont nécessaires, de la même manière que tout citoyen possède le droit de vivre, le droit de posséder, c'est-à-dire par un droit *inamissible, inaliénable et inviolable.*

Telle est la théorie sur l'existence terrestre de l'Eglise ; mais, dans la pratique, l'application de cette théorie rencontre des obstacles terribles. En effet, si l'Eglise est une société réelle, ayant sa vie propre, elle n'en est pas moins obligée de vivre, au milieu d'une autre société également réelle, ayant également sa vie propre, la société civile, cette société dont nous venons d'étudier longuement les rouages si compliqués.

Or, quelles que soient les précautions que prenne l'Eglise, elle ne peut moins faire que d'avoir mille points de contact et mille sujets de discussion avec les représentants de la société civile. En effet, si l'Eglise s'occupe surtout des âmes, comme, en résumé, les âmes sont unies à des corps, il faut bien qu'elle possède des choses matérielles, qu'elle prenne pied quelque part sur ce territoire dont cette société a le gouvernement... Mais de plus, à mesure que les peuples ont grandi, ils ont voulu prendre sous leur direction l'inscription des naissances, les déclarations légales de mariages, la police des funérailles, réglementer le mode de possession des immeubles, se charger de l'enseignement, etc...; de là des luttes dont les péripéties ne forment pas la partie la moins importante de l'histoire.

Aussi, pour faire cesser cet état de lutte, fixer les droits de l'État, tout comme ceux de l'Église, régulariser en quelque sorte la position de celle-ci et la soustraire à l'arbitraire, les gouvernements modernes en sont-ils presque tous arrivés à conclure avec elle des espèces de contrats nommés *concordats,* parce qu'ils sont destinés à établir la concorde, ou la paix.

Ces concordats ou traités se passent avec le pape, considéré comme chef et représentant de toute l'Église, au même titre que les présidents, rois ou empereurs, sont considérés comme chefs et représentants des peuples qu'ils gouvernent. Rien de mieux que de tels traités et nous leur devons de longues années de paix. Mais, pour qu'ils atteignent leur but, encore faut-il que les sociétés civiles aient la sagesse d'en respecter la teneur, de ne pas sortir de leur domaine, et surtout de ne pas abuser, contre l'Église désarmée, de la force dont elles disposent.

Au reste, gardons-nous bien de croire que la religion, ou si l'on veut, l'Église, soit, en quoi que ce soit, opposée aux pouvoirs civils, qu'elle ait en aucune manière l'intention de

les limiter; elle ne les arrête qu'au seuil de la conscience,
c'est-à-dire là où cesse forcément leur puissance et leur rôle ;
bien loin de patronner ou soutenir une forme de gouvernement plutôt qu'une autre, elle a saisi toutes les occasions
pour déclarer solennellement qu'elle n'avait aucune préfé-
rence. « S'il s'agit de questions purement politiques, du
meilleur genre de gouvernement, de tel ou tel système d'administration civile, les divergences honnêtes sont permises,
dit le pape Léon XIII dans son encyclique du 1er novembre
1885. L'Eglise ne repousse en soi aucune forme de gouvernement, pourvu qu'elle n'ait rien qui s'oppose à la doctrine
catholique. Et dire que l'Eglise voit de mauvais œil les formes plus modernes des systèmes politiques et repousse les
découvertes du génie contemporain, est une calomnie vaine
et sans fondements. Et la liberté vraie et désirable est la liberté qui, dans l'ordre individuel, ne laisse l'homme esclave
ni des erreurs ni des passions, et, dans l'ordre public, trace de
sages règles aux citoyens, facilite largement l'accroissement
du bien-être, et préserve de l'arbitraire d'autrui la chose publique... » ... le concile du Vatican, dans sa Constitution du
24 avril 1870, n'hésite pas à consacrer les droits de la raison et de l'intelligence humaines. « Tant s'en faut, dit-il,
que l'Eglise s'oppose à la culture des arts et des sciences,
qu'au contraire, elle aide à cette culture et la fait pro-
gresser de mille manières... Et la religion n'empêche certes
pas que ces sortes de sciences usent, dans leur domaine, des
principes et des méthodes qui leur sont propres. Que l'intelligence, la science et la sagesse de chacun et de tous croissent et progressent donc magnifiquement et avec rapidité,
avec le progrès des âges et des siècles... »

CII. — Que la vie matérielle ne peut suffire.

Mais, dira-t-on, l'homme d'Etat est-il donc obligé de s'occuper de ces questions? Pourquoi surexciter les peuples par toutes ces idées d'un monde inconnu et étranger à celui-ci? N'est-il pas même à craindre que l'homme tombe dans la misère, précisément parce qu'il s'occupe trop des choses de l'autre vie, et pas assez de la vie terrestre? Ne l'enlevons pas à ses intérêts, apprenons-lui surtout l'ordre, le travail, l'économie, l'épargne, la prévoyance.

Autrefois, alors que notre pays s'essayait encore au progrès, on pouvait peut-être conserver quelques illusions sur les résultats de ce progrès, on pouvait espérer qu'en diminuant la misère, qu'en donnant une somme plus grande de bien-être à ceux qu'on appelait les déshérités, on assurerait pour toujours la paix. Mais aujourd'hui cette illusion est impossible. Le progrès rêvé est accompli, il a même dépassé les espérances, et ce sont précisément ceux qui en ont le plus profité qui s'agitent davantage et sont les plus mécontents; tandis qu'au contraire, les populations encore tranquilles sont précisément celles que le progrès n'a pas atteintes.

Et en vérité, il en doit être ainsi : depuis quand est-ce que le bien-être matériel, et même la culture intellectuelle, à quelque degré qu'on les porte, a calmé et contenté les esprits? Le luxe effréné de ceux qui peuvent se le permettre, et la profonde corruption, qui se cache si souvent sous les mœurs les plus élégantes, en est une preuve péremptoire. On ajoute maison à maison, domaine à domaine, on essaie de tous les climats, on ne se refuse rien, et l'on n'en est que plus malheureux, plus impatient, souvent plus désespéré ; c'est l'histoire de l'humanité tout entière.

On aura beau faire, on ne parviendra jamais à confiner les pensées de l'homme dans les choses limitées de ce monde, son âme est trop grande pour cela. Qu'un homme échappé aux orages de la jeunesse et parvenu au milieu de la vie, à une position assez fortunée, pour lui permettre un certain bien-être et un certain loisir, puisse, pendant quelques années se trouver heureux et content de la vie, s'endormir le soir, sur une journée agréable passée entre des amis élégants, où l'on aura devisé littérature, philosophie, arts, sciences, causé des événements, et joui de cette vie qui ressort de la réunion de personnes bien élevées, pleines de vie, à leur bon moment, c'est possible. Mais ces quelques mortels, temporairement privilégiés, ne seront jamais qu'une exception, un point imperceptible au milieu des multitudes qui ne vivent que grâce à un labeur et à des soucis sans cesse renaissants, endurent les douleurs et les angoisses de la maternité, les infirmités et les maladies, la perte des êtres aimés, et dont les rêves d'avenir se bornent à un morceau de pain assuré, et n'entrevoient de repos que par delà le tombeau.

Si donc, au-dessus de ce monde de misères, au-dessus de ces abîmes de douleurs il ne plane pas l'espérance d'une vie meilleure, dont celle-ci n'est que le chemin, les passions les plus dangereuses s'éveilleront tôt ou tard dans les âmes, et c'est en vain que l'on voudra soit les satisfaire, soit les étouffer. L'homme restera toujours impuissant devant une telle œuvre.

CIII.— Que beaucoup de projets actuels présentent un grand danger au point de vue social, moral et humanitaire.

Après avoir signalé les pierres d'achoppement, qui se présentent à chaque pas dans la marche des choses, et les remèdes par lesquels les hommes de bien cherchent à réparer le mal, nous avons aussi à signaler le danger de ces remèdes eux-mêmes.

Il est évident que tous les maux sociaux, tels que les désastres produits par les luttes de la concurrence, les incertitudes sur le lendemain, le manque de travail, les pertes sur les marchandises, les ruines, etc., viennent d'une espèce de désordre, résultant de ce combat que chacun livre en quelque sorte contre son voisin, pour essayer de gagner sa vie et d'assurer plus ou moins son lendemain.

L'idéal serait donc un ordre de choses dans lequel chacun trouverait toujours l'emploi de toutes ses aptitudes et de toutes ses forces, et aurait toujours ce qu'il lui faut pour vivre, où les infirmes, les vieillards, les faibles et les incapables recevraient également leur pain de chaque jour, où les discussions sur le tien et le mien n'existeraient pas, où, par conséquent, il n'y aurait plus besoin ni d'armée, ni de police, ni de marine de guerre, ni de fortifications contre des ennemis, que cette heureuse organisation supprimerait, si on l'étendait à tous les pays.

Des esprits, généreux peut-être, mais en tout cas fort mau-

vais observateurs de la nature humaine, des passions et des motifs auxquels elle obéit généralement, ont, de tout temps, élu-
cidé de nombreux projets qui ont eu leurs partisans et leurs
illusionnés. C'étaient les saint-simoniens, les communistes,
les phalanstériens, etc... Le souvenir de leurs essais t de
leurs déceptions est encore présent dans bien des souvenirs,
et aujourd'hui nul ne pense sérieusement que l'on puisse
revenir à ces rêves. L'on ne pourrait plus citer sans rire les
étranges formules sous lesquelles ils avaient résumé leurs
doctrines ; au reste, il faut bien le reconnaître, qu'étaient
ces projets, si ce n'est le rêve de déclassés, voulant trouver
dans une organisation nouvelle le moyen de satisfaire toutes
leurs passions, même les plus abjectes... C'était le rêve du
vice en délire, selon la rude mais très exacte expression de
M. Ferraz, de la Faculté des lettres, de Lyon.

Mais ce qu'il y a de singulier, c'est que si l'on a rejeté en
masse ces conceptions malheureuses, on les reprend en détail, toujours sous le même prétexte de faire de l'ordre
dans la société.

De ce côté le danger social est grand ; en même temps que
l'on déplore la destruction de l'esprit de famille, on fait réellement tout ce qu'il faut pour le détruire, on procède exactement comme ceux qui en sont les ennemis déclarés.

De toute part on cherche à créer des institutions qui
tendent plus ou moins à remplacer l'initiative, les soucis
et la prévoyance individuels, par une sorte de prévoyance
sociale qui, matériellement, pourra avoir de bons résultats,
jusqu'au jour des grandes crises, mais qui, très certainement, détruit tout ce qui tient la famille, tout ce qui est sa
raison d'être.

Ainsi, par exemple, si l'on parvenait à réaliser les programmes éloquemment exposés dans tant de réunions et de congrès, que resterait-il de l'homme, dont la vie serait à toujours assurée par une suite d'institutions le prenant en tutelle à sa naissance et ne l'abandonnant que lorsque la terre aurait recouvert ses restes ?.. Que serait cette famille qui recevrait une allocation à la naissance de chaque enfant, qui trouverait à sa porte : crèche, asile, et écoles gratuites, dans lesquelles ses enfants seraient même vêtus et souvent nourris. Un membre de cette famille est-il malade, l'hospice lui ouvre ses portes, l'enlève prématurément aux soins affectueux des siens et les prive en même temps de la vue salutaire de ses souffrances, de sa résignation... Enfin, une caisse de retraite alimentée par des impôts, ou par des retenues obligées et opérées par les patrons assure l'avenir des vieillards...

Encore une fois, que serait la famille avec une telle organisation ? La mère reste avec les souffrances de la maternité, la tendresse innée qu'elle a pour ses petits enfants... Mais le père que devient-il au milieu de tout cela, à quoi sert-il ?... Quel respect, quelle affection pourra-t-il attendre de ses enfants et même de sa femme ?... En lui je vois encore un homme, mais à coup sûr, je ne vois plus un père..., dès lors, quels liens pourront exister entre ces êtres ne se devant plus rien les uns aux autres, n'ayant plus entre eux que des rapports matériels et forcés ?

Franchement, dans une société ainsi organisée il y aurait peut-être de l'*ordre matériel*, mais le *désordre moral* n'y serait-il pas porté à son comble ? Aussi, quel que soit l'entraînement actuel pour tout ce qui est *organisation*, *association,* croyons-nous que, dans ce qu'on projette de faire, il faut avant tout se méfier beaucoup de tout ce qui peut diminuer l'initiative et la responsabilité de l'homme, parce qu'en même temps on diminue nécessairement sa dignité et sa grandeur, et si ce genre d'institution se développait largement, l'on arriverait ainsi à ne faire bientôt d'une partie de la nation, que des êtres inconscients, sans vie propre, n'ayant plus d'hommes que l'apparence et le nom... hommes trop faibles pour supporter la pensée d'un devoir douloureux, ou d'un sacrifice, et retombant dès lors de tout le poids de leur nullité, sur les bras des courageux, de ceux qui, bien loin de vouloir être à charge aux autres, se font, au contraire, un honneur de lutter contre les difficultés, de vivre par eux-mêmes, et de faire vivre tout ce qui dépend d'eux.

CIV. — Qu'il faut tenir grand compte du cœur dans tout ce qui touche à l'homme.

Comptons sur le cœur de l'homme, ne le faisons pas plus mauvais qu'il n'est; ne nous méfions pas de lui, car, si nous savons laisser de côté les dégradés, les inconscients et les endurcis, qui, après tout, s'ils sont moins dorés, ne sont pas plus nombreux dans les rangs inférieurs de la société que dans les rangs supérieurs, nous serons forcés de reconnaître qu'il est peu d'hommes qui, à un moment donné, ne soient pas encore capables d'enthousiasme, d'entrain et de dévouement; seulement, il ne faut pas traiter l'homme comme on traiterait un être sans cœur et sans âme, n'ayant que des besoins matériels; et, il faut l'avouer, c'est là le grand crime des économistes qui mettent la main dans ces questions depuis cinquante ans. La plupart ne tiennent presque aucun compte du cœur; la question du prix des aliments ou de la rapidité des transports est tout pour eux. Ils blâment, chez le pauvre, tout ce qui n'est pas calcul, économie, et prévoyance de l'avenir; ils trouvent à redire à son goût pour un peu de toilette ou plutôt pour *celle de ses enfants;* ils ne comprennent pas son désir de les voir dans une position supérieure à la sienne, comme si ce n'était pas l'honneur de l'homme de vouloir que ses enfants soient mieux que lui... Quoi de plus touchant que ce père et cette mère, qui s'arrachent le pain de la bouche, pour habiller avec élégance leur petite fillette! Quelle chose, que le regard émerveillé de cette pauvre femme en tenue plus que *négligée*, amenant à l'école, à la messe ou à une fête, son enfant endimanché... et elle aura encore trouvé des sous pour lui acheter une brioche, afin qu'il ait bien tout ce qu'il lui faut! Et elle? Elle, la pauvre mère, elle s'en va balayer et mettre en ordre sa chambre et préparer le dîner, laver les vêtements de la semaine, pour que les petits puissent aller propres à l'école le lendemain matin.

Comme l'a dit un écrivain étranger, homme de bonne volonté, qui avait cru que l'on pouvait faire du bien au peuple en se contentant de le loger plus convenablement et d'assurer son alimentation. « Quand j'ai pénétré plus intimement dans la vie des ouvriers, dit-il, j'ai vu que tous, en dehors du désir de se réchauffer et de se nourrir, passaient la journée plus ou moins comme tous les autres hommes, heureux ou malheureux selon les sentiments qui agitaient leur cœur et non pas selon les conditions extérieures de leur existence, et que les hommes malheureux parmi eux, étaient tous pareils à ceux qui sont malheureux dans les classes plus élevées, que leurs malheur avait sa source en eux-mêmes, une *espèce de malheur* qu'on no saurait corriger *par aucun projet de loi*... et que, pour leur faire du *bien*, il ne s'agissait pas seulement de les nourrir et abriter, parce que chacune de ces milliers de personnes était tout aussi bien que moi un homme, avec son passé, ses passions, ses tentations, ses erreurs, ces pensées et ses doutes, et j'avoue qu'alors l'entreprise m'a paru bien ardue, et que je me suis senti défaillir (1). »

Profondes et touchantes paroles qui donnent à réfléchir au sujet de tant de réformes et d'institutions sur lesquelles on compte pour adoucir les esprits et améliorer l'état de choses actuel.

M. Jules Simon signalait déjà, il y a plus de trente ans, le danger de l'exagération des organisations et des moyens de secours. Il désirait très certainement que tout véritable besoin trouvât assistance, mais il voulait en même temps que la certitude de l'assistance ne détruisît pas cette sage et salutaire inquiétude de l'avenir, qui est un des plus puissants ressorts de l'âme, et la source de toutes les vertus. « Il convient d'y prendre garde, disait-il, le toit paternel finira par ne plus être qu'une hôtellerie où chacun passera, en attendant que l'heure de l'hospice ait sonné... c'est un malheur irréparable qu'une mère soit portée à l'hôpital,

(1) Léon Tolstoy. *La Décade*, 1er novembre 1885.

quand on pouvait la garder au prix d'un sacrifice. C'e
auprès du lit de sa femme malade, que l'homme s'attach
le plus à elle, c'est en la servant que les enfants se formen
que leur cœur s'ouvre et se révèle. »

Il se passe dans les familles des choses si merveilleus
ment belles !... Un petit garçon de moins de deux a
reposait, presque agonisant, sur les genoux de sa mère.
les médecins désespérés venaient de l'abandonner .
mais sa mère, elle, ne désespérait pas... elle serrait
pauvre petit contre elle, le rechauffait de la chaleur de se
sein, couvrait ses yeux de baisers... il lui sembla
qu'elle pouvait bien lui rendre la vie, cette vie qu'ur
fois déjà il avait reçue d'elle... Et craignant, par le moind
mouvement de lui enlever le souffle qui lui reste, elle s
tient immobile, acceptant à peine quelques parcelles c
nourriture, refusant tout repos pendant deux jours
deux nuits entières.... n'ayant de vie, de pensées et c
regards que pour son enfant... Et voyez, son cœur c
mère ne s'était pas trompé... au bout de deux jours so
fils était sauvé.

Dites, peut-il y avoir plus grande et plus sainte cho
au ciel et sur la terre ?... et quelle affection ne régnera p
désormais entre tous les membres de cette famille, quel
vénération n'y auront pas le père et ses enfants pour cet
mère admirable...

Oh! non, ne supprimons, ni pour nous ni pour les nôtre
la vue de la douleur. La douleur est la vie du monde, el
seule soulève les âmes, les arrache à elle-mêmes, leu
fournit l'occasion de mériter. Que sait celui qui n'a pa
souffert? Le fils qui n'aura jamais vu souffrir son père, n

saura jamais ce qu'il lui doit. Et par un secret mystère du cœur, mystère tout à l'honneur de l'homme, les parents sont d'autant plus attachés à leurs enfants, qu'ils leur ont plus coûté, tellement il est vrai que l'homme ne vit pas de bien-être, de paix, de tranquillité, mais de dévouements, de sacrifices, d'abnégation, en un mot de ce qui est le *Bien*.

Organisez, prévoyez, calculez tout d'avance, supprimez l'incertain, liez tellement la liberté des uns et des autres, que le malheur matériel devienne presque impossible, vous croirez avoir beaucoup fait, mais soyez assuré que la famille sera du coup anéantie... les mariages deviendront plus rares, plus tardifs, les séparations seront nombreuses... par la raison bien simple que les affections de ce monde naissent et subsistent surtout par cette espèce de besoin que nous avons les uns des autres... La véritable affection est bien proche parente de la reconnaissance, de sorte que si vous prenez la place du père et de la mère, dans les soins qu'ils doivent à leurs enfants; si vous déchargez le mari des soins qu'il doit à sa femme, la femme de ceux qu'elle doit à son mari, vous empêchez ces êtres de se rechercher; moins ils se voient, moins ils se rendent de service, moins ils souffrent les uns pour les autres, moins ils s'aiment, et le peu de rapports qu'ils peuvent encore avoir ensemble, leur deviennent d'autant plus une charge, qu'ils sont plus rares... un rien suffit pour rompre des liens que l'attrait naturel avait seul formés, et qui ne reposaient pas sur notre secret amour pour tout ce qui nous coûte et nous fait souffrir.

CVI. — De l'esprit politique.

Nous venons d'étudier tout ce qui constitue le gouvernement d'un grand peuple, et si nous avons bien saisi cette étude, nous devons sans aucun doute admirer cette merveilleuse organisation qui, partant de la capitale comme d'un centre, s'étend sur tout le pays, semblable à une gigantesque ramification, et va, par ses radicelles, chercher et répandre la vie jusque sur ses points les plus reculés, ne laissant pas une seule âme, pas une seule force en dehors de son influence et de son action.

Mais cet immense ensemble de choses serait un corps sans âme et périrait bientôt, s'il n'était vivifié, mis en mouvement, maintenu et réglé par une activité intelligente ou plutôt par une espèce d'idée ou *esprit* qui plane au-dessus de lui, comme l'esprit d'affection plane au-dessus de toute famille, comme l'esprit d'honneur, de discipline et d'amour de la gloire plane au-dessus de toute armée.

Cet esprit est ce qu'on appelle l'ESPRIT PUBLIC OU POLITIQUE, sentiment particulier qui fait que chaque citoyen considère les affaires de son pays comme les siennes, les étudie, s'en occupe, a même l'ambition d'y participer, et ne refuse pas de leur consacrer une partie de son temps et de ses forces, si le bien général le réclame.

Rien de plus nécessaire que l'esprit politique; on peut dire qu'il est pour un peuple ce qu'est l'air pour la vie ; c'est en vain que tous les rouages de l'Etat seraient parfaitement organisés, que les plus habiles employés veilleraient à

leur fonctionnement, que lo souverain aurait lo génie
du gouvernement, il ne pourra gouverner bien et longtemps, s'il n'est pas sans cesse éclairé, tenu en éveil,
averti de ses erreurs, et soutenu par cette espèce de
frémissement, ou d'esprit vital qui résulte de la pensée,
des paroles, des écrits et des discussions de tout un peuple...

C'est que, pour gouverner, il ne lui faut pas seulement des
employés nommés et salariés par lui, par conséquent toujours prêts à l'approuver et à le perdre en l'adulant, mais
des hommes possédant une sage indépendance qui leur
permette de tout dire, qui puissent accepter les fonctions
publiques non par intérêt, mais pour l'honneur, et y apporter cette élévation d'idée et cette ampleur de vues, sans lesquelles ils ne pourraient marcher de pair avec les représentants des autres puissances, et traiter parfois avec les
souverains eux-mêmes...

Quelle chose, en effet, que la direction des affaires d'un
grand peuple ! Que d'intérêts à ménager, tant à l'intérieur
qu'à l'extérieur ! Quelle habileté et quelle science des âmes
ne faut-il pas posséder pour ne blesser aucun orgueil, pour
faire vivre en paix les hommes des opinions les plus oppo-
sées, pour veiller en même temps sur la marche des pays
étrangers, y entretenir des ambassadeurs et de nombreux
agents capables de se tenir au courant des tendances de
ces pays, de discerner les dangers que tel ou tel Etat
peut faire courir à la paix commune ou à la prospérité de
nos industries et de notre commerce !

L'homme politique, en un mot, doit veiller à l'ordre
général du monde, comme l'administrateur, maire ou préfet
veille à l'ordre des communes, des villes, des départements.

Serait-il sage, par exemple, de laisser un État déjà puissant, augmenter tellement sa puissance, qu'il pourrait bientôt parler en maître, et supprimer toute liberté autour de lui ; ou un état mal gouverné, troubler la paix de vingt autres États ?

De plus, il y a des États faibles et limités, qui n'existent qu'en vertu des traités. Or si un État puissant veut s'annexer un de ces petits États, faudra-t-il sacrifier au désir de conserver la paix, et laisser ainsi s'introduire dans le monde la pensée qu'on peut impunément y violer le droit, le droit! ce palladium des peuples civilisés? Eh quoi ! moi, homme isolé, je frémis si je vois un autre homme abuser de sa force pour écraser plus faible que lui, et je ne frémirai pas si je vois un État puissant écraser tout un peuple, lui enlever ses lois, sa liberté, sa religion. Je ne me préoccuperai pas si je vois des ambitions désordonnées compromettre la paix de l'avenir, détruire le gagne-pain de populations entières.

Cependant, à quoi servirait cet amour du droit, si l'on ne pouvait en imposer le respect? À quoi servivait à un peuple de réclamer pour la justice, s'il ne pouvait en être le champion? L'homme politique doit donc disposer de la force. Mais entre les peuples, la force c'est la guerre, la guerre ! ce fléau que l'on redoute entre tous, qui semble le plus grand des malheurs, et qui cependant tient une si large place dans l'histoire ; qui est même, quoi qu'on fasse, la seule mémorable partie de la vie des peuples, tellement il est vrai que l'homme vit encore plus d'idées et de sentiments, de gloire et d'honneur que de pain.

Quelle responsabilité, dès lors, n'incombe pas à celui

qui manie les affaires publiques ! D'un mot de sa bouche,
d'une fausse démarche de sa part dépendent la vie de milliers d'hommes, la ruine et la désolation d'innombrables familles, peut-être l'indépendance et l'avenir de son pays...
Les mémoires des hommes politiques sont pleins du récit
de leurs angoisses, et je ne m'en étonne pas.

Un fait suffira pour nous donner une idée de ce que peut
et de ce que doit être un homme politique :

C'était en 1840. L'Egypte voulait s'affranchir du joug de
de la Turquie ; la France soutenait l'Egypte. L'Angleterre
avait, à cette époque, à la tête de son ministère des affaires
étrangère, ou Foreign-Office, un brouillon s'il en fut, Lord
Palmerston, qui semblait se jouer de la paix du monde, et
s'opposait de tout son pouvoir aux vues de la France. La reine,
voulant adoucir un peu les choses, montrer sa bonne volonté
à la France, et peut-être donner une leçon à son ministre,
invita M. Guizot, notre ambassadeur, à venir passer quelques jours au château de Windsor ; et le premier soir, elle
le fit prier de prendre place au dîner à côté d'elle. Le lendemain, le chambellan de service, Lord Meadfort, dit à M. Guizot qu'il aurait à offrir son bras à la reine des Belges et à
prendre place ailleurs que la veille. Sur quoi l'ambassadeur
se redressa et dit : « *Milord, ma place est auprès de la
reine.* » Le pauvre chambellan, étonné, alla rendre compte
de cette protestation à sa souveraine, qui fit preuve de beaucoup de tact et de bon sens en faisant de nouveau prier
M. Guizot de s'asseoir auprès d'elle, comme la veille (1).

Quelle noble fierté et quel tact devait également posséder

(1) Mémoires de Ch. Gréville. *Correspondant*, 10 nov. 1888.

l'ambassadeur de France pour agir ainsi ! En se montrant si fier, il disait éloquemment que l'on ne se jouerait pas aussi facilement de son pays que semblait le croire Lord Palmerston. Mais, d'un autre côté, si la reine n'avait pas eu autant de délicatesse et n'avait pas elle-même désiré la paix, il aurait été obligé de se faire excuser, de ne pas paraître au dîner, et de quitter Windsor dès le lendemain. Qui peut dire ce qui serait résulté d'une pareille démarche? Peut-être la victoire du parti de la guerre, et quelle guerre !

Avant la rupture du traité d'Amiens, en 1802, Fox, le grand orateur anglais, vint à Paris. Un jour que le premier consul lui faisait visiter les galeries du Louvre, ils s'arrêtèrent devant une fort belle sphère construite par le célèbre géographe Pierson. L'un des personnages de la suite, posant la main sur l'Angleterre, dit, assez maladroitement, que ce pays occupait bien peu de place sur la carte du monde... « Oui, s'écria Fox avec vivacité, en entourant de son bras les deux mers et les Indes, oui, c'est dans cette île si petite que vivent et veulent mourir les Anglais, mais pendant leur vie ils remplissent ce globe entier de leur puissance...

Le premier consul applaudit à cette réponse pleine de fierté et d'à-propos.

En 1843, nous vîmes le maire improvisé d'une grande ville tenir pendant deux heures tête à la foule ameutée, braver les menaces de mort, et alors que toute force publique était détruite, préserver par sa seule énergie, ses concitoyens des plus grands malheurs......

En 1830, l'ambassadeur d'Angleterre à Paris, apprenant que le gouvernement français se disposait à réprimer la piraterie des Turcs en bombardant Alger, se rendit chez le minis-

tre des affaires étrangères pour lui faire observer que peut-
être cette conquête ne conviendrait pas à son gouvernement,
etc... « C'est bien, Mylord, lui répondit le ministre français,
la flotte sortira tel jour et à telle heure de Toulon ; si l'Angleterre a quelque chose à lui dire, elle peut se présenter,
elle trouvera à qui parler...

Ah ! ne nous rions pas de la politique, de la politique
ainsi entendue ; ne la dédaignons pas, ne l'abandonnons pas ;
car, après le service désintéressé de Dieu et du bien, il n'y
a certainement rien de plus beau dans le monde, rien de
plus héroïque que le service de l'homme d'Etat ; ces deux
services ne sont-ils même pas tout un ?..

« Qu'est l'Etat, si ce n'est l'unité et la solidarité d'une
grande famille humaine, la protection de tous les droits et de
tous les devoirs, la justice vivante qui, à tout moment, veille
sur des millions d'hommes? Or, n'est-ce pas le christianisme
qui a précisé lui-même ces droits, ces devoirs, cette justice,
et qui les a revêtus d'un caractère sacré, et a ainsi relevé et
purifié la souveraineté humaine qu'il avait trouvée par terre
et déshonorée par ses propres excès ? (1) »

Parfois, il est vrai, l'ambition et l'intérêt personnel viennent troubler les calculs de la politique. Tout a été dit sur
les abus de ce qu'on appelle la raison d'Etat et il est certain que les crimes politiques sont trop souvent venus at-
trister les hommes de bien et neutraliser leur influence ;
mais si nous savons faire la part de l'infirmité humaine et
considérer les choses de haut, nous reconnaîtrons, qu'en
somme, il règne dans le monde un ordre relatif, qui n'y

(1) P. Lacordaire, 6e conf. Toulouse.

régnerait certainement pas sans le travail et les efforts incessants des hommes qui siègent dans les conseils des peuples;
et si cet ordre n'est pas plus grand, s'il est si souvent violenté,
qui sait si ce n'est pas, précisément, parce qu'il ne se trouve
pas toujours, au rendez-vous du devoir, des âmes assez
énergiques, et en assez grand nombre, pour réclamer en faveur du droit et prendre courageusement sa cause en main.

Un pays sera donc d'autant mieux gouverné qu'il s'y trouvera un plus grand nombre d'hommes généreux et désinté-
ressés qui s'y occupent des affaires publiques, élucident sans
cesse les questions sociales et politiques, suscitent par leurs
écrits les ambitieux du bien, réveillent les indifférents, si-
gnalent les dangers et les fautes, et qui, au lieu de laisser le chef de l'Etat à la merci de fonctionnaires révocables
ou d'assemblées esclaves des multitudes aveugles, l'entourent comme d'un conseil volontaire et indépendant, puisant
sa raison d'être et sa vitalité dans sa propre valeur, c'est-à-
dire dans le respect du peuple pour des services rendus,
dans une influence légitimement acquise, dans sa connaissance des traditions nationales; personnifiant, en un mot, le
droit, la justice et la vérité, ces trois fondements nécessaires
de l'existence des peuples, tout aussi bien que de leur honneur et de leur liberté.

CV. — Comment se crée et se maintient
l'esprit public ou politique.

C'est bien, dira-t-on, mais comment se crée et se main-
tient l'esprit politique dans un pays ? Comment peut-on le

ressusciter lorsqu'il s'est perdu ? Par quels moyens amener
un grand nombre de citoyens à se préoccuper des affaires
générales, à s'y intéresser comme ils s'intéressent à leurs
propres affaires ?

Il faut bien l'avouer, la réponse est difficile et semble nous entraîner hors des voies ordinaires de l'économie
sociale ; car il ne s'agit plus ici d'une chose dépendant de
telle ou telle organisation matérielle, ou de calculs, mais
d'une chose dépendante de ce qu'il y a de plus intime et de
plus indéfinissable dans l'homme, de son cœur.

Qu'est en effet l'esprit politique ? si ce n'est du dévouement aux intérêts de tous, et par conséquent un acte de
bonté ou plutôt même de charité, et non plus seulement
de la charité qui se limite à la pauvre femme qui vient me
solliciter pour son mari malade ou pour son enfant, mais de
la charité prise dans son sens le plus étendu, de la charité
qui s'approche de la charité divine elle-même, de la
charité qui s'étend sur toutes les femmes, tous les
enfants, et tous les malheureux possibles, sur tous ceux qui
ont besoin de quelque chose, car il est certain que le pain,
la tranquillité, l'honneur, et même la vie des peuples dépendent de la marche des affaires politiques.

Mais si l'esprit politique est chose de cœur, il est clair
qu'il dépend avant tout de l'éducation première des enfants,
de l'éducation qui se reçoit dans la famille, sur les genoux
d'une mère ou d'un père. C'est là, et là seulement, que le
cœur peut se former et prendre sa direction. Ne sont-ce
pas, en effet, les mille observations, encouragements et
gronderies de nos mères qui nous ont appris à rougir, et
nous ont donné l'amour-propre, le respect de nous-même,

le désir d'être approuvé, loué et admiré, et nous ont, par là, rendus capables d'être un jour des hommes de cœur et d'honneur, possédant cette grandeur d'âme et cette magnificence nécessaires à celui qui espère tenir une place élevée dans le monde, sauf à nous, de corriger, par nos efforts personnels, par la vertu, par l'humilité surtout, ce que l'exagération de ces sentiments pourrait avoir de mauvais, de dangereux ou de coupable.

Dans les dernières années de sa vie, M. Guizot, amené par un de ses amis à parler de sa carrière, le conduisit vers le portrait de sa mère. « Voici, Monsieur, dit-il, celle à laquelle je dois tout... tout ce que j'ai été. » Un jour on disait à un jeune garçon : mais si tu vas là, tu auras peur... oh non, répondit-il avec la plus naïve simplicité, nous ne pouvons pas avoir peur, nous sommes les fils d'une mère qui n'a jamais peur.

Tous les hommes qui ont réfléchi sur la formation du cœur humain, ont reconnu que l'élévation des âmes venait de l'éducation première. « Nous n'avons plus d'hommes politiques, écrivait Tacite, parce que les parents n'élèvent plus eux-mêmes leurs enfants. Ils les confient dès leur jeune âge à des serviteurs qui ne peuvent former que des âmes serviles. Lorsque au contraire les enfants étaient élevés sur le sein de leur mère, surveillés par leurs parents, même dans leurs jeux, alors ils avaient des âmes généreuses, et embrassaient avec ardeur toutes les nobles causes. » Cicéron, dans son Brutus, attribue toute la supériorité des Gracques bien plus aux leçons et à l'influence de Cornélie leur mère, qu'aux leçons des écoles et de leurs maîtres, *fortes creantur fortibus*, les forts sont créés par les forts,

a dit un ancien ; les âmes généreuses, par les généreux ;
mais ce que l'on oublie peut-être trop en ceci, c'est que
créer un enfant, ce n'est pas seulement lui donner le jour,
c'est encore lui *infuser* en quelque sorte notre âme tout entière, pendant sept, huit, dix, quinze ans, par les mille et
mille relations et rapports que nécessitent ses besoins et
que font naître la vie de famille ; et malheur à celui
qu'une mère abandonne trop tôt à des mains mercenaires.

Ajoutons encore que, si l'esprit politique et la vie publique d'un pays dépendent de la formation première du
cœur de ses enfants, il dépend encore plus de sa religion
et de l'empire qu'elle a conservé sur les âmes et sur les
mœurs ; car, si c'est le christianisme qui a rétabli les
véritables notions sur le droit et le devoir, imposé le respect des faibles et la commisération pour tout ce qui souffre,
c'est encore lui, et lui seul qui, en rétablissant le véritable
sentiment de l'honneur, « cette crainte infinie de toute
honte méritée » (1), nous a donné un tel respect de nous-
même, que rien ne nous coûte dès qu'il s'agit de le conserver ou de le défendre.

Mais ce n'est pas tout ; en nous apprenant à discerner la
main paternelle de Dieu, jusque dans les événements les
plus malheureux, le christianisme nous a rendu l'espérance
et la foi en l'avenir, et sous son inspiration d'illustres écri-
vains embrassant d'un seul regard les choses divines et
humaines, ont su montrer que, dans le passé comme dans
le présent, les peuples, tout en ne croyant poursuivre que la
gloire et la fortune, ou servir le génie de la patrie, prépa-

(1) P. Lacordaire, 6ᵉ conf. Toul.

raient cependant, sans le savoir, les voies de la vérité, et, sous cette pensée, la *Cité de Dieu* de S. Augustin, et le *Discours sur l'histoire universelle* de Bossuet fondaient la philosophie de l'histoire. Ces grands hommes ne se résignaient pas à croire à la fatalité ou à la décadence, ils surent trouver la raison providentielle des événements, et ne voulurent plus, dès lors, voir que des transformations dans ce qu'on appelait des ruines. Belle et consolante pensée qu'a si bien exprimée Ozanam dans son admirable chapitre sur le *Progrès dans les siècles de décadence*, de sa CIVILISATION AU Ve SIÈCLE.

Qu'ils espèrent donc nos jeunes hommes, qu'ils s'instruisent, s'intéressent de bonne heure aux questions politiques, commerciales, industrielles ou agricoles, qu'ils lisent les livres sérieux, l'histoire, les revues, les documents diplomatiques ; mais un crayon à la main, prenant des notes, y consacrant leurs soirées, et amassant ainsi des trésors de connaissances. Qu'ils recherchent la société des hommes qui aiment à causer de choses élevées ; qu'ils s'essaient dans des écrits, dans des discussions entre amis ; que rien ne leur soit indifférent, et, selon le mot d'un homme qui ne se contente pas de parler, mais qui prêche d'exemple, « Qu'ils sachent faire deux parts de leur vie, l'une réservée à l'exercice d'une profession, l'autre dévolue au bien désintéressé sous toutes ses formes ; et si, par hasard, le malheur ou les épreuves du temps les tiennent éloignés des fonctions publiques, qu'ils se rappellent que les grands efforts et les grandes directions de la bienfaisance leur reviennent, comme un honneur et une charge qui ne peuvent leur être enlevés ».

Que surtout ils ne se lassent pas, s'ils n'arrivent pas de

suite à l'action ou au pouvoir, car, il faut bien l'avouer, il existe à ce sujet un singulier préjugé : tandis que nul n'oserait entreprendre la moindre profession sans en avoir fait l'apprentissage sous un maître habile, le premier venu, pourvu qu'il ait lu quelques journaux, causé à temps perdu de la paix ou de la guerre, croit que tout irait bien si l'on acceptait ses idées et si on l'élevait au pouvoir.

Socrate, dans un dialogue célèbre, signalait déjà ce travers d'esprit chez les jeunes Athéniens de son temps, et Cicéron, dans sa RÉPUBLIQUE, a bien soin de remarquer « que s'il n'avait pas suivi, *dès l'enfance*, tous les degrés de la carrière politique, il n'aurait jamais pu être Consul et sauver son pays, car l'on ne peut trouver ainsi en soi, à l'improviste et à volonté, les connaissances et les qualités nécessaires à une si grande mission ».

C'est de grand cœur que l'on consacre quinze ans d'études et dix ans de stage pour devenir industriel, médecin, commerçant ou banquier, sachons consacrer un aussi long temps au noble désir de contribuer au bien de notre pays, peut-être de le gouverner... « Et c'est ainsi que peut se former, dans de hautes méditations et de magnifiques habitudes, l'élite nationale d'un pays, et alors si la richesse y produit encore des hommes de plaisir, elle y produit aussi des citoyens ; si elle énerve des âmes, elle en fortifie d'autres. L'honneur de prendre part aux affaires excite une généreuse ambition et place au sommet de la cité un glorieux contrepoids des basses tendances de la nature humaine... Le jeune homme lit dans l'histoire de ses pères l'exemple de ceux qui ont honoré un grand patrimoine par un grand dévouement ; et la pensée de servir l'Etat lui ou-

vre une perspective de sacrifices et de labeurs. Il lui faudra
parler, écrire, commander par son talent, et soutenir ce
talent, quelque noble qu'il soit en lui-même, par cette autre
puissance qui ne souffre jamais impunément d'éclipse, la
vertu... Il ne dédaignera pas les lettres, car les lettres, il le
sait, c'est la suprématie de l'esprit, c'est, avec l'éloquence et
le goût, l'histoire du monde, la science des tyrannies et des
libertés, la lumière reçue des temps, l'ombre de tous les
grands hommes descendant de leur gloire dans l'âme de qui
veut leur ressembler, et lui apportant, avec la majesté de
leur souvenir, le courage de faire comme eux... (1) ». Et
s'élever et se tenir dans ces pensées, croire au bien et à sa
puissance, « tout aimer, famille et patrie, heureuse ou malheureuse, n'est-ce pas le seul moyen de jeter sur la vie présente un rayon de joie, de beauté et de paix... »? Autrement,
que peut-elle être, la vie? Rien, si ce n'est une incompré-
hensible course après des biens qui ne sont que cendres, dès
qu'on les possède, et s'échappent de nos mains débiles, au
moment où nous nous y attendons le moins.

(1) P. Lacordaire, O. conf. Toulouse.

FIN

TABLE DES MATIÈRES

FIN DE LA TABLE DES MATIÈRES

Lyon, — Imprimerie VITTE et PERRUSSEL, 80, rue Condé.

CHEZ LES MÊMES LIBRAIRES

VIENT DE PARAITRE

LEÇONS ÉLÉMENTAIRES

D'ÉCONOMIE POLITIQUE

ET

D'ÉCONOMIE SOCIALE

PAR

JULES MICHEL

Ingénieur des ponts et chaussées, Président de la Société d'économie sociale de Paris,
Ancien vice-président de la Société d'économie politique de Lyon.

Lyon, 1886, in-18 de viii-174 p. — Prix . . . . 1 fr. 50

Professées, il y a longtemps déjà, par M. J. Michel aux apprentis d'un des plus vastes établissements industriels de Lyon, recueillies alors en autographie et encouragées par les suffrages de la Société d'éducation et de la Société d'économie politique; adoptées enfin depuis plusieurs années par les Frères pour divers établissements, et notamment dans leur belle école professionnelle de La Salle, ces *Leçons* ont eu la rare fortune de recevoir ainsi la sanction de l'expérience avant leur publication définitive. Aussi était-on assuré d'avance du succès qu'elles obtiendraient grâce à la forme familière que l'auteur a su leur donner.

Laissant de côté les formes dogmatiques, M. J. Michel saisit son jeune auditoire en lui parlant tout d'abord de ce qu'il connaît et des choses qu'il a sous les yeux. C'est ainsi qu'il entre de plain-pied dans son sujet en parlant tout d'abord de la monnaie; chacun en apprécie l'importance dans la pratique de la vie et est préparé à en comprendre le rôle économique. Ensuite vient le travail, condition de développement des sociétés, et dont les produits, s'ils ne sont pas entièrement consommés, constituent l'épargne. Celle-ci est étudiée avec détails dans les procédés qui la facilitent, dans ses résultats pour le bonheur des familles, dans le bon ou le mauvais emploi des capitaux. La répartition du produit du travail et la théorie du salaire forment une des leçons les plus instructives. La propriété foncière est aussi une question des plus importantes à élucider en raison des sophismes des écoles socialistes. Enfin, les machines, les chemins de fer et les échanges terminent les considérations économiques : les deux dernières leçons exposent, au point de vue administratif, le fonctionnement des sociétés humaines. Toutefois, pour ce qui touche l'application à la France, l'auteur s'est borné à un simple sommaire, laissant au maître le soin de préciser ce que notre perpétuelle instabilité rend impossible à consigner dans un livre d'enseignement. Ajoutons que chaque leçon est heureusement complétée d'abord par un questionnaire reprenant sous forme d'interrogations toutes les matières qui viennent d'être traitées, et ensuite par une énumération de devoirs à faire sur les mêmes sujets. Tel est en raccourci le plan de ces leçons, développées avec clarté et enrichies d'exemples bien choisis. Elles répondent au programme des écoles et rendront de grands services aux maîtres comme aux élèves. Mais, de plus, en un temps où l'aumône de la vérité par la parole s'impose comme un devoir social, elles seront un guide précieux pour des lectures et des conférences familières. C'est dire qu'en les rédigeant, M. J. Michel n'a pas été moins utile aux bibliothèques populaires qu'à l'enseignement des écoles.

A. DELAIRE.